인권 · 환경 · 평화를 위한

# 도덕교육

인권 · 환경 · 평화를 위한

# 도덕교육

노희정 지음

서광사

인권 · 환경 · 평화를 위한

# 도덕교육

노희정 지음

펴낸이 | 김신혁, 이숙
펴낸곳 | 도서출판 서광사
출판등록일 | 1977. 6. 30.
출판등록번호 | 제 406–2006–000010호

(10881) 경기도 파주시 회동길 77-12 (문발동)
Tel: (031) 955–4331 | Fax: (031) 955–4336
E-mail: phil6161@chol.com
http://www.seokwangsa.co.kr | http://www.seokwangsa.kr



제1판 제1쇄 펴낸날 · 2013년 8월 20일
제1판 제2쇄 펴낸날 · 2017년 3월 20일

ISBN 978-89-306-6102-7 93190

# 저자 서문

올 2013년은 모든 공식적, 비공식적 교육과정에 인권과 인도주의, 민주주의, 법치주의를 포함할 것을 권고한 〈비엔나 선언과 행동 프로그램〉이 채택된 지 20주년이 된다. 그리고 인권교육과 평화교육의 중요성을 인정한 〈세계인권선언〉이 채택된 지는 무려 65주년이 되는 해이기도 하다. 2001년 '사람이 사람답게 사는 세상'을 모토로 국가인권위원회가 구성되면서 우리나라 인권은 권위주의 시대보다는 몰라보게 신장되었다. 사회적으로도 인권에 대한 관심이 높아졌고 몇몇 시 · 도교육청에서는 학생인권조례를 제정, 운영하고도 있다. 하지만 우리 도덕교육계는 여전히 인권교육에 대한 관심이 부족한 실정이다. 초 · 중 · 고등학교의 도덕 · 윤리 교과서에 인권이나 권익에 관한 내용이 실리고 있지만 깊이 있는 연구가 진행되고 있지는 않다. 사실 인권교육은 자유와 도덕적 책임을 가르치는 도덕교육의 중심 내용이라 할 수 있다. 인권교육과 도덕교육은 기본적으로 인간의 자유에 대한 존중, 인간 존엄성에 대한 인식, 자유의 증진, 관용, 형평성, 그리고 사람 사이의 조화와 관련이 있다. 인권교육을 충실히 받은 사람이야말로 자신과 타인의 권리를 제대로 인식하고 그에 기초해서 도덕적 판단을 내리고 도덕적 실천을 할 수 있을 것이다.

필자는 석사, 박사 과정 공부를 하면서부터 줄곧 연구주제로 삼았던 환경교육과 초등 예비교사를 가르치면서 관심을 두게 된 인권교육과 평화교육에 대해 여러 학술지에 발표한 그동안의 글을 모아 이렇게 책을 출간하게 되었다. 책 제목을 『인권 · 환경 · 평화를 위한 도덕교육』으로 정하고 글을 엮는 과정에서 상당수의 글을 수정 · 보완하였다. 더구나 1부에 실린 '관계적 자아실현을 위한 도덕교육'과 2부에 실린 '가치명료화를 통한 도덕교육'은 각기 인권교육이나 환경교육과는 간접적인 관련을 맺고 있음에도 재구성하여 한데 묶었다. 독자 여러분께서 너그럽게 받아주시길 빌어 마지 않는다. 각 글의 출처는 각 장 첫머리 각주에서 밝혔지만, 그 출처는 다음과 같다.

- 「개념 분석 수업모형을 활용한 초등학교 인권교육」, 『초등도덕교육』 제28집, 2008, pp. 71-97.
- 「초등 도덕 교과에서의 가정 연계 인권교육」, 『한국 초등교육』 제21권 2호, 2010, pp. 213-226.
- 「도덕교육에 대한 서사적 접근과 관계적 자아의 실현」, 『도덕교육연구』, 제16권 2호, 2005, pp. 111-132.
- 「화이트헤드의 유기체철학에 나타난 생태학적 세계관과 도덕과 교수학습방법」, 『초등도덕교육』 제33집, 2010, pp. 137-164.
- 「생태학적 인권의 정립과 초등 환경윤리 교육」, 『환경철학』 제8집, 2009, pp. 177-201.
- 「지속 가능한 발전을 위한 환경윤리교육」, 『환경철학』 제5집, 2007, pp. 1-32.
- 「가치명료화 접근방식에 따른 초등학교 도덕 수업」, 『초등도덕교육』 제31집, 2009, pp. 87-116.

- 「미래 세계를 위한 평화교육과 초등도덕교육」, 『초등도덕교육』 제40집 2012, pp. 105-128.
- 「가치갈등 해결 수업모형의 한계와 그 개선 방안」, 『도덕교육연구』 제24권 2호, 2012, pp. 111-133.
- 「대화식 교수법을 활용한 가치갈등 해결 능력의 신장」, 『한국초등교육』 제21권 3호, 2011, pp. 141-156.

이 책이 나오기까지 많은 도움을 주신 분들께 감사드린다. 항상 자식을 걱정하시는 부모님과 공부를 한답시고 가정사를 돌보지 못하는 남편을 다정히 감싸주는 아내에게도 고마움을 전한다. 그리고 바쁜 와중에 오탈자를 꼼꼼히 확인해준 김현아 선생과 박소은, 조성철, 이병문 학생에게 감사드리고 흔쾌히 출판을 허락해주신 서광사 부사장님과 교열을 담당해주신 편집부 여러 선생님께 진심으로 감사드린다. 이분들이 계시지 않았으면 이 책은 빛을 보지 못했을 것이다.

2013. 7.

빛고을 연진관에서 노희정

## 차 례

## 2부 환경과 도덕교육



## 3부 평화와 도덕교육

# 1부

# 인권과 도덕교육

1장

# 개념 분석 수업과 인권교육*

"모든 사람은 태어나면서부터 인간으로서의 존엄성과 동등하고 양도할 수 없는 권리를 가지고 있다."고 밝힌 세계인권선언문이 선포된 지 올해로 60년이 되었다. 이제 인권은 이 시대의 지상 명령이 되었고 보편원리로 자리잡게 되었다. 그럼에도 불구하고 우리 사회에는 "인권은 교문 앞에서 멈춘다."라는 자조 섞인 말이 떠돌고 있다. 왜 인권의 전당이 되어야 할 학교가 인권의 사각지대가 되었는가?

많은 사람은 학생이 아직 미성숙한 상태에 있기 때문에 성인의 지도나 보호를 받는 것은 당연하다고 생각한다. 학생 또한 상급학교 진학을 위해 좋든 싫든, 인권을 침해하는 측면이 있든 없든 성인의 지도를 묵묵히 감수해야 한다는 의식이 있다. 그러나 이는 개인의 미래나 인간다운 미래 사회를 창조하는 데 결코 도움이 되지 않는다. 인간은 누구나 미성숙한 존재이다. 모든 인간은 부단히 그 부족함을 보완해 나가야 하는 존재이다. 학생만이 미성숙한 존재는 아니라는 것이다.

---

* 이 글은 필자의 논문 「개념 분석 수업모형을 활용한 초등학교 인권교육」(『초등도덕교육』 제28집, 2008, 71-97)을 수정·보완한 것이다.

인권교육은 자신의 인권 찾기에서 시작된다. 자기 인권을 존중하는 사람이야말로 타인의 인권을 존중할 줄 안다. 가끔 사회문제로까지 번지는 학교 폭력, 집단 괴롭힘, 따돌림, 체벌, 우열반 편성 등은 자기 인권에 대한 무감각 때문에 발생한다. 자신에게 가하는 친구나 교사의 인권 침해를 무의식적으로 수용하고 가슴에 상처를 주는 그들의 폭언을 묵인하는 행위는 결국 타인의 인권 침해 행위로 연결될 우려가 있다. 학생이 자신의 권리를 제대로 인식하고 인권 문제를 맥락 속에서 파악할 때 그들은 인권을 존중하고 보호하는 태도를 갖추게 될 것이고 인권교육은 완성된다고 할 수 있다.

하지만 초등학교 도덕 교과는 인권교육과 밀접한 관련이 있는 가치덕목(이를테면 예절, 협동, 민주적 대화, 정의, 배려, 평화, 생명 존중, 사랑, 준법 등)을 다룰 때 '권리' 보다는 '의무' 에 초점을 맞추고 있다는 비판을 받는다. 또한 인권교육의 맥락이나 계열성을 고려하지 못한 채 도덕과 교육의 내용 선정 원리에 따라 주요 가치덕목을 중심으로 산발적으로 인권을 가르치고 있다고 비판받고 있다(구정화 · 설규주 · 송현정, 2004, 35 참조).

이에 본 장에서는 인권교육의 맥락과 계열성을 고려하며 개인의 권리에 초점을 두는 초등학교 도덕과의 인권교육 방법론을 개념 분석 수업모형을 중심으로 하여 논의한다. 다시 말하면 개념 분석 수업모형이 초등학교 학생으로 하여금 자신과 타인의 권리를 인식하고 그 권리를 존중, 보호, 증진할 수 있도록 하는 데 적합하다는 것을 밝히고자 한다.

# 1. 인권과 인권교육

## 가. 인권의 의미와 인권교육

### 1) 인권의 의미와 역사

인권(human rights)은 인간이 인간으로서 당연히 누리는 기본적인 권리이다(박효정 외, 2006, 20). 일반적으로 인권은 인종 · 성별 · 신앙 · 사회적 신분 등에 구애받지 않고 보편적으로 누리는 권리이며, 천부적으로 갖게 되는 것이며 양도할 수 없는 권리이다. 그리고 인권은 영구히 보장되고 박탈당하지 않는 권리이며 인간이 향유하는 불가침의 권리이다. 그리고 다른 사람의 권리나 공동의 이익(인권의 상호 의존성, 책임성, 집단성)을 위하여 제한될 경우라 할지라도 그 제한이 최소한에 그쳐야 하는 권리이다.

이와 같은 인권 개념은 역사적 산물이다. 인권의 역사에서 자유권이 먼저 생겼고, 2차 세계대전 이후 사회권이 각국의 헌법에 반영되었다(박병도, 2006, 161). 카렐 바삭(K. Vasak)은 프랑스 혁명의 세 가지 테마인 자유, 평등, 인류애에 영감을 받아 인권의 3세대(단계)를 설정하였다. 제1세대 인권은 시민적 · 정치적 권리, 제2세대 인권은 경제적 · 사회적 · 문화적 권리, 제3세대 인권은 '우애, 박애' 라고 하는 연대를 위한 권리를 말한다(안옥선, 2008, 20).

제1세대 인권은 자유권 중심의 인권으로서 "~로부터의 자유"라고 하는 인간의 권리에 초점을 맞추고 있다. 구체적으로는 민주주의와 시민사회의 유지와 직결되는 권리로서 투표권, 언론 · 집회 · 종교의 자유권, 법 앞의 평등권, 사적인 생활에 대한 권리, 생명권, 재산권 등이다. 이러한 권리는 권리의 실현보다는 권리 침해로부터 보호를 목적으로 하기 때문에 소극적 권리라고 한다.

제2세대 인권은 개인주의의 폐해에 대한 반발로 형성된 평등 중심의 인권으로서 19, 20세기 사회주의에서 기원한다. 제2세대 인권은 사회적, 실질적 평등을 구현하고자 한다. 그 내용에는 개인 또는 집단이 인간으로서의 잠재성을 완전히 실현할 수 있도록 하는 다양한 형태의 사회적 급여와 서비스 등을 받을 권리로서 취업할 권리, 적정 임금을 받을 권리, 적절한 의식주에 대한 권리, 교육을 받을 권리, 적절한 의료보호를 받을 권리, 사회보장에 대한 권리, 노령기에 존엄 있게 대우받을 권리, 적당한 레크리에이션과 여가에 대한 권리 등을 포함하고 있다(Jim Ife, 김형식 · 여지영 옮김, 2000, 60).

제3세대 인권은 소수자나 3세계 등과 같이 인권을 누리지 못한 개인과 집단에 대한 각성에서 나온 권리로서 지역사회, 전체 국민, 사회 혹은 국가에 적용하는 권리이다. 제3세대 인권은 인권의 특성인 약자를 위한 권리라는 점을 강조하여 여성과 인종 문제, 그리고 제3세계의 빈부 문제, 국제적인 무기 경쟁과 핵전쟁의 위협, 그리고 생태위기 등으로 인한 인류의 삶의 환경과 관련한 인권의 새로운 목록이다. 앞의 제1, 2세대 인권과는 달리 국가와 개인의 관계에서 나오는 권리가 아니라 집단적이고 연대적인 권리라는 점에서 차이가 있다(구정화 · 설규주 · 송현정, 2004, 16). 다시 말하면 제3세대 인권에는 경제개발에 대한 권리, 세계무역과 경제성장으로부터 혜택을 받을 권리, 조화로운 사회에서 살 권리, 그리고 오염되지 않은 공기에서 숨 쉴 권리, 깨끗한 물을 마실 권리, 자연을 경험할 권리와 같은 환경권 등을 포함한다.

### 2) 법적, 도덕적 권리로서의 인권과 교육

인권이 인간의 존엄성을 유지하기 위해 누구나 평등하게 보장받고 누려야 할 권리라면, 인권은 한편으로는 법적 차원의 문제이면서 다른 한편으론 도덕적 차원의 문제이다. 흔히 권리는 타인 또는 국가에 의무를 부과할 것을 주장할 수 있는 정당한 권한(entitlement)으로 규정한다. 이처럼 권리를 '무엇인가를 요구할 마땅한 자격'을 내포하는 개념으로 규정한다면, 우리는 권리를 법적 권리와 비법적 권리(혹은 도덕적 권리)로 나눌 수 있다(김도균, 2006, 77–79).

일반적으로 법적 권리는 제도적 권리의 일종으로서 입법과 판결에 따라 힘을 부여받는다. 하지만 도덕적 권리는 보편적 도덕원리의 관점에서 바람직하다고 판단되는 근거에 따라 힘을 부여받는다. 따라서 도덕적 권리 언어에는 권리주체가 이미 보유하고 있는 '정당한 자기 몫'을 제도화하라는 도덕적 요구와 도덕적 정당성이 포함되어 있다. 이와 같은 맥락에서 볼 때 인권교육은 타인에 대해 도덕적으로 행동할 수 있는 능력의 형성이나 인간다운 삶의 가치를 실현하는 데 기여하는 기본적인 도덕적 입장의 자각과 논리적으로 관련이 된다. 유엔 인권교육 10년(UNDHRE, 1995–2004)을 살펴보면[1] 인권교육은 개인의 존엄성을 신장하는 도덕교육이며, 모두 인간으로서 권리를 가진다는 것을 수용하도록 가르치는 도덕교육이다.

---

1 M. Print, C. Ugarte, C. Naval and A. Mihr, "Moral and human rights education: the contribution of the United Nations", *Journal of Moral Education* Vol. 37, No. 1, 2008, pp. 117–118. 유엔 인권교육 10년에 따르면 인권교육은 다음과 같은 다섯 가지 목표가 있다. 첫째는 인권과 기본적인 자유에 대한 존중의 강화이며, 둘째는 인간성과 인간 존엄성 의식의 발달이다. 셋째는 모든 국가나 원주민, 인종적, 지역적, 민족적, 종교적, 언어적 집단 사이의 이해, 관용, 성 평등, 그리고 우애의 증진이며, 넷째는 모든 사람이 자유로운 사회에 효과적으로 참여하도록 하는 것이다. 다섯째는 유엔의 평화유지 활동의 증진이다.

## 나. 아동 · 학생의 인권과 인권교육

### 1) 아동 · 학생의 인권

일반적으로 유 · 초 · 중 · 고등학교 인권교육의 영역은 크게 인권 존중의 가치 · 태도, 인권에 대한 기본 개념, 인권에 관한 법 · 제도, 인권 문제의 합리적 해결 능력, 인권 친화적 현실 참여 등 다섯 가지로 요약된다. 그중에서 초등학교는 아동 · 학생의 발달 수준에 적합한 인권 존중의 가치 · 태도와 인권에 대한 기본 개념(초급 수준의 이해)을 다루어야 한다고 주장하고 있다(구정화 · 설규주 · 송현정, 2004, 53–56). 여기서 말하는 인권에 대한 기본 개념은 자유권, 평등권, 사회권, 연대권 등의 인권 개념을 의미한다. 다시 말하면 아동 · 학생은 자신이 어떤 인권을 갖고 있으며 이러한 인권이 현실 속에서 어떤 의미가 있는지 초급 수준에서 교육받아야 한다는 것이다. 즉 교사와 부모는 그들에게 아동으로서 혹은 학생으로서 가지는 권리에 대해서 가르쳐야 한다는 것이다. 먼저 아동의 권리부터 살펴보자.

1923년에 채택된 국제아동보호연합(ISCU)의 '아동권리선언'에 따르면 아동의 권리는 생존권, 보호받을 권리, 발달권, 참여권의 네 가지로 분류한다(하승수, 2008, 93–95).

첫째, 생존권은 아동이 생명을 유지하고 기본적인 삶을 누리는 데 필요한 권리이다. 여기에는 적절한 생활수준을 누릴 권리, 안전한 주거지에서 살아갈 권리, 충분한 영양을 섭취하고 기본적인 보건 서비스를 받을 권리 등을 포함한다.

둘째, 보호받을 권리는 청소년이 모든 형태의 차별, 학대, 방임, 폭력, 고문, 징집, 과도한 노동, 약물과 성 폭력 등으로부터 보호받고, 위기 상황(난민 아동, 법률 저촉 아동, 소수민족 아동 등)에서 특별한 보호를 받을 권리를 포함한다.

셋째, 발달권은 아동이 잠재력을 최대한 발휘하는 데 필요한 권리로서 교육을 받을 권리, 놀이와 오락을 즐길 권리, 문화생활에 참여할 권리, 정보를 얻을 권리, 양심 · 종교의 자유 등을 포함한다.

넷째, 참여권은 아동이 자신의 의견을 자유롭게 표현하고 자신의 삶에 영향을 주는 문제에 대해 발언권을 지니며, 단체에 가입하거나 평화적인 집회에 참여할 수 있는 권리 등을 포함한다.

그런데 위와 같은 아동의 권리가 우리의 가정에서 심히 침해받고 있다(광주광역시 북구청 문화정보실, 2003, 55-56). 대표적인 것이 아동학대이다. 아동 학대는 물리적 폭력과 언어 폭력을 동반하는 가장 넓은 의미의 인권 침해이다. 둘째, 아동의 말 무시하기이다. 부모가 권위만을 앞세워 자녀와 진지한 대화를 회피하는 경우는 어느 가정에서나 발견된다. 셋째, 혼자 집을 보게 하는 것이다. 자기 방어력이 없는 초등학교 저학년까지의 아동을 집에 혼자 남겨두는 것은 심각한 인권 침해다. 넷째, 자식의 성공을 자기 것으로 착각하는 부모의 대리만족은 아동의 인권을 유린하는 것이다. 다섯째, 아이를 유기하는 것은 그 어떤 이유로도 정당화될 수 없는 인권 유린이다.

다음으로 학생 인권에 대해 살펴보자. 학생 인권에 관한 사항은 인간 일반의 보편적 이해 위에 학생이라는 특수한 지위에 관한 내용을 범주화한 것이다. 즉 인간으로서 지녀야 하는 인권이 학생이기 때문에 제한될 수밖에 없는 침해적 상황 그리고 참여의 제한을 포함하여 이를 극복하기 위한 교육적 필요성 등을 포괄적으로 다루는 것을 의미한다.

우리나라에서는 학생 인권을 특별한 범주로 설명할 수 있지만, 일반적으로는 앞에서 살펴본 아동 인권으로 설명하는 것이 보편적이다. 다만 여기서 1999년 6월 유네스코 한국위원회와 한신대학교 민중교육연구소가 공동으로 주관한 '인권교육 활성화를 위한 교사 워크숍'에서 교사들이 지적한 학교에서의 인권 침해 내용을 간략히 소개하면 다음의 〈표1〉과 같다(강순원, 2000, 233).

**표 1** 학교에서의 반인권적 상황

| 구 분 | 내 용 |
|---|---|
| 학교 문화 | 성적과 집안 배경에 따른 집단 따돌림, 그에 따른 각종 차별 현상(남학생과 여학생, 장애 청소년, 인문계와 실업계, 빈부), 다양성을 인정하지 못하는 풍토(왜곡된 왕따), 잘못된 경쟁의식 조장 풍토, 교사에 의한 임의적 특정 종교의 강요, 폭력의 일상화, 인성 지도라는 이름으로 의미 없는 전통 예절교육 강조, 방치된 성교육, 학교에서 학생들 간에 나도는 폭력적이고 선정적인 만화, 게임기, 일상 속에서 침묵의 강요, 성적이나 교사의 선호에 의한 학생 참여의 기회 폭 제한, 처벌 등 통제 위주의 학생 지도, 임의적인 일기장 검사, 학생자치활동 부정 |
| 학교 규정 | 규정 제정의 비공개, 불합리한 상벌제도(개근상), 부당한 징계와 징계 절차의 불명료성, 소지품 · 복장 · 두발 검사, 교지의 사전 심의, 학교 시설물의 지나친 사용 규제, 징계시 변론권의 부재, 자원적 성격이 결여된 봉사활동의 점수화, 단체기합, 야영이나 소풍시 통제, 경쟁적인 환경미화, 자율학습 강제 시행 |

### 2) 아동 · 학생을 위한 인권교육

우리나라 가정과 학교에서 벌어지고 있는 인권 침해는 상당한 수준이다. 특히 학생의 인권이 최대한 보장되어야 할 고등학교는 심각한 수준이라 할 수 있다. 그럼에도 불구하고 일선 유 · 초 · 중 · 고등학교는 인권의 실태나 인권 보호를 위한 행동 수칙과 같은 당위적인 내용을 가르치는 데 급급한 나머지 진정한 의미의 인권의식을 신장하는 데는 실패하고 말았다. 그러면 어떻게 할 것인가?

인권교육은 자신과 타인의 인권을 존중하도록 가르치는 것이며, 그 인권을 맥락 속에서 이해함과 동시에 보호·증진하는 데 앞장설 수 있는 인권의식을 신장하는 것이다(한국청소년개발원, 1997, 142-150). 인권의식이란 크게 인권 감수성, 인권 판단력, 인권 동기화, 인권 옹호 행동이라는 네 단계의 심리적 과정을 포괄한다고 할 수 있다. 여기서 가장 중요한 단계는 두말할 필요도 없이 인권 감수성(Human Rights Sensitivity)이다.

인권 감수성이란 다음과 같이 상황 지각 능력, 결과 지각 능력, 책임 지각 능력으로 구성된다(박효정 외, 2006, 20).

첫째, 상황 지각 능력이란 어떤 상황을 인권의 문제로 인식하고 받아들이는 능력이다. 예를 들면 학생의 두발 상태를 지도할 경우 학생은 학교 교칙을 잘 알고 있을 필요가 있으므로 교사는 학생에게 두발 지도와 관련된 규칙에 대한 지식을 가르칠 필요가 있다.

둘째, 결과 지각 능력이란 다른 사람에게 끼치는 결과에 대한 지각 능력으로서 자신과 타인에게 미칠 행동의 결과를 상상하고 이해할 수 있는 능력, 즉 타인의 정서 인식 능력이다. 예를 들면 두발 지도 행위가 다른 사람에게 미치는 결과를 제대로 알게 하는 것이다. 이는 두발 지도의 행위가 지도하는 교사나 지도를 받는 학생이 자신뿐만 아니라 이와 관련된 사람에게 어떤 영향을 미칠지 상상하고 이해하도록 가르친다는 것을 의미한다. 우리는 학생에게 교사가 어떤 선택을 하느냐에 따라 인권을 침해할 수도 있고 존중할 수도 있음을 상기할 필요가 있다.

셋째, 책임 지각 능력이란 개인적 책임에 대한 지각 능력으로서 인권과 관련된 행동에 대한 책임을 자신과 관련하여 지각하고 이를 실제 행동으로 실천하고자 하는 의지를 말한다. 우리는 학생으로 하여금 두발 지도 관련자의 관점을 채택하고 공감 능력을 발휘함으로써 두발 지도와 관련해 발생하는 문제를 해결할 책임이 자신에게 있다는 것을 자각하게 할 필요가 있다.

## 2. 도덕과의 인권교육

### 가. 제7차 도덕과 교육과정 인권교육 내용의 분석

아동 · 학생으로 하여금 자신과 타인의 인권을 인식하고 그것을 존중하도록 가르치는 것을 인권교육이라고 규정할 때 초등학교 도덕 교과는 인간의 가치나 태도를 다룬다는 점에서 인권교육과 밀접한 관련이 있다. 도덕 교과서에서 다루는 예절, 협동, 민주적 대화, 정의, 배려, 평화, 생명 존중, 준법 등은 인권과 직접적으로 관련이 있는 가치덕목이라 할 수 있다. 그럼에도 불구하고 제7차 도덕과가 추진한 인권교육은 인권교육의 맥락과 계열성의 측면에서 긍정적인 평가를 받고 있지 못하다. 초등학교 도덕과 교육과정에서 다루고 있는 인권교육은 다음과 같은 문제점이 있다.

첫째, 도덕과 교육과정에서 다루는 인권교육 내용은 학년별 계열성을 무시하고 있다. 인권교육 자체의 계열성 측면에서 볼 때 매우 취약하다. 제7차 도덕과 교육과정의 경우 3-6학년 인권교육이 일관성 있게 구성되어 있기보다는 산발적으로 취급되고 있다. 3학년의 경우는 사회생활 영역에서 '환경보호'를 가르칠 때 다룰 뿐이며 이는 굳이 관련짓는다면 6학년 '소중한 생명'과 연결된다. 초등학교 도덕과의 인권교육은 주로 4-6학년의 사회생활 영역 '정의 · 타인 배려 · 공동체 의식 · 준법'의 가치덕목 부분에서 다루고 있다. 또한 개인생활 영역은 6학년 2제재 소중한 생명에 국한되어 있다.

둘째, 도덕과 교육과정에서 다루는 인권교육 내용은 권리보다는 의무에 초점을 맞추어 서술되어 있다. 자율성보다는 사회화에 지나치게 얽매어 있다. 타인 배려나 공동체에 대한 의무 또는 준법정신이 강조된 반면 참정권이나 문화생활권 그리고 노동권 등에 관한 언급은 부족하다.

셋째, 도덕과 교육과정에서 다루는 인권교육의 내용은 사회적 약자에 대한 서술이 부족하다. 아동, 장애인, 여성, 이주노동자, 노인, 사회적 빈곤층에 대한 관심이 부족하다. 예를 들면 경애, 효도, 예절의 가치덕목을 다룬 제재에서는 나이 서열에 따라 부모, 웃어른, 선생님에 대한 예의를 강조하는 내용만이 나온다. 평등한 인간관계에서 이루어지는 예의를 전혀 다루고 있지 않다. 사회적 약자에 대한 배려는 시혜의 차원이 아니라 인간으로서 가지는 당연한 권리라는 측면에서 다룰 필요가 있다.

넷째, 도덕과 교육과정에서 다루는 인권교육의 내용은 어린이의 실생활 경험과 직접 관련이 있는 내용이 부족하고 시대성을 반영하지 못하고 있다(한영숙, 2006, 25). 예를 들면 어린이가 실생활에서 흔히 겪는 별명 부르기, 놀리기, 왕따, 언어 폭력 등의 문제가 나타나 있지 않으며, 요즘 문제 되는 사이버 윤리에 대한 언급이 없다. 하지만 다행스럽게도 2007년 개정 교육과정에서는 인터넷 예절과 게임중독의 예방 단원을 설정하고 있어서 이 문제가 자연스럽게 해결될 것으로 보인다.

## 나. 도덕과 인권교육의 기본 내용과 방향

도덕과에서 인권교육을 하고자 한다면 어떻게 해야 하는 것이 바람직한가? 만약 유 · 초 · 중 · 고등학교에서 인권교육을 하고자 한다면 다음과 같은 다섯 가지 범주를 다루어야 한다는 주장이 강세이다(구정화 · 설규주 · 송현정, 2004, 53–56). 첫째는 인권 존중의 가치 · 태도이고, 둘째는 인권에 대한 기본 개념이며, 셋째는 인권에 관한 법 · 제도이고, 넷째는 인권 문제의 합리적 해결 능력, 다섯째는 인권 친화적 현실 참여이다.

앞의 다섯 가지 인권교육의 범주 중에서 초등학교 학생의 발달 수준에 적합하다고 판단된 것은 인권 존중의 가치 · 태도와 인권에 대한 기본 개념(초급 수준에서의 이해)이다. 우선 인권 존중의 가치 · 태도 범주는 인권과 아동의 권리에 대한 의식, 인권 보호에 대한 태도, 타인의 권리 존중 태도, 인권 관련 태도 등의 요소와 관련이 있다. 다시 말하면 이 범주는 인간의 존엄성을 존중하는 정신과 태도에 관련된 영역이라 할 수 있다. 따라서 교사는 아동 · 학생들에게 나와 너 그리고 모든 사람을 소중히 여기고, 사회적 약자의 인권이 보장받도록 해야 할 책임이 있음을 가르쳐주어야 한다.

다음으로 인권에 대한 기본 개념 범주는 자유권, 평등권, 사회권, 연대권 등의 개념과 관련된다고 할 수 있다. 따라서 교사는 아동 · 학생으로 하여금 초급 수준이라 하더라도 자신이 어떤 인권을 갖고 있으며 이러한 인권이 현실 속에서 어떤 의미가 있는지 이해하도록 적극 지도해야 한다.

## 3. 개념 분석을 활용한 도덕과의 인권교육

### 가. 개념 분석 수업모형의 이론적 배경

도덕적 지식은 사실, 개념, 원리, 이론, 탐구방법 등으로 구성된다. 여기서 말하는 개념(concept)은 일반적으로 비슷한 사람, 사물, 사건, 행위,

관념 등의 집합을 분류하는 용어이다(R. M. Woolever & K. P. Scott, 1988, 94, 326). 다시 말하면 개념이란 어떤 대상, 사건, 관념 등의 집합을 분류하고 범주화한 추상적인 용어라는 것이다(J. A. Banks, 1990, 88).

이와 같이 다양한 대상이나 복잡한 현상을 유사한 것끼리 묶어서 분류해 놓은 개념은 보거나 만져볼 수 있는 구체적인 실체가 아니라 하나의 조직자이다. 개념은 구체적으로 경험하는 현상을 넘어서 새로운 현상을 이해하는 사고를 가능하게 한다. 따라서 개념은 많은 대상과 경험을 명료하게 이해할 수 있는 안목과 사고의 틀을 제공해준다(박상준, 2007, 161). 그래서 우리가 어떤 도덕적 개념을 분석하는 과정은 복잡한 도덕적 문제를 정확하게 파악해서 더욱 합리적으로 해결책을 도출하는 데 도움이 될 수 있다.

개념 분석의 원형을 소크라테스의 대화법에서 찾아볼 수 있다. 그는 도덕적 진리를 탐구하는 논쟁의 과정이나 아테네 젊은이들을 가르치는 과정에서 경건, 용기, 정의 등과 같은 도덕적 개념의 의미를 분석하여 이에 대한 올바른 이해를 도모하고자 하였다. 플라톤의 『대화편』에서 소크라테스는 '아는 사람'으로서가 아니라 '모르는 사람'으로 등장한다. 소크라테스는 답을 말해주는 사람이 아니라 적절한 질문을 던지는 사람으로 나온다. 그는 적절한 질문을 던져 사람들로 하여금 도덕적 개념과 원리를 이해하고 올바른 추론과 판단을 내리도록 이끈다(유병열, 2003, 385-386).

도덕과의 개념 분석 수업모형은 도덕적 개념의 학습을 위해 주로 인지적 측면 중심의 교수 · 학습 과정에서 활용되고 있다. 개념 분석 수업모형에서 교사는 소크라테스처럼 학생 스스로 개념의 의미에 대해 점차 수준을 높여가며 사고하도록 도와주고 안내하는 사람의 역할을 한다.

학생은 개념 분석 수업을 통해 우리 삶의 도덕적 측면을 반성하며 검토하고, 그 분석된 개념을 바탕으로 현실에서 그와 같은 개념을 실천하기 위하여 어떻게 노력할 것인가를 배우게 된다.

## 나. 개념 분석 수업모형의 절차

개념 분석 수업모형의 절차 개념 분석의 수업모형은 윌슨(J. Wilson)의 개념 분석 절차에 따라 다음의 여덟 단계로 나눌 수 있다(J. Wilson, 윤희원 역, 2006, 40-57; 서강식, 2003, 382-387 참조).

첫째, 개념의 문제를 다른 문제와 구분하는(복합 질문에서 개념 분리하기) 단계이다. 이 단계에서는 우선 명백히 해야 할 개념을 분석하기 위해 학습 문제에 나오는 개념의 문제를 여타 문제와 구분을 짓는다. 예를 들면 '가정 파괴범의 인권을 존중해야 하는가?' 라는 질문이 있다면, 이는 '가정 파괴범이란 어떤 사람인가?' 라는 사실적 지식에 대한 문제와 '인권이란 무엇인가?' 라는 개념에 대한 문제, 그리고 '인권을 존중해야 하는가?' 라는 규범(가치판단)에 대한 문제가 두루 섞인 복합 질문이다. 우리가 '가정 파괴범의 인권을 존중해야 하는가?' 라는 복합 질문에 답하려면 먼저 가정 파괴범과 관련된 여러 사실을 확인하고 인권 개념을 분석한 후 인권의 중요성이나 가치에 대한 의견을 피력해야 한다.

또한 '정신병원에 수용된 사람들은 처벌할 수 없는가?' 라는 복합 질문에 답하기 위해서는 첫째, 처벌이란 개념을 분석하고 둘째, 정신병원에 실제로 어떤 사람들이 있는지에 대한 사실에 근거한 지식이 있어야 하며, 마지막으로 이 사람들의 처벌 문제에 대한 가치판단을 내려야 한다. 그러니까 복합적인 질문을 다룰 때는 먼저 개념적 질문을 분리해서 이를 우선 처리해야 한다는 것이다.

둘째, 개념이 사용되는 전형적인 사태를 확인하는 단계이다. 이 단계에서는 어떤 개념이 사용되는 전형적인 사태를 확인하고, 그 사태의 일반적인 특징을 밝힌다. 만약 '인권'의 개념을 분석하는 수업이라면 인권이라는 말을 사용하는 전형적인 사태를 확인하고 그 사태의 일반적인 특징을 밝히는 일이 필요하다. 예를 들면 인권이란 인간의 존엄성을 유지하며 인간답게 살아갈 수 있는 생존권, 자유권, 평등권, 사회권 등을 의미하며, 인종 · 성별 · 신앙 · 사회적 신분 등에 구애받지 않고 누구나 보편적으로 누리는 기본적인 권리를 말한다. 따라서 아동 · 학생의 경우 가정이나 학교에서 인격적으로 무시당하거나 차별받지 않고 모든 일에서 동등한 기회와 권리가 보장되는 사태가 바로 전형적인 사태에 해당한다고 할 수 있다.

셋째, 개념에 반대되는 사태를 확인하는 단계이다. 이 단계에서는 반대의 사례(사태)를 찾아 분석해봄으로써 그 개념이 가지는 특징을 더욱 분명히 밝히는 단계이다. 예를 들면 인권이라는 개념을 알기 위해서는 인권을 침해하는 전형적인 사태를 확인해볼 필요가 있다. 여기에는 각종 차별이나 인격 모독 등이 해당할 것이다. 아동 · 학생의 경우라면 가정이나 학교에서 무시나 차별을 당하고, 집단 괴롭힘이나 따돌림을 당하는 것이 대표적인 반대 사태에 해당한다 하겠다.

넷째, 개념의 경계에 해당하는 사례를 확인하는 단계이다. 경계에 해당하는 사례는 어떤 관점에서 보면 개념에 해당하는 것 같기도 하고, 어떤 관점에서 보면 개념에 해당하지 않는 것 같기도 한 사례를 말한다. 이 단계에서는 개념의 모호성, 즉 의미의 한계가 분명하지 않은 점을 밝힌다. 이를 위해 개념의 경계에 해당하는 사례를 확인하고자 한다. 예를 들어 '인권'이라는 개념을 생각해보자. 밤늦은 시간에 피아노 연습을 못하게 한다거나 여러 사람이 함께 사는 아파트에서 텔레비전을 크게 틀 수 없게 하는 것은 인권을 침해한 것인가? 또는 아동 · 학생이 학교에서 성인 잡지를 보지 못하게 하는 것은 책 읽을 권리를 제한한 것인가? 이와 같이 개념의 경계에 해당하는 사태를 확인하는 것은 개념의 모호성, 즉 개념이 뜻하는 바의 한계를 분명히 밝히고 말이 적용되는 사태의 다양성을 이해하는 데 도움을 준다.

다섯째, 관련된 개념 혹은 사태를 제시해보는 단계이다. 이 단계에서는 관련된 개념을 분석함으로써 개념의 논리적 관계를 밝히고 그 개념을 더욱 정확히 이해하는 것을 목표로 한다. 만약 인권을 다룰 경우 그와 관련된 개념으로서 자유, 정의, 기아, 평화 등과 같은 개념을 분석하는 것은 인권의 개념을 명료화하는 데 도움을 줄 것이다. 우리는 자유 없는 인권은 가능한가? 굶주리지 않으면 인권은 보장된 것인가 등의 문제를 분석하다 보면 인권교육의 과정에서 다루고자 하는 주된 인권 개념의 의미를 깊이 이해하게 될 것이다.

여섯째, 가상적인 사태를 상상하여 검토하는 단계이다. 이 단계는 개념 분석 과정을 통해 더욱 명확해진 개념이 올바로 정립되었는지 가상적인 사태를 상상하여 검토해보는 단계이다. 그리고 이 단계는 여러 사태를 통해 확립된 개념을 또 다른 여러 사태에 적용해봄으로써 개념의 또 다른 특징을 생각해보게 한다. 만약 어떤 친구가 별명을 부르며 계속 괴롭힌다면 여러분은 어떻게 하겠는가? 어떤 사람이 여러분의 부모님을 죽인 살해범이라면 여러분은 그를 용서하겠는가? 자신이 피해자인데도 검찰이 가정 파괴범의 인권을 보호한다며 그의 얼굴에 마스크를 씌워주면서도 자신의 사생활을 들추는 언론매체의 행위를 방치한다면 여러분은 이런 검찰의 행동을 받아들일 수 있는가 등의 가상적인 사태를 검토해보는 것이 이 단계의 일이다.

일곱째, 분석된 결과로 얻어진 개념의 의미를 일상적인 언어생활에 비추어 검토하는 단계이다. 만약 분석의 결과 '인권'이 이러이러한 의미가 있는 개념이라면 그러한 의미로 일상적인 대화에서 '인권'이라는 말을 사용해도 아무런 무리가 없는지 검토해보아야 한다. 만약에 그 의미가 무리가 있다면 그것은 일단 재검토해야 한다. 사람들은 어떤 말을 사용할 때는 대체로 공통된 의미로 그 말을 사용하기 때문이다.

여덟째, 분석한 결과를 체계적으로 정리하는 단계이다. 이 단계에서는 지금까지 분석한 결과를 체계적으로 정리한다. 우리는 일상생활에서 사용하는 도덕적 언어의 기능을 올바로 파악하여 도덕적으로 개념의 의미를 정확하게 인식해야 도덕적 원리를 체계적으로 이해할 수 있다.

## 다. 개념 분석 수업모형을 활용한 도덕과 인권교육

### 1) 개념 분석 단계에 따른 인권학습의 절차

우리가 인권 개념을 개념 분석의 차원에서 논의하는 것은 다소 난점이 있다. 개념 분석은 언어적 상징을 매개로 하는 추상적인 학문 분야이기 때문에 그것이 인간의 실제 경험과 유리될 수 있기 때문이다. 특히 개념 분석 수업모형은 아직 추상적 추론 능력이 발달하지 못한 구체적 조작기에 있는 초등학교 학생에게는 쉽게 적용하기 어려운 측면도 있다. 그리고 도덕적 개념은 편의상 범주화하여 서로 다르게 명명됐지만, 실제로 그 개념의 범주 사이에는 분명한 경계가 존재하기보다 서로 중첩되는 경우가 많다. 특히 어떤 개념이 여타 개념과 구별되는 데 결정적으로 중요한 역할을 하는 속성을 '결정적 속성(critical attribute)'이라고 하는데(박상준, 2007, 175 참조), 초등학생이 도덕적 개념의 결정적 속성을 추출해내기는 매우 어렵다. 그들이 개념 분석 수업모형의 절차 중 하나인 '경계사례 찾기 과정'에서 많은 어려움을 느끼는 것이 그 단적인 예라 하겠다.

하지만 우리가 이와 같은 난점에도 불구하고 '인권' 개념을 분석하고자 시도하는 것은 인권 존중의 사회를 건설하고 인권 침해에 맞설 정당한 근거를 찾기 위한 측면도 있다(M. Freeman, 김철효 역, 2005, 16-17). 만약 우리의 현실이 인권을 침해한다면 우리는 현실에 맞서 인권을 옹호해야 할 것이다. 이와 같은 맥락에서 볼 때 개념 분석 수업모형을 활용한 초등학교 도덕과의 인권교육은 아동 · 학생으로 하여금 인권의 의미를 깨닫고 자신과 타인의 권리가 무엇인지를 알며, 자신과 타인의 권리를 존중 · 보호 · 증진하고, 인권을 침해하는 다양한 형태의 억압과 착취에 저항하는 힘을 기르도록 하는 데 기여할 수 있다. 국제사면위원회가 제시하는 4단계의 인권교육 모듈은 위와 같은 초등학교 도덕과의 인권교육 목표 달성에 기여하는 바가 클 것이다.

국제사면위원회는 4단계의 인권교육 모듈과 각 모듈에서 달성해야 할 학습지표를 제시하고 있는데(한국청소년개발원, 1997, 142-150), 이러한 인권교육의 모듈에 따라 초등학교 도덕과 교육을 실시하기는 어렵다. 왜냐하면 초등학교 도덕과의 교육내용은 그 자체 교육내용의 선정과 조직 원리에 따라 구성되어 있기 때문이다. 우리가 4단계의 인권교육 모듈을 초등학교 도덕과 교육에 적용하는 길은 개념 분석 수업모형의 단계 속에 이 모듈의 학습 절차를 녹여내는 길뿐이다. 다시 말하면 개념 분석 수업모형의 단계에 따라 수업을 진행하면서 각 단계와 유사한 특성이 있는 인권교육의 모듈을 다음의 〈표 2〉와 같이 유연하게 적용할 필요가 있다.

**표 2** 개념 분석 단계에 따른 인권 학습 절차

<table>
<tr><th>개념 분석 단계</th><th>인권 학습 절차</th><th>학습지표(인권교육 내용)</th></tr>
<tr><td rowspan="4">· 분석할 개념 확인하기<br>· 개념의 전형적인 사태와 반대 사태 확인하기<br><br>· 개념의 경계 사태 확인하기<br>· 관련 개념 생각해보기<br>· 가상 사태를 상상하기<br><br>· 분석 결과의 수용 여부 검토하기<br>· 분석 결과 체계적으로 정리하기</td><td>1. 자신의 권리 인식하기</td><td>· 인권의 정의를 공식화하라.<br>· 인권과 인간의 존엄성을 연관해보라.<br>· 인권의 중요성을 제시하라.<br>· 인간의 존엄성을 보호하고 인간의 잠재력을 발휘시킬 수 있는가를 지적하라.<br>· 자신의 인권에는 어떤 것이 있는지 예를 들어보라.<br>· 인권의 내용에 담긴 기본 원리를 지적하라.<br>· 다른 사람의 존엄성에 대한 존중을 표명하라.</td></tr>
<tr><td>2. 인권을 맥락 속에서 파악하기</td><td>· 인권 침해의 양상을 상세히 보여주라.<br>· 인권을 침해하는 사람과 상황을 지적하라.<br>· 자신의 인권 침해 경험을 공유하라.<br>· 개인적 경험과 인권을 침해하는 여러 세력을 연결하라.<br>· 인권 침해가 일어날 수 있는 사회적 제도와 조직을 지적하라.<br>· 인권을 침해받는 사람들에게 감정이입하라.<br>· 역사 속에서 인권 침해의 형태를 지적하라.</td></tr>
<tr><td>3. 인권을 존중 · 보호 · 증진하기</td><td>· 인권을 존중 · 보호 · 증진할 책임이 있는 개인, 조직을 조사하라.<br>· 개인적, 집단적 그리고 제도적 수준에서 인권을 증진할 수 있는 수단과 전략을 제시하라.<br>· 인권 침해 방지를 위한 행동계획을 구상하라.</td></tr>
<tr><td>4. 국제적 유대하기</td><td>· 국제질서에서 인권 침해를 일으키는 세력을 지적하라.<br>· 국내 인권 침해와 다른 국민의 인권 경험을 연결해보라.<br>· 국제 공동체에서의 세력이 우리나라에 어떻게 영향을 미치는가를 설명하라.</td></tr>
</table>

앞의 〈표 2〉에서처럼 개념 분석 수업모형을 활용한 초등학교 도덕과의 인권교육은 다음과 같은 단계에 따라 진행할 수 있다.

첫째는 분석할 개념 확인하기, 개념의 전형적인 사태와 반대 사태 확인하기 단계이다. 이 단계는 아동 · 학생으로 하여금 자신의 권리를 인식하도록 하는 학습에 초점을 맞춘다. 인권교육은 자신의 권리 찾기에서 시작하는 것이 바람직하다. 자신의 권리도 제대로 지키지 못한 상태에서 타인의 권리를 지키는 것은 불가능하다. 자신의 권리 존중에서 시작하여 점차로 자신의 권리와 타인의 권리를 조화롭게 존중하는 학습활동을 할 필요가 있다. 가령 아동 · 학생으로 하여금 인권과 인간의 존엄성을 연관해보도록 하고, 인권의 예를 제시하도록 하며, 다른 사람의 존엄성에 대한 존중을 표명하도록 하는 것이 이 단계 인권교육의 주요 내용이라 할 수 있다.

둘째는 개념의 경계 사태 확인하기, 관련 개념 생각해보기, 가상적 사태를 상상하기 단계이다. 이 단계는 아동 · 학생으로 하여금 인권을 맥락 속에서 파악하도록 돕는 학습에 초점을 맞춘다. 가령 아동 · 학생으로 하여금 인권 침해의 양상과 인권을 침해하는 사람과 상황을 지적하게 하고, 자신의 인권 침해 경험을 공유하도록 하며, 인권을 침해받는 사람들에게 감정이입해보도록 하는 것이 이 단계 인권교육의 주요 내용이라 할 수 있다.

셋째는 분석 결과의 수용 여부 검토하기, 분석 결과 체계적으로 정리하기 단계이다. 이 단계는 아동 · 학생으로 하여금 인권을 존중 · 보호 · 증진하도록 돕는 학습에 역점을 둔다. 가령 아동 · 학생으로 하여금 인권을 존중 · 보호 · 증진할 책임이 있는 개인과 조직을 조사하고, 인권 침해를 방지하기 위한 행동계획을 구상하도록 하는 것이 이 단계 인권교육의 주요 내용이라 할 수 있다.

### 2) 개념 분석 수업모형을 적용한 인권교육의 실제

지금까지 살펴본 개념 분석 수업모형의 기본 절차에 국제사면위원회의 4단계의 인권교육 모듈을 가미하여 초등학교 도덕과 수업을 통해 시행할 수 있는 인권교육 교수-학습 과정안을 구안해보았다.

**표 3** 교수-학습 과정안

<table>
<tr><td>제재</td><td colspan="2">인간답게 사는 길</td><td>차시</td><td>1/3</td></tr>
<tr><td>학습주제</td><td colspan="4">인권의 의미를 알고 나와 타인의 인권 존중하기</td></tr>
<tr><td>학습목표</td><td colspan="4">인권의 의미를 알고 나와 타인의 인권을 존중해야 하는 까닭을 안다.</td></tr>
<tr><td>단계</td><td>과정</td><td>교 수 · 학 습 활 동</td><td>시간</td><td>자료 · 유의점</td></tr>
<tr><td>문제사태 제시</td><td>학습동기 유발</td><td>T1. 어떤 장면을 나타낸 동영상입니까?<br>S1. 친구를 놀리는 모습입니다.<br>S2. 복도를 이리저리 뛰어다니고 있습니다.<br>T2. 이 동영상을 보고 여러분은 우리가 어떤 태도를 보여야 한다고 생각했나요?<br>S1. 친구와 사이좋게 지내는 거요.<br>S2. 친구의 인권을 존중하는 태도를 보여야 합니다.<br><br>허물없는 친구는 인권을 존중하지 않아도 되는가?</td><td>5'</td><td>교 가능하면 학교 주변에서 촬영한 내용을 보여주어 호기심을 유발한다.</td></tr>
<tr><td>분석할 개념 확인하기</td><td>개념 확인하기</td><td>T3. 인권이란 무엇인가요?<br>S1. 사람의 권리입니다.<br>S2. 인간으로서 대접받고 행복하게 살아갈 권리입니다.<br>S3. 태어나면서부터 가지는 권리입니다.<br>S4. 차별받지 않고 무시당하지 않을 권리입니다.</td><td>4'</td><td>교 교사가 조사한 자료</td></tr>
</table>

| 단계 | 과정 | 교수·학습 활동 | 시간 | 자료·유의점 |
|---|---|---|---|---|
| 개념의 전형적인 사례 찾기 | 인권 존중의 전형적 사례 찾기 | T4. 어떤 모습이 인권을 받고 또는 인권을 존중하는 모습인가요?<br>S1. 자신의 생각을 자유롭게 발표하는 모습입니다.<br>S2. 차별받지 않는 것입니다.<br>S3. 친구를 무시하지 않고 나도 무시당하지 않는 것입니다.<br>S4. 선생님이 학생을 공정하게 대하는 것입니다.<br>T5. 여러분 주위에서 찾아볼 수 있는 사례 중에서 인권을 존중하는 것으로 어떤 것이 있나요?<br>S1. 급식 시간에 장난을 치지 않고 차례를 지키는 것입니다. | 4' | 교 수집자료 |
| 반대 사례 찾기 | 인권 침해 사례 확인 | T6. 인권을 침해하는 사람은 어떤 사람인가요?<br>S1. 자기의 이익만 생각해서 남을 속이는 사람입니다.<br>S2. 약한 사람을 마구 괴롭히는 사람입니다.<br>S3. 차별대우하는 사람입니다.<br>S4. 사람을 죽인 사람입니다.<br>T7. 인권을 지키지 않으면 어떻게 됩니까?<br>S1. 서로 미워하는 사람이 많아집니다.<br>S2. 다른 사람의 몸을 다치게 하거나 생명을 빼앗기도 합니다.<br>S3. 다른 사람에게 재산 피해를 주게 됩니다.<br>S4. 몸이 불편한 장애인이라고 마구 무시하고 따돌리는 것입니다. | 4' | 교 수집자료<br>수집해온 자료는 실물 화상기를 통해 발표하도록 한다. |

| 단계 | 과정 | 교 수 · 학 습 활 동 | 시간 | 자료 · 유의점 |
|---|---|---|---|---|
| 개념의 경계 사례 확인하기 | 경계 되는 사례 찾기 | T8. 인권을 항상 존중해야 하는데 우리 생활에서 예외로 제한하는 경우가 있을까요?<br>S1. 밤에 큰 소리로 말하면 못하게 해야 합니다.<br>S2. 버스나 지하철에서 큰 소리로 떠드는 것은 승객의 권리를 침해하는 것입니다.<br>T9. 인권을 존중한다고 하기도 존중하지 않는다고 하기도 어려운 상황으로는 어떤 것이 있을까요?<br>S1. 정신이상자를 시설에 가둬놓고 치료해주는 것이 있습니다.<br>S2. 학생이 성인 잡지를 읽으면 선생님이 책을 빼앗아가요.<br>S3. 친구를 괴롭히는 학생을 방과 후에 남겨놓고 선생님이 꾸중하는 경우입니다. | 7' | 다양한 맥락에서 인권을 살펴보도록 지도한다.<br><br>모둠별 토의를 통해 알아보도록 하며, 교사는 관련 그림 자료도 준비한다. |
| 관련 개념 생각해 보기 | 관련 개념 생각해 보기 | T10. 인권 하면 어떤 낱말이 생각나나요?<br>S1. 법이요.<br>S2. 도덕이 생각납니다.<br>S3. 생명 존중도 있습니다.<br>T11. 그래요. 그러면 법이란 무엇일까?<br>S1. 사람을 보호해주는 것입니다.<br>S2. 살기 좋은 사회를 만들기 위해 만들어놓은 것입니다.<br>T12. 도덕이란 무엇이죠?<br>S1. 인간으로서 꼭 지켜야 하는 것입니다.<br>S2. 착하게 살게 하는 것입니다. | 5' | 교 학생들의 경험과 관련된 개념을 중심으로 살펴본다. |

| 단계 | 과정 | 교 수 · 학 습 활 동 | 시간 | 자료 · 유의점 |
|---|---|---|---|---|
| 가상 사태 생각해 보기 | 개념과 다른 가상 사태 상상 및 검토 | T13. 만약 어떤 친구가 힘이 약한 여자 친구를 괴롭히자고 한다면 여러분은 어떻게 하겠습니까?<br>S1. 친구에게 그것은 나쁜 것이라고 말하겠습니다.<br>S2. 선생님께 말씀드려 그 친구가 그렇게 하지 못하게 하겠습니다.<br>T14. 만약 길거리에서 장애인을 만나면 어떻게 하겠습니까?<br>S1. 놀리지 않고 도와주어야 해요.<br>S2. 이상한 눈으로 쳐다보지 않고 다정하게 인사해야 해요. | 5' | 다양한 맥락에서 인권을 검토하게 하고, 인권 침해가 발생한 경우 이를 해결하기 위한 적극적 노력이 필요함을 강조한다. |
| 분석 결과의 수용 여부 검토와 정리하기 | 일상생활에서 사용할 수 있는지 검토하기<br><br>정리하기 | T15. 지금까지 살펴본 인권이란 어떤 것이었죠?<br>S1. 인간답게 살기 위해 반드시 필요한 권리입니다.<br>S2. 내 권리부터 잘 지키고 남의 권리도 잘 지켜주는 거요.<br>T16. 이제 여러분이 일상생활에서 오늘 배운 대로 인권을 존중하는 생활을 하려면 어떻게 해야 할까요?<br>S1. 남을 괴롭히는 사람을 보면 신고해야 해요.<br>S2. 힘이 세다고 힘이 약한 친구나 동생을 때리지 않고 존중해야 합니다.<br>T17. 이제 마지막으로 여러분이 자신의 인권을 지키고 남의 인권을 지키기 위해서 해야 할 일을 노트에 적어봅시다. 이상으로 수업을 마칠게요. 수고하셨습니다. | 6' | 인권을 존중 · 보호 · 증진하는 생활태도가 필요함을 주지시키면서 수업을 마친다. |

지금까지 개념 분석 수업모형을 활용한 초등학교에서의 인권교육 방법에 대하여 논의하였다. 일반적으로 개념 분석은 언어적 상징을 매개로 하는 추상적 학문분야이기 때문에 추론 능력이 결여된 초등학생의 도덕교육 방법으로는 다소 한계가 있는 것으로 인식되었다. 하지만 초등학교에서 개념 분석 수업모형을 활용한 인권교육은 아동 · 학생의 인간 의식 수준을 고려하여 인권에 대한 가치와 태도를 중심으로 시행할 경우 의미가 크다. 그리고 자신이 겪는 인권 문제나 사회적 약자가 겪는 인권 문제에 대해 민감하게 반응하고 여타 인권 침해 상황에 대한 자신의 책임을 자각하는 인권 감수성 신장 또한 인권교육의 핵심 요소라고 할 수 있다.

개념 분석 수업모형을 활용한 초등학교 도덕과 인권교육은 인권에 대한 개념 분석에 그치지 않는다. 초등학교 도덕과 인권교육은 아동 · 학생으로 하여금 다양한 맥락 속에서 인권을 파악하게 하며 인권을 보호하고 증진하는 태도를 보이도록 하는 데 주안점이 있다.

따라서 초등학교 도덕과 인권교육은 개념 분석과 함께 정의 · 행동 중심의 인권교육과 병행 시행되어야 할 것이다. 인권교육은 궁극적으로 실천에 역점을 둔다. 다양한 모둠 활동, 집단토론 활동, 문제 해결 학습, 역할놀이 등 학습자의 활동 중심의 인권교육을 통해 인권 감수성을 가지게 된 학생은 결국 자유, 관용, 공정 등과 같은 인권적 가치에 따라 풍요로운 삶을 살아갈 수 있을 것이다.

2장

# 가정 연계를 통한 인권교육*

요즘 교육계의 화두는 인권이다. 소위 진보 교육감이 당선된 시 · 도교육청에서 체벌 금지를 내용으로 담은 학생인권조례의 제정을 가시화함에 따라 사회여론이 고조되고 있다. 민주주의 사회에서 인권 신장 정책을 무조건 비판하거나 인권을 침해하는 체벌을 무차별적으로 옹호하는 것은 바람직한 태도가 아니다.

그동안 우리의 가정과 학교는 자녀 · 학생의 인권에 대해 별다른 관심을 기울이지 않은 것이 사실이다. 학업 성취에 대해서는 필요 이상의 관심을 기울였지만 인권에 대해서는 등한시했다고 해도 과언이 아니다. 입시 위주의 교육이 대세를 차지하고 있는 우리의 학교에서 학생의 인권은 항상 뒷전이었다. 상급학교 진학을 위해서는 학생의 인권쯤은 잠시 유보되어도 된다는 생각이 교직원의 의식 속에 잠재되어 있었다. 이는 인간생활의 기본 터전이라고 할 수 있는 가정에서도 마찬가지였다.

가정은 민주시민의 기본 자질을 결정짓는 지식, 성격, 태도, 가치관

* 이 글은 필자의 논문 「초등 도덕 교과에서의 가정 연계 인권교육」(『한국초등교육』 제21권, 2호, 2010, 213-226)을 수정 · 보완한 것이다.

등을 형성해 나가는 곳이다. 이런 점에서 가정의 인권 존중 풍토는 건강하고 활기찬 민주사회의 밑바탕을 이룬다고 할 수 있다. 그럼에도 불구하고 교육이 유일한 계층 상승의 통로로 자리잡고 있는 우리나라의 현실에서 가정이나 학교에서 인권교육을 기대하기란 그리 쉽지 않다(조기제, 2006; 김민아, 2010). 학교와 가정에서 가해지는 엄청난 학업 부담과 그로 인한 스트레스 때문에 발생하는 청소년 자살, 청소년 범죄, 극심한 생활고에 따른 가족의 동반 자살, 학생 폭력과 따돌림, 가정 폭력과 아동 학대 등은 인권 침해의 현실을 반영하고 있다고 할 수 있다. 이러한 현실을 감안할 때 우리의 가정과 학교는 자녀 · 학생에게 따뜻한 사랑을 베풀고, 그들이 자신의 인권뿐만 아니라 타인의 인권도 존중하는 덕을 갖추도록 세심한 관심을 기울일 필요가 있다. 가족 상호 간의 존중과 배려의 덕이 학교 교육을 통해 심화 발전되고 사회로 확장될 때 우리 사회의 앞날은 밝아질 것이다.

이에 본 장에서는 아동 · 학생의 인권의 의미와 일반 원칙, 학생인권조례의 제정 취지와 내용을 검토한 후에 인권 지식의 본질, 인권교육과 도덕교육의 관련성, 인권 신장을 위한 초등 도덕 교과교육의 방향 등을 논의함으로써 가정과 연계한 초등 도덕 교과에서 인권교육의 방안을 모색하고자 한다.

## 1. 아동 · 학생의 인권과 학생인권조례

### 가. 아동 · 학생의 인권과 일반 원칙

우리 사회는 유교적 · 가부장적 전통이 강하여 아동 · 학생을 부모의 소유물이나 성인에 의해 보호 · 육성되어야 할 미성숙한 존재로 간주하는 경향이 강하다. 아동 · 학생은 독립적 인격체 혹은 권리의 주체로서 대접받기보다는 불완전한 객체로 취급해왔다. 이러한 사회의 시각은 우리나라 아동복지법의 법조문에 그대로 반영되어 있다. 아동복지법은 아동을 건전하게 육성할 책임이 국가와 국민에게 있음을 선언하고 있지만, 아동이 인간으로서 가지는 기본적인 권리와 시민적 권리에 대해서는 언급하고 있지 않다. 진정한 아동복지정책은 어른이 아이에게 은혜를 베풀어주는 것이 아니라 인간으로서 당연히 누려야 할 권리를 존중해주는 차원에서 제공되어야 한다(김성재, 2002, 182-183). 그래서 아동에게 제공되는 모든 서비스는 인간으로서 행복한 삶을 추구하는 데 기여해야 해야 할 것이다.

그러면 아동 · 학생이 한 사람의 인간으로서 행복한 삶을 누리도록 하기 위해서는 어떤 사회적 조건을 갖춰야 하는가?

현재 아동 · 학생의 인권문제와 관련하여 국제사회에서 보편적으로 인정받고 있는 문서는 1989년 채택된 '아동권리협약(Convention on the Rights of the Child)'이다. 이 협약은 유엔헌장, 세계인권선언(Universal Declaration of Human Rights), 유엔인권조약(UN Human Treaties) 등의 국제문서에서 표명된 인간의 존엄과 가치, 평등권 등 인간의 기본적인 인권을 재확인하고 있는데, 이 아동권리협약에서 제시한 일반 원칙(general principles)은 다음과 같다.

첫째, 차별 금지(non-discrimination)의 원칙이다(제2조). 이 원칙은 아동이 다른 사람으로부터 그 어떠한 종류의 차별도 받지 않도록 인권을 보장해야 한다는 것을 뜻한다. 이는 아동 또는 그의 부모나 후견인의 인종, 피부색, 성별, 언어, 종교, 정치적 또는 기타 의견, 민족적 · 인종적 · 사회적 출신, 재산, 능력, 출생이나 기타 신분과 관계없이 모든 아동에게 적용하는 원칙이다. 이 원칙에서 핵심이 되는 것은 기회의 평등이다. 여아, 난민 아동, 장애 아동, 외래민 혹은 원주민, 소수집단에 속하는 아동이라 할지라도 다른 아동과 동일한 권리를 지녀야 한다는 것이다.

둘째, 최선의 이익(best interests) 원칙이다(제3조). 이 원칙은 아동의 이익을 최우선으로 고려하여 아동에 관한 모든 정책과 활동을 전개해야 한다는 것이다. 즉 공공이나 민간 사회복지기관, 법원, 행정당국, 입법기관 등은 아동의 최선의 이익을 최우선으로 고려하도록 아동에 관한 모든 활동을 펼쳐야 한다는 것이다.

셋째, 의견 존중(respect for the view)의 원칙이다(제5조). 이 원칙은 자신의 견해를 밝힐 수 있는 능력을 지닌 아동이 자신에게 영향을 미치는 모든 문제와 관련하여 자신의 견해를 자유롭게 표현할 권리를 갖는다는 것을 의미한다. 아동의 견해는 아동의 나이와 성숙도에 따라 정당하게 존중받아야 한다. 특히 아동은 자신에게 영향을 미치는 모든 사법적 · 행정적 절차에서 직접 또는 대표자나 적절한 기관을 통해 진술할 기회를 보장받아야 한다.

넷째, 생명 · 생존 · 발달의 원칙이다(제6조). 이 원칙은 모든 아동이 생명에 관한 고유의 권리를 지니고 있음을 인정하고, 아동의 생존과 발전을 가능한 한 최대로 보장해야 한다는 것이다. 여기서 말하는 '발달'이란 신체적 건강뿐만 아니라 정신적 · 정서적 · 인식적 · 사회적 · 문화적 발달을 모두 의미하는 것으로 해석해야 한다.

그러면 이와 같은 일반 원칙에 근거하여 보장되고 있는 아동의 권리에는 어떤 것이 있는가? 보통 아동의 권리는 생존권, 보호받을 권리, 발달권, 참여권 등 네 가지로 요약된다(하승수, 2008, 93-95; 권재원, 2008, 43; 조기제, 2006, 170).

첫째, 생존권은 아동이 생명을 유지하고 기본적인 삶을 누리는 데 필요한 권리를 의미한다. 여기에는 적절한 생활수준을 누릴 권리, 안전한 주거지에서 살아갈 권리, 충분한 영양을 섭취하고 기본적인 보건 서비스를 받을 권리 등을 포함한다.

둘째, 보호받을 권리는 아동이 모든 형태의 차별, 학대, 방임, 폭력, 고문, 징집, 과도한 노동, 약물과 성 폭력 등으로부터 보호받고, 위기 상황(난민 아동, 법률 저촉 아동, 소수민족 아동 등)에서 특별한 보호를 받을 권리를 의미한다.

셋째, 발달권은 아동이 잠재력을 최대한 발휘하는 데에 필요한 권리를 의미한다. 여기에는 교육을 받을 권리, 놀이와 오락을 즐길 권리, 문화생활에 참여할 권리, 정보를 얻을 권리, 양심 · 종교의 자유 등을 포함한다.

넷째, 참여권은 자신의 나라와 지역사회 활동에 적극적으로 참가할 수 있는 권리로 자신의 의견을 표현하고, 자신의 삶에 영향을 주는 문제에 대해 발언권을 가지며, 단체에 가입하거나 평화적인 집회에 참여할 수 있는 권리를 말한다.

지금까지 살펴본 아동 인권은 곧 학생 인권의 핵심 내용이라 할 수 있다. '아동권리협약'에 규정된 아동이란 18세 미만의 어린이를 의미하는데, 여기에는 대부분의 초 · 중 · 고등학생을 포함한다. 그리고 각종 인권 관련 문서에서 규정하는 아동 인권 혹은 학생 인권이라는 개념은 인간 일반의 보편적 이해 위에 아동 · 학생이라는 특수한 지위에 관한 내용을 범주화한 것이라 할 수 있다. 그래서 인간으로서 보장받아야 할 인권이 아동 · 학생이기 때문에 제한할 수밖에 없다는 논리는 정당화하기 어렵다.

## 나. 인권 신장을 위한 학생인권조례의 제정

보통 인권교육은 아동 · 학생의 발달 수준에 적합한 인권 존중의 가치 · 태도를 가르치는 것을 의미한다(구정화, 설규주, 송현정, 2004, 53–56). 예를 들면 초등학교에서의 인권교육은 보편적 차원에서 인권과 관련된 기본적인 개념을 가르치는 것이며, 특수적 차원에서 아동의 기본권이라고 할 수 있는 생존권, 보호권, 발달권, 참여권에 대해 가르치는 것이라 할 수 있다. 이를 위해 초등학교 교사는 아동 · 학생에게 인권이란 무엇이고 자신은 어떤 인권을 갖고 있으며 이러한 인권이 구체적 현실에서는 어떻게 나타나는지 개념적, 실천적 수준에서 명확하게 이해할 수 있도록 가르칠 필요가 있다.

그런데 오늘의 우리 학교 현실은 인권교육에 둔감한 편이다. 인권교육에 대한 관심이 부족할 뿐만 아니라 아동 · 학생의 인권이 제대로 보장되고 있지 않다. 대부분 일선 초 · 중 · 고등학교 교사는 권위주의적 교직 문화와 인권을 침해하는 여러 학교 문화, 그리고 학교생활규정의 문제를 제기하고 있다(강순원, 2000, 233; 노희정, 2008, 78; 조기제, 2005, 371–375 참조). 그들은 학업 성적이나 집안 배경에 따라 집단 따돌림을 당하고, 다양성이 부인되고 잘못된 경쟁의식을 조장하는 학교 풍토를 규탄하고 있다. 또한 그들은 일상적인 침묵이 강요되고 처벌과 통제 위주의 생활지도가 이루어지는 학교 문화와 학생자치 활동을 지나치게 제한하고 있는 학교 규정의 개선을 주장하고 있다.

일선 교사들이 주장하는 이와 같은 반인권적 상황은 그동안 사회적 관심사로 등장하곤 했지만 학생 인권 신장의 차원으로 승화, 발전하지는 못했다. 하지만 요즈음 경기도교육청을 포함한 몇몇 시 · 도교육청은 학생인권조례의 제정을 추진함으로써 아동 · 학생의 인권을 교육계의 화두로 등장시키는 데 공헌하고 있다(경기도 학생인권조례 제정 자문위원회, 2010 참조).

학생인권조례의 조문에 나타난 인권의 유형과 내용은 다음과 같다.

첫째, 학생인권조례는 학생의 생명과 건강을 유지하고, 충분한 영양을 섭취하며, 기본적인 보건 서비스를 받을 권리에 해당하는 '생존권'의 내용을 담고 있다. 이는 학교 복지에 관한 권리, 교육환경에 대한 권리, 급식에 대한 권리, 건강에 관한 권리 등을 포함한다.

둘째, 학생인권조례는 차별, 학대, 방임, 착취로부터 보호받고, 위기상황으로부터 특별히 보호받을 권리인 '보호권'의 내용을 담고 있다. 이는 차별받지 않을 권리, 소수 학생의 권리 보장, 폭력으로부터 자유로울 권리, 개성을 실현할 권리, 사생활의 자유, 사생활의 비밀을 보호받을 권리, 정보의 권리, 위험으로부터의 안전, 징계 등 절차에서의 권리, 상담 및 조사 등 청구권 등을 포함한다.

셋째, 학생인권조례는 자신의 잠재력을 최대한 발휘하고 신체적, 정서적, 도덕적 성장에 필요한 '발달권'의 내용을 담고 있다. 이는 학습에 관한 권리, 정규 교과 이외의 학습 활동, 교육환경에 대한 권리, 문화 활동을 향유할 권리, 휴식을 취할 권리, 사상 · 양심 · 종교의 자유 등을 포함한다.

넷째, 학생인권조례는 자신과 관련된 모든 일에 대해 자유롭게 의견을 표현할 수 있는 '참여권'의 내용을 담고 있다. 이는 자치 활동의 권리, 학칙 등 학교 규정의 제 · 개정에 참여할 권리, 정책결정에 참여할 권리, 상담과 조사 등 청구권, 정당한 징계 절차를 보장받을 권리 등을 포함한다.

## 2. 인권 신장을 위한 도덕 교과교육

### 가. 인권 지식의 본질과 인권교육의 방향

우리는 흔히 인권교육 하면 인권에 대한 지식, 인권 존중의 가치와 태도, 인권에 관한 법과 제도, 인권문제를 합리적으로 해결할 수 있는 능력, 인권 친화적인 사회건설을 위한 현실참여 등을 떠올린다(노희정, 2008, 76-77). 그런데 다섯 가지 중에서 과연 어떤 것이 학생 인권을 신장하고자 하는 도덕 교과교육의 장에서 중요하다고 할 수 있을까? 굳이 두 가지를 꼽는다면 그것은 아마 인권에 대한 기본적 지식과 인권 존중의 가치와 태도일 것이다.

도덕 교과교육이 학생 인권의 신장에 기여하려면 인권에 대한 기본적 지식을 가르치고, 자신의 인권과 타인의 인권을 존중하는 가치와 태도를 보이도록 충실히 가르쳐야 할 것이다. 특히 인권을 가르치는 것은 단순한 지식을 전달하는 것에 그치지 않고, 민주적인 정치와 민주적인 사회조직을 건설하는 데 동참하는 과정이기도 하다. 그래서 인권교육은 기본적으로 저항과 갈등에 직면하기도 한다.

인권교육은 사회적 긴장과 갈등을 야기하고, 상처를 덧나게 하는 것으로 이해되기도 한다(D. Misgeld, 1994, 239-244). 하지만 이와 같은 약점을 극복해 나가면서 인권교육은 인권에 대한 명확한 이해를 바탕으로 인권 친화적인 가치와 태도를 형성해야 한다. 우리는 인권 침해 행위자를 용서할 수는 있지만 그 침해 사실을 잊어서는 안 된다. 학교는 인권 침해를 예방하기 위해서라도 명료한 인권 지식(human rights knowledges)에 기초한 인권교육을 강화할 필요가 있다. 2005년 유엔 총회에서 선언된 '세계 인권교육 프로그램(World Programme for Human

Rights Education)'에 따르면 인권교육은 ① 장기적으로 인권 학대와 폭력적 갈등을 예방하고, ② 평등과 지속 가능한 발전을 증진하며, ③ 민주적 체계 속에서 의사결정 과정에 적극적 참여를 고양하는 데 기여하는 것이다. 그러나 인권 지식은 이러한 세 가지 보편적 지식만 있는 것이 아니다. 인권교육의 장에서는 비폭력적이고 평화로운 사회를 유지하고 발전시키는 데 기여하는 모든 일상적, 실제적인 요소가 인권 지식이 될 수 있다(D. Misgeld, 1994, 244-245). 이러한 지식은 가장 기초적이고 폭넓은 의미의 '정의의 감각(a sense of justice)'과 인간성 위에 기초하며, 이러한 정의의 감각은 암살, 살인, 고문은 나쁘고 대량 학살과 성차별 혹은 인종차별 등이 자행되어서는 안 된다는 것을 의미한다.

따라서 우리는 문서에 표출된 인권교육의 목표와 우리의 일상생활에서 발생하는 인권 관련 지식을 기초로 하여 인권교육의 방향을 정립할 필요가 있다(R. P. Claude, 2009, 101-102 참조). 학생 인권교육 역시 문서상의 인권 지식뿐만 아니라 우리의 일상생활에서 발생하는 학생 인권과 관련된 지식을 통합하여 가르칠 필요가 있다. 예를 들면 학생과 학생 사이, 학생과 교사 사이, 교사와 학부모 사이에서 이루어지는 상호작용을 기초적인 인권 지식의 차원에서 분석하고 검토할 필요가 있다는 것이다. 그래야 학생 인권이 교권과 충돌할 수 있다는 비판에서 벗어날 수 있다.

## 나. 인권교육과 도덕교육의 관련성

일반적으로 인권교육은 인권 지식을 가치의 차원에서 이해하고 실천하도록 가르치는 활동이라 할 수 있다. 여기서 인권 지식을 가치의 차원에서 가르친다는 것은 인권교육이 도덕교육과 관련이 있다는 것을 의미한다. 인권교육의 장에서 학생들에게 필요한 것은 인권 문제에 대한 비판적 추론 능력의 신장이라 할 수 있다. 인권교육이 인권과 관련된 도덕적, 인지적 문제에 대한 추론 능력을 기르고, 타인 이해와 인간 존중의 가치와 태도를 형성하는 것이라면, 인권교육은 분명 도덕교육을 함축하고 있다(A. C. Vergara & J. V. Estévez, 2004, 284 참조).

인권교육은 타인을 잠재적인 적군이나 방해꾼으로 간주하지 않는다. 인권교육은 권력과 사적인 이해관계에 기초를 둔 가치와 원리를 거부하며 민주주의를 추구한다. 또, 인권교육은 경쟁, 권력 집중, 강요, 통제 등을 거부하며 협력, 권력 분산, 자기 규율, 합의에 따른 의사결정 등을 선호한다.

민주주의적 문화를 지향하는 인권교육은 고립적 자아(a separate self)보다는 관계적 자아(a relative self)에 기초한 교육을 선호하는 경향이 있다. 인권이란 기본적으로 집단의 인권보다는 개개인의 인권을 의미하는 개념이지만, 인권을 옹호하는 사람들은 대체로 인권을 관계 속에서 파악한다. 삼손(E. Sampson)은 자아가 관계 속에서 규정되며 전적으로 고립적인 자아란 존재하지 않는다고 본다(1988, 20). 그에 따르면 개인주의는 이기심을 증진하고 인권 옹호 행위를 저해할 뿐이다. 이러한 주장의 밑바탕에는 나딩스(Nel Noddings)의 관계적 자아의 개념이 자리잡고 있는데(1984), 그녀는 일찍이 진정한 자신의 모습은 타인과의 관계 속에서 규정되고 완성된다고 본 것이다.

따라서 인권교육은 분명 학생이 자신을 관계적 존재이고 타인과의 관련 속에서 존재한다는 것을 이해하도록 돕는 활동이라 할 수 있다. 이런 관계적 자아의 개념을 증진하는 전략은 학생을 사회적 상황에 노출하는 것이며, 생생한 체험과 연결하게 하는 것이다. 제닝스에 따르면 학생이 이러한 관계적 자아 감각과 생생한 체험을 할 수 있도록 돕는 전략은 다음과 같다(T. E. Jennings, 1994, 291-294).

첫째, 연결(connection)과 상호 의존(interdependence)이 구현되고 있는 교실에 학생들을 참여시킨다. 이러한 교실 문화는 상호 의존성의 맥락에서 문제를 바라볼 수 있게 하고, 맥락을 고려한 문제해결과 협의를 강조한다. 그리고 '추론 유도적 훈육(inductive discipline)' 기법을 활용하여 학생이 역할 채택의 능력과 감정이입의 능력을 개발하는 데 도움을 준다(M. Hoffman, 1982). 이러한 기법은 사회적 약자와의 연결 감각(a sense of connection)을 촉진한다.

둘째, 도덕적 정서를 자극하고 자신의 주관적 체험을 높이 평가하는 커리큘럼에 학생을 참여시킨다. 학생의 감정이입과 관점 채택의 기술을 고양하기 위해 문학작품을 이용할 수 있다. 학생은 문학작품을 통해 다양한 문화 집단의 관점으로부터 문제, 주제, 관심 그리고 개념을 파악할 수 있으며(T. Rasinski & N. Padak, 1990, 577), 인간의 공통 특성과 이야기 속에 뿌리박힌 상호 관련성의 의미를 이해할 수 있다. 문학작품은 교실 대화와 연결될 수 있는 정서적 반응을 불러일으키며, 학생이 다양한 관점과 체험에 노출되도록 하는 강점을 지닌다.

셋째, 학생이 교실 이외의 사회적 약자의 삶을 체험할 기회를 갖도록 한다. 타인의 인간성을 인정하고 그들과 협력하는 것은 연결 감각을 개발하는 데 중요하다(T. E. Jennings, 1994, 294). 인권 교육자는 학생이 억압에 맞서 싸우는 공동체의 삶을 경험할 기회를 제공할 필요가 있다. 현장 체험과 지역사회 자원봉사 활동은 학생이 상호 연결성을 주관적으로 체험하는 데 큰 도움을 줄 수 있다. 사회적 약자와의 결합 경험은 부분적으로 관계적 자아 감각의 형성에 기여하고 주관적 체험을 촉진한다. 따라서 인권교육은 타인의 인간성을 인정하고 사회적 약자와 함께하고자 한다는 점에서 도덕교육의 필수 요소라 할 수 있다.

## 다. 인권 신장을 위한 도덕 교과교육

도덕 교과에서 인권 신장 교육은 어떤 방향에서 이루어지는 것이 바람직한가? 앞의 2절 인권교육과 도덕교육의 관련성에서도 살펴본 바와 같이 인권교육은 인권의 수용과 존중에 기여하는 조건을 유지하고 개발하는 데 필요한 교육 활동이다. 이는 인권교육에서 인권에 대한 정보의 제공, 인권 침해의 현실 변화, 인권 보호를 위한 행위나 태도, 정치적 변화의 증진이 포함되어야 한다는 것을 말하고 있는 것이다(D. Misgeld, 1994, 239-244). 인권교육이 단순하게 인권과 관련된 객관적 지식을 전수하는 데 그치는 것이 아니라 인권 침해의 역사에 대한 비판적 자각으로부터 출발해야 함을 이야기하고 있는 것이다.

도덕 교과에서 인권교육은 인권에 대한 기본 개념, 인권에 관한 법 · 제도, 인권 존중의 가치 · 태도, 인권 문제의 합리적 해결 능력 그리고 인권 친화적 현실참여라는 다섯 가지 범주를 기본으로 하여 실시하되(구정화 · 설규주 · 송현정, 2004, 53-56; 노희정, 2008, 82-84), 인권 침해의 역사를 간과해서는 안 된다. 예를 들어 초등학교 도덕 교과에서 인권교육은 초등학교 학생의 발달 수준에 적합하다고 판단되는 인권 관련 지식, 인권 존중의 가치 · 태도, 인권 침해의 역사적 진실 규명과 화해의 정신을 가르칠 필요가 있다. 그리고 아동 · 학생으로 하여금 초급 수준이라 하더라도 자신이 어떤 인권을 갖고 있으며 이러한 인권이 현실 속에서 어떤 의미를 지니는지 이해하도록 적극 지도해야 한다.

결국 도덕 교과에서 인권교육은 민주주의와 인간 존중의 정신을 가르치고 배우는 과정으로서, 인권 일반과 아동 · 학생의 권리에 대한 지식, 인권 보호와 증진에 대한 가치 및 태도와 관련이 있다. 따라서 도덕 교사는 아동 · 학생에게 나와 너, 그리고 모든 사람을 소중히 여기고, 사회적 약자의 인권이 보장받도록 해야 할 책임이 있음을 가르쳐야 한다.

## 3. 가정과 연계한 도덕 교과의 인권교육

### 가. 인권 신장을 위한 부모의 역할

인권교육은 가정에서부터 충실히 실천할 때 실효성이 있다. 도덕 교과를 통해 인권교육이 아무리 충실하게 이루어지더라도 가정이 이를 뒷받침하지 못할 때 아동 · 학생은 혼돈에 빠질 것이다. 아동 · 학생의 인권 신장을 가로막는 학교의 반인권적 상황은 2장 2절에서 살펴보았다. 그러면 가정의 인권 상황은 어떤가?

가정에서 인권 침해 사례로는 물리적 폭력과 언어 폭력을 동반하는 아동 학대, 부모로서의 권위만을 앞세우는 아동의 의견 무시, 자기 방어력이 없는 아동을 집에 혼자 남겨두기, 부모의 대리만족을 위한 아동의 인권 유린, 아동 유기 등을 들 수 있다(광주광역시 북구청 문화정보실, 2003, 55–56).

다음의 〈표 1〉은 가정에서의 아동 인권 침해의 유형을 생존권, 보호권, 발달권, 참여권의 차원에서 살펴본 것이다. 여기에 나타난 인권 침해의 사례가 발생하지 않고, 아동이 인권을 존중받기 위해서는 무엇이 전제되어야 할까? 그것은 아마 부모의 역할 인식일 것이다. 다음은 아동의 인권 신장에 기여할 수 있는 부모의 역할이다.

첫째, 부모는 자식을 위해 역할 모범(modelling)을 보일 필요가 있다. 부모와 자녀가 함께 시간을 보내는 것은 성장기 청소년에게 큰 영향을 미칠 수 있다. 존중(respect)과 관련지어 말하자면 자녀는 부모가 다른 사람을 어떻게 대하는지를 보면서 배우게 된다.

**표 1** 가정에서 아동 인권의 침해 유형

| 인권 유형 | 인권 침해의 구체적 내용 |
|---|---|
| 생존권 | · 부모는 집안 형편상 학교에 납부해야 할 공과금을 제때 주지 못한다.<br>· 나는 감당하기 힘들 정도로 집안일이나 다른 일을 많이 하고 있다.<br>· 등교 시간이 너무 빨라 집에서 아침식사를 할 시간이 없다. |
| 보호권 | · 부모는 내가 남자(여자)라는 이유로 차별을 한다.<br>· 부모는 성적이 나쁘거나 말을 듣지 않는다는 이유로 체벌을 한다.<br>· 부모는 내게 심한 폭언(고함, 욕설 등)을 한다.<br>· 부모는 내 복장이나 두발 상태에 대하여 지나치게 간섭한다.<br>· 부모는 합당한 이유나 내 동의 없이 휴대전화의 문자나 일기장(편지 등)을 훔쳐본다. |
| 발달권 | · 부모는 집에서 공부만 하기를 강요한다.<br>· 부모 때문에 집에서 마음 편히 놀거나 쉴 수가 없다.<br>· 부모는 내가 원하지 않는 종교 활동을 하도록 강요한다. |
| 참여권 | · 부모는 내 의견을 자유롭게 말할 기회를 주지 않는다.<br>· 부모는 상급학교 진학을 결정할 때 내 의견을 고려하지 않고 일방적으로 강요한다. |

따라서 부모는 식사시간에 가족과 이야기하면서 존중이 다른 사람을 대하는 지속적인 방식이 되도록 해야 한다. 자녀는 부모가 말하는 방식이나 행동양식을 목격하면서 성장한다.

둘째, 부모는 자녀가 하려는 말을 공감적으로 경청해야 한다. 자녀가 즐겁거나 기분이 좋은 상황에서 하는 이야기에 대해서는 일반적으로 부모가 그것을 있는 그대로 받아준다. 하지만 자녀가 슬픔이나 분노 등의 감정을 가지고 이야기하는 말을 경청하지 않으려 한다. 그러나 부모는 자녀의 의견을 묵살할 것이 아니라 이해하고 존중해주는 것이 필요하다.

셋째, 부모는 자녀에게 자신의 감정을 적절히 표현할 기회를 제공해야 한다. 자기의 감정을 정확히 표현하고 다른 사람의 감정을 이해하는 활동을 통해 자녀는 존중이나 인권을 지식적인 측면에서 바라보는 것이 아니라 실제 체험을 통해 습득하게 된다.

넷째, 부모는 자녀에게 타인을 배려하는 마음씨를 길러주어야 한다. 부모는 자녀와 함께 하면서 배려를 몸소 실천할 수도 있지만 다양한 사례를 통해 직접 가르칠 수도 있다. 예를 들면 가정에서 자녀와 함께 TV를 보고 음악을 들으면서 배려의 사례를 지적하고, 그것에 대해 자신이 생각하는 바를 자녀에게 알려줄 수 있다.

다섯째, 부모는 자녀가 어릴 때부터 비폭력적 해결방법을 가르칠 필요가 있다. 폭력에 관하여 아이에게 이야기하는 것은 결코 이른 법이 없다. 아이에게 자신의 분노와 좌절을 어떻게 표현해야만 하는지, 그리고 무엇이 한계를 벗어난 것인지를 알도록 해야 한다. 공정함이나 존중이 무엇인지를 함께 이야기할 필요가 있다. 학교 체벌이나 비인격적인 처사에 대해서는 분노하면서 가정에서는 아이를 엄하게 키워야 한다고 주장하는 부모가 간혹 있다. 이는 모순이다. 학교에서든 가정에서든 체벌과 학대는 결코 이루어져서는 안 된다. 이를 위해서는 갈등을 비폭력적으로 해결할 수 있는 능력을 교사, 학부모뿐만 아니라 학생과 자녀가 함께 길러야 할 것이다. 나와 다른 생각을 이해하고 수용할 수 있는 자세, 갈등을 해결하는 능력을 기르는 것은 인권 의식 함양에 매우 중요한 부분이다.

## 나. 학부모 대상 인권교육 프로그램 운영

인권교육은 학교와 가정의 긴밀한 연계 속에서 추진할 때 그 실효성은 고양된다. 인권은 개인의 존엄성, 권리의 평등 그리고 타인의 권리를 존중하는 상호 책임감과 관련이 있다(A. Osler & H. Starkey, 1994, 349). 학교는 학부모에게 이러한 윤리적, 도덕적 틀을 제공하기 위해서 인권과 관련된 프로그램을 개발하여 인권교육을 주기적으로 할 필요가 있다. 만약 우리가 일선 학교에서 학부모 교육의 일환으로 인권교육을 한다면 다음과 같은 단계를 밟을 수 있겠다(A. Osler & H. Starkey, 1994, 353-357 참조).

첫째, 학부모 인권교육조직을 구성하고 초보적 수준에서 조직을 운영하는 분위기 조성의 단계이다. 이 단계에서는 학부모가 서로 얼굴을 익히고 마음을 열어 인권 문제에 대해 토의하며 인권 신장을 위해 노력할 수 있는 태도를 형성하는 데 목표를 둔다.

둘째, 인권의 증진과 보호가 중요하다는 것을 인식하고 인권에 대해 탐구하고 실천하는 단계이다. 인권 문제에 대해 탐구할 때 가장 좋은 방법은 2장에서 살펴본 아동·학생의 인권 유형과 일반 원칙, 그리고 〈표 1〉의 가정에서 아동 인권의 침해 유형과 그와 관련된 주제를 중심으로 토의하는 것이다. 왜냐하면 학부모가 자신과 무관한 주제에 대해 탐구하는 것보다는 관련 있는 주제를 중심으로 탐구하는 것이 더욱 실효성이 있기 때문이다. 다음의 〈표 2〉는 탐구 단계에서 활용할 수 있는 주요한 학생 인권 토의 주제이다.

그리고 인권 관련 토의 주제를 통한 프로그램 운영의 과정을 더 구체적으로 설명하며, 먼저 학부모에게 토의 주제를 제시하고 다양한 의견을 자유롭게 발표하도록 한다. 예를 들면 체벌에 대한 주제를 제시했다면 학부모가 브레인스토밍을 통해 자신의 생각을 발표하도록 한다. 그런 다음 대표적인 찬성과 반대의 입장을 개진하도록 하고, 이를 중심으로 토의를 하여 합의를 도출할 수 있도록 한다. 합의가 도출되지 않을 경우 무리하게 합의를 도출하려고 시도하지 말고, 리더가 자연스럽게 토의를 마무리하도록 한다.

**표 2** 주요한 학생 인권 관련 토의 주제

<table>
<tr><th>인권 유형</th><th>토의 주제</th><th>내 용</th></tr>
<tr><td rowspan="2">생존권</td><td>무상 급식</td><td>· 모든 학생에게 복지의 차원에서 무상 급식을 하는 것이 바람직하다.<br>· 우리의 경제 상황을 고려할 때 생활이 어려운 학생에 한해 제한 급식해야 한다.</td></tr>
<tr><td>생리휴가</td><td>· 법적으로 보장된 생리휴가는 반드시 보장받아야 한다.<br>· 남학생이나 생리통이 심하지 않은 다른 여학생은 불공평하다.</td></tr>
<tr><td rowspan="4">보호권</td><td>체벌</td><td>· 체벌은 인격 모독이며, 교사에 대한 증오와 분노만을 만들어낼 뿐이다.<br>· 체벌은 성적 향상에 도움이 되고 학교의 질서와 규율을 유지하는 데 필요하다.</td></tr>
<tr><td>일기 검사</td><td>· 일기 검사는 사생활의 비밀을 침해하는 것이다.<br>· 학생의 반성하는 삶에 도움이 되고 문장 표현력을 기르는 데 도움을 준다.</td></tr>
<tr><td>두발 · 복장의 자유</td><td>· 개성을 존중하고 표현할 자유를 부여해야 한다.<br>· 공부에 지장을 초래하고 계층 간 위화감을 조성할 수 있다.</td></tr>
<tr><td>휴대전화 소지 허용</td><td>· 사생활의 자유를 보장하고, 긴급 상황이 발생할 경우 연락을 취하기 위해서는 허용되어야 한다.<br>· 휴대전화 소지는 수업을 방해할 우려가 있다.</td></tr>
</table>

| | | |
|---|---|---|
| 발달권 | 야간학습, 보충수업의 선택 | · 개인의 흥미와 적성에 맞는 수업을 선택할 자유를 부여해야 한다.<br>· 강제적인 야간학습, 보충수업을 통해서라도 학생의 성적을 올려야 한다. |
| | 반성문 쓰기 강요 | · 사상과 양심의 자유를 막는 것이다.<br>· 잘못된 믿음, 행동한 경우 반성하는 기회를 갖도록 하는 것이 교육이다. |
| | 등록금 | · 누구나 교육받을 수 있도록 무상 의무교육을 시행해야 한다.<br>· 방과후 활동비, 학교운영지원비 등은 수익자가 부담해야 한다. |
| 참여권 | 표현의 자유와 학내 집회 | · 학생에게 직접 영향을 끼치는 문제에 대해 의견을 표명할 권리가 있다.<br>· 무분별한 학내 집회는 학습 분위기를 해칠 수 있다. |
| | 징계 등 절차 참여권 | · 징계 기준과 사유를 정확히 알고, 의견을 진술할 기회를 가져야 한다.<br>· 규정을 어겼으면 징계를 달게 받아야 한다. |
| | 학교 운영과 교육정책 참여권 | · 학생은 학교의 구성원이므로 학교 운영과 정책에 참여할 권리가 있다.<br>· 학생의 의견을 반영하다 보면 본래 교육의 목적을 달성하기 어려울 수 있다. |

셋째, 프로그램 활동의 평가 단계이다. 학부모가 그동안의 활동 과정에 대해 평가하고, 앞으로 가정이나 사회에서 자신이 어떻게 실천할 것인지 계획을 세우고 다짐하는 단계이다. 이 경우 자녀와는 어떤 관계를 유지하고 도덕 교과를 포함한 여러 교과 수업에서 이루어지는 인권교육의 과정에 어떻게 참여할 것인지를 성찰하게 하는 과정이 필요하다.

## 다. 가정 연계를 통한 초등 도덕 교과의 인권교육

인권 존중의 가치와 태도를 기르는 데 주안점을 두는 초등학교 도덕 교과의 인권교육은 학부모의 도움을 받을 때 생기 있게 시행될 수 있다. 초등학교 시기의 부모는 아동의 인권 존중의 태도에 큰 영향을 끼친다. 부모에 의해 제공되는 사회화는 아동의 감정이입 반응을 발달시키고, 타인을 배려하고 존중하는 가치와 태도를 형성시키는 데 중요한 역할을 한다. 따라서 초등학교의 도덕 교과 인권교육은 학부모가 인권교육의 주체로 적극 참여할 다양한 기회를 제공할 필요가 있다.

첫째, 초등학교 도덕 교과에서 인권 관련 수업을 할 때는 학부모에게 수업 참관자, 학습 도우미, 보조교사, 더 나아가 '세계인권선언기념일 주간'에 'Team Teaching'의 파트너로서 참여할 기회를 제공할 필요가 있다.

둘째, 초등학교 교사는 도덕 교과의 인권 관련 단원을 가르치기 이전이나 가르친 이후에 학생에게 학부모와 함께 인권의식을 심화시키고 인간 존중의 태도와 자세에 대해 성찰할 수 있는 다양한 '가정 과제'를 부여할 필요가 있다.

셋째, 초등학교 도덕 교과에서 학생의 인권 존중의 가치와 태도 형성의 정도를 평가할 경우, 교사만 평가의 주체가 되는 것이 아니라 학부모도 자녀 생활점검표 작성이나 일화기록법 등의 수행평가방법을 활용하여 평가 과정에 참여할 기회를 제공할 필요가 있다.

학부모의 인권교육 참여가 어떤 방식으로 이루어지든 다양한 형태로 이루어지는 초등학교 도덕 교과의 가정 연계 인권교육은 다음과 같은 성과를 거둘 수 있다.

첫째, 가정과 연계한 도덕 교과의 인권교육은 교사, 학생, 학부모와의 유기적인 관계를 통해 인권에 대한 지식을 고양하고 아동 · 학생의 인권 내용을 더욱 구체적으로 분석하고 실천에 옮길 수 있는 기술과 태도를 개발하고 형성하는 데 도움을 준다. 예를 들면 헌법에 보장된 인권과 여러 관련 국제기구에 대한 인권 지식 그리고 생활 속에서 체험을 통해 얻을 수 있는 인권 지식뿐만 아니라 아동 · 학생의 인권을 습득하는 데 도움이 된다.

둘째, 가정과 연계한 도덕 교과의 인권교육은 존중, 책임, 공정성, 평등 등과 같은 가치덕목에 대해 반성적으로 사고하도록 하는 데 도움을 준다. 이러한 반성적, 성찰적 인권교육 접근방식은 학부모 대상 인권교육 프로그램이나 실생활 인권 문제나 학생 인권 문제를 중심으로 한 토의 중심의 도덕 교과 수업에서 유용하게 활용될 수 있다.

셋째, 가정 연계 도덕 교과 인권교육은 학부모와 자녀가 공동으로 자신의 삶에 대해 비판적으로 되돌아볼 수 있는 기회를 제공한다. 이는 아동 · 학생의 일상생활에서 겪는 수많은 갈등을 인권의 관점에서 살펴볼 수 있게 하는 장점이 있다. 이러한 기회를 통해 아동 · 학생은 자신과 다른 피부색, 성, 종교, 언어를 가진 사람을 고정관념이나 편견 없이 대할 수 있게 된다.

지금까지 초등학교 도덕 교과에서 가정과 연계하여 실시할 수 있는 인권교육의 방안에 대하여 논의하였다. 그 결과 아동 · 학생의 인권은 차별 금지, 최선의 이익, 생명과 발달, 의견 존중의 원칙에 따라 구현된 생존권, 보호권, 발달권, 참여권으로 구성되어 있는데, 이러한 권리가 우리의 가정이나 학교에서 제대로 보장되고 있지 않기 때문에 급기야 몇몇 시 · 도 교육청 단위에서 아동 · 학생의 인권 실현을 위한 '학생인권조례'의 제정을 추진하고 있음이 밝혀졌다.

사실 인권교육은 인권과 관련된 지식을 가치의 차원에서 이해하고 실천하도록 가르치는 활동이다. 그런데 인권교육이 인권 지식을 가치의 차원에서 가르친다는 점, 다시 말하면 인권을 존중하는 가치와 태도를 기르는 것을 목표로 한다는 점에서 인권교육은 도덕 교육과 밀접한 관련이 있다. 그리고 인권교육은 공동체와 상호 의존성에 기초한 관계적 자아를 강조하고, 사회적 약자에 대한 관심을 고양한다는 점에서 도덕 교육의 핵심 내용이라 할 수 있다.

가정과 학교는 아동 · 학생의 도덕성과 인권의식의 신장에 결정적 영향을 끼치는 공동체이다. 가정과 학교에서 일어나는 아동 · 학생의 인권 침해 문제는 단순한 가정이나 학교의 문제로 그치지 않는다. 가정과 학교의 인권 문제는 사회, 국가의 인권 문제로 확장된다. 아동 · 학생의 인권이 제대로 보장되기 위해서는 가정, 학교, 사회, 국가적 차원에서 인권교육이 충실히 이루어져야 한다. 이러한 맥락에서 볼 때 가정과 연계한 초등 도덕 교과의 인권교육은 교사, 학생, 학부모 모두 인권의식 신장에 기여하게 될 것이며, 특히 초등학교 학생에게는 인권 존중의 가치와 태도를 형성할 기회를 제공함으로써 도덕적 인간으로 성장하게 하는 데 큰 기여를 할 것으로 보인다.

3장

# 관계적 자아실현을 위한 도덕교육*

인간은 사회로부터 격리된 채 홀로 살아갈 수 없는 존재이다. 인간은 관계 속에서 서로 도움을 주고받으며 살아가는 사회적 존재이다. 인간은 가정생활, 사회생활, 국가생활을 영위하면서 직간접적으로 타인과 서로 관계를 맺으며 살아간다. 이러한 타인과의 관계 맺음은 인간다운 삶을 사는 데 있어서 기본 요소이다. 타인과의 관계를 맺지 않고서는 인간다운 인간이 될 수 없다. 그러기에 인간의 '도덕적 자아(moral self)' 란 결국 '관계적 자아(relative self)' 라 할 수 있다. 그런데 이러한 '관계적 자아' 가 그동안 도덕교육에서 소홀히 다루어져 왔다.

윤리는 관계의 윤리이다. 인간이 마땅히 지켜야 할 윤리는 추상적 지식이기보다는 상황적이고 맥락적인 지식이다. 그래서 도덕교육은 가상적인 도덕 딜레마를 탐구하는 능력을 기르는 데 주안점을 두기보다는 구체적인 상황 속에서 발생하는 도덕적인 갈등 문제를 해결하는 능력이나 타인과의 관계 속에서 발생하는 도덕적인 갈등 문제를 해결하는 능

* 이 글은 필자의 「도덕교육에 대한 서사적 접근과 관계적 자아의 실현」(『도덕교육연구』 제16권 2호 2005, 111-132)을 수정 · 보완한 것이다.

력을 기르는 데 주안점을 두어야 한다. 즉 도덕교육은 학생이 타인과 관계를 맺으며 살아가는 존재라는 것을 깊이 인식하고 타인을 배려하며 존중하는 태도를 갖도록 돕는 교육, 관계적 자아를 실현하는 교육이 되어야 한다는 것이다.

그러면 이러한 관계적 자아를 충실히 실현할 수 있는 도덕교육의 방법은 무엇인가? 일반적으로 인간의 관계적 삶은 딱딱한 활자 매체보다 영상 이미지에 담아 전달할 때 더욱 생생하게 전달된다. 교과서 속의 활자에서보다 컴퓨터 모니터와 스크린을 통해 삶을 배우고자 하고 즐거움을 느끼는 요즘 학생들에게는 더 말할 나위가 없다. 이제 도덕교육의 장에서도 인간의 관계적 삶을 학생에게 충실히 전달하고 관계적 자아를 실현하기 위한 수단으로 만화, 애니메이션, 영화 등을 비롯한 각종 동영상 매체를 적극 활용할 필요가 있다.

동영상 매체에서 다루는 내용은 반드시 삶의 맥락을 반영하고 서사적 구조를 갖추고 있는 것이어야 한다. 사실 그동안 우리의 삶에 모범이 되는 '서사'[1]는 우리의 도덕교육에서 막강한 영향력을 발휘하였으며 제7차 도덕과 교육과정에서도 비중 있게 다루어지고 있다. 이는 서사가 '특정 가치나 덕목'의 의미를 크게 부각할 수 있는 장점이 있고, 바람직한 도덕적 인간상을 더욱 현장감 있게 제시할 수 있기 때문이다.

따라서 본 장에서는 '공감적 이야기와 실생활 도덕 경험 이야기하기'가 도덕 발달과 어떤 상관성을 가지며 관계적 자아의 실현을 위한 도덕

1 '서사(敍事, narrative)'란 라틴어 *gnarus*(아는 것, ~에 능숙한, ~에게 알려주다)와 *narro*(말하다, 이야기하다)에서 유래되었다(H. White, 1981, p. 1). 서사는 그 어원으로 볼 때 알고 있는 사람이 알고자 하는 사람에게 전달하는 이야기, 담화(story)이다. 본 글에서는 가능한 한 서사라는 용어를 주로 사용하되 필요에 따라서는 이야기 혹은 이야기하기도 혼용하겠다.

교육에 어떤 시사점을 주는지 살펴본다. 그리고 서사적 접근방식이 전제하고 있는 서사적 자아와 관계적 자아의 상관성, 그리고 관계적 자아실현을 위한 도덕교육과 동영상을 활용한 인권교육의 방법에 대해 탐색한다.

## 1. 도덕교육에 대한 서사적 접근

서사가 도덕과 교수-학습 영역에서 주요 주제로 대두하게 된 것은 인지 발달적 도덕교육이 학습자의 인지적 능력에 초점을 맞춘 나머지 총체적 능력(인지, 감정, 행동)을 드러낼 수 없다는 인식 때문이다. 그래서 도덕교육에서 하나의 '거대 서사(grand narrative)'로 자리를 잡아왔던 콜버그 류의 인지 발달적 도덕교육 이론은 이제 그 위상이 점차 약화해가고 있다. 그러면 이러한 거대 서사에 대비되는 '작은 서사'는 도덕 발달이나 도덕교육과 어떤 관련이 있는가? 그리고 이 작은 서사가 관계적 자아 실현을 위한 도덕교육에 시사하는 바는 무엇인가?

본 장에서는 흔히 작은 서사로 거론되는 길리건(C. Gilligan), 나딩스(Nel Noddings) 등 여성주의자의 일상적 대화와 태펀과 브라운(M. Tappan & L. Brown)의 실제 도덕 경험을 이야기를 중심으로 살펴보고자 한다.

### 가. 공감적 이야기로서의 대화

작은 서사는 우리의 구체적이고 일상적인 삶의 경험을 더욱 잘 드러내고 있다. 작은 이야기를 옹호하는 길리건(C. Gilligan), 나딩스(Nel

Noddings) 등과 같은 여성주의자는 일상적인 대화, 작은 이야기를 통한 교육이 인간의 도덕 발달에 매우 중요하다는 것을 주장한다. 그런데 나딩스가 강조하는 일상적 대화는 인격교육 이론가가 강조하는 도덕적 이야기와는 사뭇 다르다. 인격교육 이론가는 도덕적 영웅을 통해서 도덕적 영감을 불러일으키는 이야기를 선호하는 반면, 나딩스 등의 배려윤리에서는 타인의 상황을 이해하는 데 도움이 되는 공감적 이야기로서의 대화를 선호한다. 거창한 담론보다는 작은 이야기를 선호한다. 여기에서 대화는 근본적으로 열려 있는 것으로 처음부터 어떤 결론이 전제되지 않는다. 오히려 대화를 통해 서로 이해하고 공감하기를 바란다. 화자에 의해 일방적으로 진행되는 대화가 아니라 화자와 청자 간의 상호관계적 대화라는 것이다. 대화가 도덕적 의미를 가지는 것은 대화가 서로를 연결해주고 배려 관계를 지속할 수 있도록 도와주기 때문에 가능하다는 것이다. 이러한 점에서 배려는 지식과 기능만이 아니라 특정한 태도를 필요로 한다. 우리는 상대방이 무엇을 필요로 하는지 잘 알고 있을 때 효과적으로 반응할 수 있다. 나딩스(Nel Noddings)에게 대화는 상대방에 대한 몰입을 통해서 상대방에게 깊은 주의와 관심을 기울이는 활동이다(Nel Noddings, 추병완 외 역, 2002, 55-56).

따라서 우리는 타인과 대화적 관계를 맺고 그들의 작은 이야기를 들음으로써 무엇인가를 배우고 그들에게 자신의 이야기를 함으로써 자신의 관계적 자아를 확인하고 실현한다는 것을 명심할 필요가 있다. 우리는 타인과의 관계 속에서 서로 공감하는 작은 이야기를 통해 서로를 배려하고 존중하는 관계적 자아를 실현한다고 할 수 있다.

## 나. 실생활의 도덕 경험 이야기

작은 이야기를 토대로 대화하고 배려의 태도를 형성할 것을 주장하는 길리건과 나딩스와는 달리 태펀과 브라운(M. Tappan & L. Brown)은 학생에게 자신의 실제 도덕 경험을 이야기할 수 있는 기회를 부여함으로써 도덕적 주체 의식을 고양할 수 있다고 주장한다. 학생이 작가가 되어 자신이 직접 겪은 도덕 경험을 이야기하면서 자기의 도덕적 관점이나 시각을 고양한다는 것이다. 다시 말해 자신의 이야기를 표현함으로써 얻게 되는 '작가 의식(authorship)'의 발달이 곧 도덕성 발달 과정이라는 것이다. 또한 여기서 '작가 의식'을 가진다는 것은 자신의 도덕적 삶에 대해 '도덕적 권위(moral authority)'를 가진다는 것을 의미하며, 자신이 직면한 도덕적 갈등 상황과 관련하여 생각하고 느끼며 행동한 것에 대해 권위를 가진다는 것을 뜻한다. 아울러 이는 자신의 시각과 행동을 주장하고 방어할 수 있다는 것을 뜻한다. 한마디로 말해 작가 의식의 달성은 도덕적 사고, 감정, 행위에 대한 도덕적 권위의 주장이다(M. Tappan & L. Brown, 1989, 189-190).

그리고 작가 의식으로서 도덕적 권위는 이야기를 통해서 표현되고 발전하는데, 자신의 도덕 경험에 대한 이야기는 그 경험에 대한 숙고를 전제한다. 여기서 숙고는 이야기하고자 하는 사건에 대한 학습을 촉진하며, 단순히 사건을 나열하고 묘사하는 것 이상으로 자기 자신의 사고, 감정, 행위에 대하여 '책임감'을 갖도록 한다(M. Tappan, 1991, 7).

따라서 우리는 학생으로 하여금 실제 생활에서 자신이 직접 겪은 도덕 경험을 허심탄회하게 이야기하도록 함으로써 자신의 도덕적 관점을 분명히 표현하도록 할 필요가 있다. 비록 사소한 것이라 할지라도 가족이나 이웃과의 관계에서 생긴 여러 도덕적 문제나 갈등사태에 대해 자신이 생각하고, 느끼고, 행동한 바를 적극 이야기하도록 하는 것은 관계적 자아 실현에 큰 기여를 할 것으로 보인다.

## 2. 관계적 자아실현을 위한 도덕교육

### 가. 서사적 자아와 관계적 자아

서사적 접근방법이 윤리학적 근거로 삼고 있는 '도덕적 자아(moral self)' 로서의 '서사적 자아(narrative self)' 는 인식론적 측면에서 과연 어떤 의미가 있는가? 그리고 이는 데카르트의 고립적 자아와 이에 대립하는 의미의 '관계적 자아(relational self)' 와는 어떤 관련이 있는가?

데카르트에 따르면 자아는 자신의 존재성을 증명하기 위해 자신 이외의 어떠한 것도 필요로 하지 않는다. 자아라는 존재를 증명하는 근거로서 사고하는 의식만으로 충분하다. 사고하는 의식은 독립적으로 활동하며 자기 존재의 토대를 형성하기 위해 어떠한 도움도 필요하지 않다. 데카르트에 따르면 자아는 "의심하고, 이해하고, 긍정하고, 부정하고, 욕구하며, 욕구하지 않으며, 상상하며, 감각하는 것"(최명관 역, 1983, 86)으로서 그 무엇에도 의존하지 않는 하나의 생각하는 실체이다. 이러한 자아는 인식되지는 않지만 신의 존재에 의해서 그 명증성을 보증받는 사고되는 자아이다.

이와 같이 데카르트의 자아는 자신의 존재성 확립을 위해 다른 어떤 것을 필요로 하지 않는 자기 충족적인 실체아이다. 사유하는 것으로서 자아는 타인과의 관계를 떠나서 자신의 입지를 확보하는 고립아이다. 따라서 데카르트가 규정한 자아는 자신의 자아를 확보하기 위해 어떠한 사회적인 상황이나 타인도 필요로 하지 않기 때문에 그 자아는 사회적 맥락을 떠나서 정의된다. 이러한 데카르트의 고립적 자아는 칸트나 콜버그의 이론 속에 그대로 반영되어 있다. 칸트에 있어서 자아는 자유의지(선의지)를 가진 존재로서 그리고 이성적, 합리적, 자율적 존재로서 타인과 상황에서 독립되어야 하는 자아이다. 이러한 자아는 탈관계적 상황 속에서 자신의 주관적 법칙을 객관적인 보편 도덕 법칙에 합치할 수 있는 존재이다(안옥선, 2002, 323-330).

대표적인 인지 발달적 도덕교육 이론가인 콜버그(L. Kohlberg)는 자율적인 상황 초월적인 자아가 도덕적 추론 능력을 단계적으로 향상하는 것을 도덕성 발달로 인식한다. 그는 도덕적 사고와 추론방식이 3수준 6단계의 과정을 밟아 발달해간다고 서술하고 있다.[2]

콜버그는 도덕적 사고와 추론방식을 발달시키는 중요한 방법으로 가설적 딜레마를 제시한다. 학생이 어떤 가설적 딜레마를 매개로 토론수업을 전개할 때 그들은 인지적으로 자신보다 '한 단계 높은 사고'를 접할 경우 도덕적 변화가 일어난다는 것이다. 콜버그와 그의 제자 블라트(M. Blatt)의 실험연구 결과에 따르면 가설적 딜레마의 제시와 그에 따른 토론을 거쳐 실험집단의 평균 3분의 1 정도가 한 단계의 진보를 보인

2 콜버그(L. Kohlberg)에 따르면 1단계는 벌과 복종의 단계로, 옳은 행동을 하는 것은 벌의 회피와 권위자의 우월한 힘 때문이다. 2단계는 개인적인 도구적 목적과 교환의 단계로 옳은 것은 자신의 이익과 욕구를 만족하게 하는 행동으로서 다른 사람에게도 그와 같이 하도록 허용하는 것이다. 3단계는 개인 간의 기대, 관계, 동조의 단계로 옳은 것은 규칙과 기대에 따라 좋은 역할을 하고 신뢰와 존경의 상호 관계성을 가지며 사회적 인정을 받는 것이다. 4단계는 사회체제 및 양심 유지의 단계로 옳은 것은 고정된 규칙과 법, 사회질서의 유지를 지향하고 의무를 다하는 것이다. 5단계는 권리우선, 사회계약, 유용성의 단계로 기본적 원리, 가치, 사회의 합법적 계약을 지지하며, 전체적 유용성이라는 합리적 계산에 기초해야 한다. 6단계는 보편적 윤리적 원리의 단계로 정의, 인간 권리의 평등, 인간 존엄성 등에 기초한다.

것으로 나타났다(L. Kohlberg, 김민남 외 역, 2004, 67).

그러나 이런 가설적 딜레마를 사용하는 콜버그의 인지적 도덕 발달이론은 개인의 주장, 권리, 이해관계에서 생기는 갈등을 공평하고도 합리적으로 해결하는 방식과 절차를 주로 다루고, 개인 사이에 이루어지는 일상적인 사회적 상호 작용은 무시하고 있다.

이와 같이 데카르트와 칸트와 콜버그는 한결같이 자아를 타인과의 관계나 자신이 처한 상황을 고려하지 않은 채 이성과 자율성의 차원에서 논의하고 있다. 이러한 점에서 그들의 자아관은 구체적인 삶의 맥락을 반영하지 못한 채 대단히 형식적이고 폐쇄적이라고 할 수 있다.

이와 달리 신아리스토텔레스주의자인 매킨타이어(A. MacIntyre)는 자아를 구체적인 상황 속에서 파악한다. 그에 따르면 인간의 자아는 서사의 맥락에 기초할 때 통일성을 획득할 수 있는 '서사적 자아(narrative self)' 이다(1997, 318-322). 인간은 공동체 속에서 서사를 통해 자신의 정체성을 형성한다는 것이다. 인간은 탄생하여 죽을 때까지 진행되는 하나의 이야기를 살아가는 과정 속에 있다. 개개인은 다른 어떤 사람이 아닌 자기 자신이며, 자기 나름의 고유한 의미가 있는 한 역사의 주체이다. 그래서 어떤 사람이 이야기의 주체로서 존재한다는 것은 이 이야기할 수 있는 삶을 구성하는 행위와 경험에 책임을 진다는 것을 의미한다. 만약 어떤 사람이 자신의 삶이 의미 없다고 불평한다면 그는 자신의 행위와 경험에 대해 책임을 질 수 없으며 삶의 목적(telos) 또한 상실하고 있음을 한탄하는 것이라 하겠다.

인간이 자기 나름의 고유한 의미를 지닌 이야기의 주인공이라는 것은 타인의 삶과 이야기의 조연이라는 것을 포함한다. 나의 삶의 이야기는 내 자신의 이야기임과 동시에 타인의 이야기의 한 부분이며, 내가 속한 공동체의 이야기와도 서로 얽혀 있다. 매킨타이어에 의하면 인간은 하나 이상의 배역 혹은 역할이 있고 기존의 인간 사회에 참여한다. 그래서 인간은 다른 사람이 자신에게 어떻게 반응하고 자신은 또 그들에게 어떤 반응을 할 것인가를 이해하기 위해 자신에게 주어진 배역과 역할이 무엇인지 배운다. 예를 들면 아이들은 수많은 이야기를 들으면서 자신이 어떠해야 하며, 부모는 어떤 존재이며, 자신이 어떤 배역을 맡고 있으며, 또 세상의 일은 어떤 방식으로 이루어지는지를 배운다(1997, 319).

한편 태펀과 브라운에 따르면 개인은 관계적 상황 속에서만 도덕적으로 발달할 수 있는 관계적 자아이다. 이 경우 도덕 발달의 목적은 더 이상 타인으로부터 고립되고 분리된 존재의 도덕적 자율성을 기르는 데 있는 것이 아니라 타인과의 필연적 관련 속에서 개인의 도덕적 권위를 형성하는 것이다(N. Bouchard, 2002, 408). 사실 우리 인간은 본질적으로 타인과의 관계를 떠나서는 생각할 수 없다. 우리가 어떤 사람의 삶을 이야기할 때 그 부모를 말하지 않고, 친구를 말하지 않고서는 그 삶을 온전히 설명한다는 것이 불가능하다. 인간은 어디까지나 관계를 지향하면서 관계 속에서 자신을 실현해간다. 타인과의 관계는 자아 이전에 전제된 것이고, 따라서 자아를 규정하기 이전에 자아 형성의 토대로서 타인이 전제된 것이다. 이러한 맥락에서 자아는 관계를 떠날 수도 없으며 관계를 회피할 수도 없다.

나딩스 역시 자아는 관계 속에서만 세워지고 관계 속에서만 성장하고, 관계 속에서만 완성된다고 주장한다(1984, 80). 여기서 '관계 속에서만 완성된다.'는 것은 자아가 타인 지향적 특징을 가질 수밖에 없다는 것을 시사한다. 인간은 타인과의 관계성 속에서 도덕을 실천하고 자아를 실천하려는 근본적이고 원초적인 욕구가 있다는 것이다.

지금까지의 논의를 종합할 때 우리는 도덕적 자아를 '고립적 자아' 보다는 '관계적 자아'로 파악하는 것이 더욱 타당할 것이다. 인간의 자아는 고립적, 선험적, 자율적 자아라기보다는 타인과의 관계 속에서 느끼고, 생각하고, 행하면서 형성되어가는 서사적 자아이고 관계적 자아라고 할 수 있다. 우리는 흔히 어떤 사람의 참모습을 파악하고자 할 때 그 사람뿐만 아니라 그 사람이 관계하고 있는 주변 사람들, 그리고 그가 몸담고 있는 공동체에 대해 알고자 한다.

## 나. 관계적 자아실현을 위한 서사적 도덕교육

우리가 자아를 타인과의 관계 속에서, 공동체와의 관계 속에서 파악한다고 할 때 그 관계적 자아를 드러내고 실현하도록 돕는 도덕교육이란 어떠해야 하는가? 그리고 그러한 도덕교육은 어떤 의미가 있는가?

인간이 관계 속에서 살아가는 존재이고 또한 관계를 맺으면서 문화를 창조했다면 이 문화를 담아내고 있는 서사는 교육과 밀접한 관련이 있지 않을 수 없다. 일찍이 모든 문화권에서는 자기 문화의 고유한 이야기를 후세에게 전해주는 것을 교육의 중요한 수단으로 삼았다. 예를 들면 기독교, 유대교, 이슬람교가 널리 퍼져 있는 곳에서는 성서가 매우 중요한 위치를 차지하고 있었다(A. MacIntyre, 이진우 역, 1997, 182). 이런 성서는 그 계몽적 내용으로 인해 학생의 삶의 지표가 되었으며, 학생은 그 가치와 덕목에 몰입하고 헌신하게 되었다. 또한 그들은 종교적 이야기만이 아니라 교훈적 이야기나 역사적, 정치적 사건을 다룬 이야기를 통해서 도덕적 사고력과 감수성을 함양하였으며 그 텍스트에 나오는 구체적인 인물의 삶을 본받아 자신의 삶을 성찰하는 기회로 삼았다.

그런데 이런 유형의 서사교육은 교육자 중심의 교육이었다. 피교육자 스스로 자신의 경험을 이야기하거나 서로 의견을 교환하면서 도덕적 지식, 감정, 가치를 내면화하기보다는 일방적으로 주입받는 방식이었다. 예를 들면 감동 감화형 이야기 들려주기, 교육자의 모델링이 이런 서사교육의 주된 방식이었다. 이러한 방식에 반하여 태펀(M. Tappan)은 피교육자가 도덕이나 가치와 관련된 자신의 이야기를 하거나 글을 쓰도록 하는 스토리텔링(story-telling) 기법을 옹호하기에 이르렀다. 즉 교육자가 일방적으로 도덕 이야기를 들려주는 방식에서 피교육자가 실생활의 도덕 경험을 이야기하는 방식으로 대전환을 시도한 것이다.

이야기 주체의 전환은 이야기의 내용 변화를 초래한다. 이는 도덕교육의 장에서 다루어지는 이야기가 감동 감화형 거대 서사로부터 실생활에서 직접 겪은 도덕적 갈등 경험을 서로 나누는 작은 이야기로 바뀐다는 것을 의미한다. 감동 감화형 거대 서사는 그것이 비록 인간의 관계적 삶을 반영하고 있는 것이라 할지라도 비현실적인 측면이 강하다. 비현실적이고 추상적인 이야기보다는 현실적이고 구체적인 도덕 경험이 학생에게는 더 큰 의미가 있다. 우리가 인간과의 관계에서 발생하는 도덕적 문제사태를 해결하기 위해서는 합리적인 추론 능력도 중요하지만 우리 자신과 관련을 맺으며 살아가고 있는 타인의 개인적 경험과 그 문제사태가 발생하게 된 구체적인 상황을 정확히 파악하는 것도 중요하다.

타인과의 관계 속에서 자신이 직접 겪은 도덕 경험을 말하는 이야기 속에서는 도덕성의 요소라 할 수 있는 인지적, 정의적, 행동적 측면이 하나로 통합되어 있다. 그 이야기 속에는 어떤 도덕적 사건이 발생하였고, 그 사건이 발생하게 된 원인은 무엇이며, 그때 자신이 생각한 바와 느낀 것은 무엇이며, 그러한 생각과 느낌이 자신의 행동에 어떤 영향을 끼쳤는지가 모두 포함된다. 따라서 성공적인 서사적 도덕교육이 되기 위해서는 타자의 이야기를 이해하고 해석하며 판단하는 인지적 요소와 함께 타인에 대한 관심, 신뢰, 존중, 애정 등의 정의적 요소 그리고 이를 실행하고자 하는 행동적 요소가 고루 강조되어야 한다.

관계적 자아의 실현을 위한 서사적 도덕교육은 다음과 같은 의미와 특성을 지닌다고 할 수 있다(N. Bouchard, 2002, 409 참조).

첫째, 관계적 자아란 인간이 기본적으로 관계 속에서 존재하고, 그러기에 대화가 소중함을 함축하고 있다. 다시 말하면 도덕 발달이 자아와 타인 사이의 진정한 대화를 통해 이루어지기 때문에 관계적 자아의 실현을 위한 서사적 도덕교육에서는 만남과 대화를 적극 장려할 필요가 있다.

둘째, 도덕 발달이란 엄밀히 말해 도덕 추론 발달의 관점에서만 이해되는 것이 아니다. 관계적 자아의 실현을 위한 서사적 도덕교육은 인지적 요소에 덧붙여 정의적, 행동적, 경험적, 관계적, 사회적 구성 요소의 결합이 요구된다.

그러나 위와 같은 서사적 접근은 실생활 도덕 경험 이야기가 주관에 기초하기 때문에 가치 상대주의에 빠질 우려가 있다. 그럼에도 불구하고 이러한 서사적 접근은 우리의 도덕교육에 시사하는 바가 크다. 우리의 도덕생활은 구체적인 삶의 맥락을 벗어날 수 없다. 우리가 일상생활 속에서 직면하게 되는 생생한 도덕적 갈등은 실로 복합적인 특성을 지니고 있다. 우리는 이러한 복합적인 갈등 상황으로부터 격리된 고립적이고 자율적인 자아를 실현하는 데 초점을 맞추기보다는 관계적 자아의 실현에 초점을 맞추어야 한다.

# 3. 동영상을 활용한 인권교육의 실제[3]

## 가. 동영상을 활용한 서사적 도덕교육

학생이 동영상 자료를 시청한 후 그 동영상에 등장하는 이야기를 소재로 하여 자신의 실생활에서 겪은 도덕 경험을 서로 이야기하고 글로 써 보도록 하는 것은 관계적 자아 실현을 위한 도덕교육의 한 방식이 될 수 있다. 실생활에서 일어나는 여러 도덕 관련 사건을 교사나 학생이 직접 촬영한 '동영상 자료'[4]가 학생의 흥미를 불러일으키고 도덕적 의지를 다지게 하는 데 큰 기여를 하겠지만 이는 현실적으로 어려움이 많다. 그래서 학생에게 기존의 동영상 자료를 시청하게 한 후 이를 토대로 인간관계 속에서 발생한 도덕 경험을 이야기하도록 하는 스토리텔링은 관계적 자아를 실현하도록 하는 데 도움이 된다. 도덕 경험의 영역은 인지적 · 정의적 · 실천적 요소가 복합적으로 담겨 있다. 교사는 동영상 자료를 활용하고자 할 때 정의적 요소에 매몰되지 않고 이런 복합적 특성을 충분히 살려내도록 노력해야 한다. 교사는 학생이 동영상에 나오는 도덕적 문제사태에 대해 어떻게 생각하고 느끼는지, 또 그와 동일한 상황에 처한다면 어떻게 행동할 것인지를 진솔하게 이야기하도록 함으로써

---

3 본 절은 가정의 달, 5월을 맞이하여 분당 소재 ○○고등학교 3학년 학생들에게 가정의 소중함을 일깨우고 소외된 이웃을 보살피는 마음을 갖게 하려고 「시민윤리」 교과 시간에 실시한 2차시분의 동영상 활용 수업을 정리한 것이다. 동영상 자료는 영화 '아이 엠 샘(I am Sam)'으로 40분 분량으로 편집되어 중반부에 투입되었다. 1차시 전반부 20분 이후부터 2차시 전반부 10분까지 총 40분간 투입되었다.

4 동영상이란 일반적으로 비디오, 디지털 카메라를 사용하여 촬영한 연속적인 이미지를 의미하는데, 본 글에서는 영화나 다큐멘터리, 애니메이션의 자료를 교과 수업 시간에 맞게 편집한 영상 매체를 동영상으로 규정한다.

인지적 · 정의적 · 실천적 요소를 통합적으로 기르도록 해야 한다.

## 나. 동영상을 활용한 인권 경험 이야기하기

필자가 '중반부 투입 모형'에 따라 진행한 동영상 활용 수업은 주당 2시간인 「시민윤리」 시간을 이용하여 총 100분 동안 진행되었는데, 1차시 전반부 20분은 동기유발, 학습목표 제시, 선행학습 상기, 관계적 자아와 시민공동체 형성의 조건에 대한 설명, 영화 줄거리 소개, 탐구지 배부(중점 시청 내용 제시) 순으로 진행되었다.

필자가 동영상 자료로 영화 '아이 엠 샘(I am Sam)'을 선택한 이유는 이 영화가 지체 장애인 아버지와 똑똑한 어린 딸 사이의 감동적인 사랑을 다루고 있으며, 이혼녀인 유명 변호사와 일탈한 아들의 갈등, 정상인과 장애인과의 갈등, 사회복지사와 장애인의 갈등 등 다양한 인권 관련 갈등 상황을 보여주고 있기 때문에 관계적 자아 실현을 위한 인권 교육 자료로 매우 적합하다고 판단했기 때문이다. 그리고 탐구지(worksheet)를 동영상 시청이 시작되기 이전에 배부한 것은 첫째, 시청 후 이야기를 나누게 될 관점에 맞추어 동영상을 시청하도록 하기 위함이고, 둘째는 동영상 시청이 1차시에 모두 끝나지 않는 관계로 탐구지의 질문에 대해 더 많은 시간을 가지고 일관성 있게 생각하도록 하기 위함이었다. 다음은 학생들에게 유인물로 소개한 '아이 엠 샘(I am Sam)'의 줄거리이다.

> 버스 정류소 옆의 커피 전문점에서 쓰레기를 비우고 선반을 청소하는 일로 생계를 꾸려가는 샘 도슨은 지적 수준이 일곱 살 정도인 정신지체 장애인이다. 그의 집에 잠시 머물다 떠나간 여자가 아이를 낳고 무책임하게 사라지는 바람

> 에 샘은 어쩔 수 없이 딸 루시를 맡아 키우게 된다.
>
> 샘은 비틀즈의 노래 제목 'Lucy In The Sky With Diamond'에서 이름을 따와 '루시 다이아몬드 도슨'이라고 딸의 이름을 짓고 열심히 키운다. 하지만 루시는 일곱 살이 되면서 아빠의 지능을 앞질러가기 시작한다. 루시는 자신이 아빠보다 더 똑똑해지는 것을 두려워해 학교 수업을 게을리 하고 숙제도 번번이 빼 먹는다. 이를 이상하게 여긴 사회복지관에서는 샘의 가정을 방문하고, 샘이 더 이상 딸을 키울 수 없다는 판단 아래 딸과 아빠를 격리시킨다. 행복한 가정이 깨어지게 된 샘은 수소문 끝에 유능한 여변호사를 찾아가고 그녀는 무료 변론을 맡는다. 그러나 재판에서 지는 바람에 루시는 양부모에게 맡겨지고, 샘은 허가가 있을 때에만 딸을 만나볼 수 있게 된다. 루시는 밤이면 몰래 양부모의 집을 빠져나와 아빠에게로 간다…….

1차시에 이어 2차시 전반부 10분까지 진행된 동영상 시청이 모두 끝나면 학생들은 다섯 명씩 모둠별로 토론을 한다. 각 모둠원은 탐구지의 질문에 따라 자신의 경험을 글로 표현한 후, 이 표현물을 중심으로 자신의 도덕 경험을 서로 이야기한다. 모둠별 상호 의견 교환이 끝나면 교사 주도하에 전체 이야기 나누기를 하였다. 여기서는 탐구지의 질문 여섯 가지에 대해 학생들이 글로 적어 제출한 내용을 중심으로 정리하고자 한다.

먼저 질문 ①은 동영상의 명장면, 명대사를 묻는 것으로 학생들이 얼마나 주의 깊게 시청하였는지를 알아보기 위한 것인데, 다음에서 보는 바와 같이 대부분 학생들은 정신지체 아버지와 일곱 살 딸아이 사이의 끈끈한 사랑을 느낄 수 있는 장면에서 큰 감동을 받았다고 적고 있다. 이는 학생들이 부녀간의 관계에 초점을 맞추고 있으며 관심 또한 대단했다는 것을 보여준다.

덜 떨어진 일곱 살 지능으로 어떻게 애를 키울 수 있냐고, 당신의 딸이 아홉 살, 열 살…… 그리고 딸아이가 사춘기에 들어설 때 신체적, 정신적 변화에 어떻게 대응할 수 있냐고 다그칠 때 샘은 눈물을 글썽거리며 모르겠다고 한다. 그리고 질문은 계속된다. 모자란 머리로, 덜떨어진, 능력도 없는…… 이런 말들이 끊임없이 샘의 귀에 맴돌고 샘은 '이제 그만해' 하며 울먹이는 장면 (유*채)

샘이 'different' 라는 단어를 못 읽어서 루시 또한 못 읽겠다고 거짓말을 한다. 아빠에게 들키자 '아빠가 모르면 나도 읽기 싫어!' 라고 말하는 장면 (여*기)

질문 ②는 '아이 엠 샘' 을 시청한 후 이루어지는 도덕 경험 이야기하기가 지나치게 개인적 감정만을 토로하는 장으로 흐르는 것을 막기 위해 제시한 질문이다. 즉 가능한 한 인지적 · 정서적 · 행동적 측면을 통합하는 도덕 경험 이야기하기가 되도록 '여러분이 만약 루시라면 자신을 낳아준 아빠 샘을 선택할 것인가, 아니면 양부모를 선택할 것인가' 를 물었다. 이에 대해 90% 정도의 학생이 친아빠를 선택하겠다고 응답하였는데, 이는 기른 정보다는 낳아준 정을 더 중요시하는 우리의 전통과 문화가 학생들의 생각 속에 그대로 자리잡고 있음을 엿볼 수 있다. 학생들이 응답 내용을 간략히 정리하면 다음의 〈표 1〉과 같다.

질문 ③은 일곱 살 난 딸 루시가 아빠가 자기보다 뒤떨어진 정신 능력이 있음을 알게 되면서 스스로 성장하는 것을 그만두려 한다. 이러한 루시의 모습을 보고 학생들은 어떤 느낌을 받았는지 알아보기 위한 것이다. 다음의 글에서처럼 학생들은 '부끄럽다', '죄송하다' 는 느낌이 있었으며 한 걸음 더 나아가 '업어드리고 싶다', '예쁜 딸이 되고 싶다' 는 의

**표 1** 학생들의 선택과 그 이유

| 친아빠를 택한 이유 | 양부모를 택한 이유 |
|---|---|
| 1. 아빠는 나를 키울 권리가 있다. 나를 키우기 위해 의무를 다하는 아빠에게 양육 권리가 있다.<br>2. 내게 필요한 것은 아빠의 사랑이다. 사람은 사랑하고 사랑받아야 한다.<br>3. 장애를 가진 부모라고 아이를 키울 양육권을 빼앗아가는 것은 인권을 침해하는 것이다.<br>4. 평생 친아빠를 그리워하면서 가슴 아프게 살 수는 없다.<br>5. 입양아는 찬밥 신세다. 우리 아파트에 입양아 두 명, 친자식 한 명을 키우는 집이 있는데, 입양아는 한겨울에도 반소매에 슬리퍼 신고 다닌다. 피가 물보다 진하다. | 1. 내가 더 인간답게 성장하기 위해서는 환경이 좋은 양부모 밑에서 커야 한다. 아빠를 굉장히 좋아하지만 내 미래를 위해서는 양부모를 택해야 한다. 이것이 현실이다.<br>2. 아빠는 지적 장애인이기 때문에 나를 키울 능력이 부족하다.<br>3. 아빠와 헤어지는 것은 큰 아픔이지만 양부모 집에 적응하면 차차 나아질 것이다.<br>4. 양부모와 살면서 가까운 곳에 친아빠가 살게 해달라고 매달리겠다.<br>5. 내가 양부모 밑에서 훌륭하게 자라서 나중에 아빠를 돌봐드리는 것이 더 좋을 것이다. |

지를 다지고 있다. 이는 도덕 경험 이야기하기가 인지적, 정의적, 행동적 측면을 아우르는 통합적 도덕교육이 될 수 있음을 보여주는 것이다.

부끄럽다. 일곱 살 때 나는 아빠와 함께 공원에 자주 갔다. 조그마한 산이었는데, 나는 짜증만 부렸다. 그때 아빠는 나를 업어주시곤 하셨다. 평소 엄하고 매우 무서우신 분이셨는데 아빠 등에 업힐 때면 아빠가 그리 좋을 수 없었다. 지금 넘어질 때면 아빠가 생각난다. 이제 내가 아빠를 업어드리고 싶다. (유*영)

일곱 살 적 난 엄마, 아빠와 동생과 놀러다녔다. 그런데 엄마는 나보다는 늘

동생만 챙겨주었다. 지금도 가끔 일곱 살 적 내 사진을 보면 어느 사진에선 삐쳐 있다가 또 어느 사진에선 활짝 웃고 있다. 이렇게 나를 웃게 한 것은 아빠의 따뜻한 마음이었다. 루시를 보면 한없이 죄송할 뿐이다. 나도 이제 아빠를 생각하는 예쁜 딸이 되고 싶다. (김*은)

질문 ④는 "아빠가 어떤 모습을 보일 때가 자랑스럽고, 어떤 모습을 보일 때가 안타까운가? 그 이유는?"이었다. 이에 대해 학생들은 아빠의 마음을 헤아리고 아빠와 자신의 관계를 반성하는 계기로 삼겠다는 견해를 많이 밝혔다.

솔직히 우리 아빠는 대학교를 나오시지 않아서 날마다 "너는 좋은 대학교 가야 해."라고 말씀하신다. 그리고 회사에서 스트레스를 많이 받는 건 이해하지만 너무 힘든 티(?)를 집에서 자주 낸다. 그럴 땐 싫기도 하고 미안하기도 하다. 빨리 돈 벌어 아빠 호강시켜 줄테닷!! (유*영)

어렸을 땐 아빠가 무슨 생각을 하고 계시는지도 모르고 다만 대단해 보였다. 하지만 요즘은 아빠의 생각이나 고민도 알게 되고 부족함도 느끼게 된다. 처음엔 실망도 컸지만 한 살, 한 살 나이를 먹으면서 아빠의 슬픔을 알게 되니 너무 가슴 아프다. 그리고 언젠가 수학 문제를 물어봤는데 아빠가 모른다 하면서 지은 표정 지금도 잊을 수 없다. 죄송스럽고 우울했다. 다시는 그런 불효를 저지르지 않겠다고 다짐했다. (양*정)

질문 ⑤는 부모와 자식 간에 바람직한 관계를 맺고 우리 주위에서 흔히 볼 수 있는 장애인에 대한 편견을 말끔히 해소하여 올바른 인간 사랑의 정신을 내면화하자는 취지에서 제시되었다. "샘처럼 정신적, 육체적 장애를 안고 살아가는 이웃이나 학교 친구와 함께 시간을 보낸 경험이 있다면 그때의 기분이 어땠느냐"를 물어본 것이다. 이 질문에 대해 50%의 학생은 그런 경험이 없다고 응답하였으며, 20% 정도의 학생은 지적 장애인 등 우리 사회에서 소외받고 있는 사람들을 보살피는 데 앞장서겠다는 뜻을 밝히고 있었다. 다음 두 학생의 글에는 이러한 뜻이 잘 드러나 있다.

> 초등학교 5학년 때 정신이 약간 모자란 애와 한 교실에서 지낸 적이 있다. 그가 지적 장애인 줄 그때는 몰랐지만 적어도 현실과 꿈을 구분 못하는 것을 보고 "아, 또라이구나."라고 생각했다. 그래도 그땐 같이 잘도 놀았다. -_-(그럼 난 뭐지?) 그러나 그 친구는 남들에 비해 사고 능력은 뒤처지지만 친구를 위하는 마음과 생명을 소중히 여기는 마음은 남들에 비해 매우 높았다. 남학생들이 곤충을 괴롭히며 놀이를 즐길 때 그 친구는 도로 위에 나와 말라죽을 날만 기다리고 있는 지렁이를 풀밭에 옮겨놓는 모습, 내가 무언가 필요할 때 챙겨주는 모습(하지만 지체아니 만큼 가끔 도와주는 것이 오히려 역효과를 내기도 함)이 아직도 생생히 떠오른다. 중학교에 들어가면서 나는 지적 장애아는 남들보다 뒤떨어진 사람이 아니라 남들과는 다른 능력을 가졌기에 '따' 당하는 사람이라는 생각을 하곤 했다. 참고로 그 녀석은 중학교를 못 갔다. 특수재활과 비슷한 곳으로 간 것으로 기억한다. 지금도 그때 생각은 변하지 않았다. 자신과 다르다고 격리해버리는 것은 자신과 다른 머리 모양을 한다고 멀리 하는 것과 다름없다. 격리하는 동시에 우리는 더 많은 인간으로서의 모습을 잃어버리는 것이 아니겠는가! 앞으로 우리 사회는 격리하기보단 그들을 끌어안고 받아들이는 게 옳다고 생각한다. (강*훈)

> 고등학교 1학년 겨울방학 때 장애인 단체에 가서 봉사 활동을 한 적이 있다.

> 사실 내가 스스로 봉사 활동을 원해서 한 것은 아니다. 동아리 활동으로 봉사 활동 시간을 채우기 위해 간 거였다. 처음엔 두려웠다. 걱정이 앞섰다. 평소 장애인들을 보면 나와 무조건 다른 사람으로 생각하고 피했기 때문이다. 그러나 이틀, 사흘, 시간이 흐를수록 정이 붙었다. 내가 맡은 사람은 20-50대로 나보다 한참 나이가 많은 분들이었다. 행동은 초등학교 수준. 매우 안타까웠다. 그 사람들은 내게 무척이나 잘해주었다. 내가 더 잘해주어야 했는데, 그분들이 내게 더 잘해준 것 같다. 그분들은 내게 무언가 해냈다는 것을 보여주려 하셨고, 내게 뭐 하나라도 더해주려고 하셨다. 다시 생각해보면 죄송스런 마음이 든다. 며칠 안 되는 기간이었지만 장애인에 대한 편견을 버릴 수 있는 기회였고, '나의 도움이 필요한 사람들도 있구나!' 하는 생각도 들었다. 앞으로 또다시 기회가 오면 열심히 봉사하고 싶다. (박*희)

마지막으로, 질문 ⑥은 영화 속의 주인공 루시가 아빠 샘을 택했을 경우와 양부모를 택했을 경우 펼쳐질 영화 뒷부분을 이야기로 꾸며보도록 했다. 이는 일곱 살 이후의 루시 생활을 상상하여 대화체로 적도록 함으로써 자기 자신의 생활을 되돌아보고 스스로 반성하는 기회를 제공하기 위한 것이다. 학생들의 글은 비록 짧지만 대체로 다양한 사람이 등장하고 있었으며, 그들의 관계와 고민, 갈등 등을 잘 묘사하고 있었다. 그리고 친아빠를 선택한 경우는 밝게 그려져 있었으며 양아빠를 선택한 경우는 어둡게 그려져 있는 것이 특징이었다. 여기서는 친아빠를 선택한 경우와 양부모를 선택한 경우를 하나씩 소개한다.

■ **샘을 택한 경우**

루시: (잠에서 덜 깬 목소리로) 아빠, 오늘은 일요일이라 학교에 안 가는데요. 좀 더 잘게요.

샘: 착한 아이는 일찍 일어나야 해. 오늘 옆집 아주머니와 변호사 아줌마 가족하고 공원에 소풍 가기로 한 거 잊은 거니?

루시: (벌떡 일어나며) 맞다!

딩동 딩동(밖에서 초인종 소리가 들린다.)

샘: 오, 이런, 벌써 아주머니와 변호사 가족이 오셨나 보다. 어서 준비해. (매우 허둥대며) 빨리빨리…… (잠시 후 준비를 마친 샘이 루시를 안고 양손에 짐을 들고 후다닥 뛰어나온다.)

샘, 루시: 모두 안녕! 소풍 가기 좋은 날씨네요.(차에 오르며)

옆집 아주머니: 그래, 하늘이 루시처럼 맑고 아름답구나.

루시: 헤헤. 정말요? (웃으면서) 변호사 아줌마, 오늘의 점심 메뉴가 뭐예요?

변호사 아줌마: 오늘은 이 아줌마가 직접 만든 햄 소시지 샌드위치, 치킨, 팬케이크, 과일 샐러드……

샘: 와우! 원더풀 초이스.

루시: 와…… 아줌마가 직접 만드시다니! 기대되네요. (옆집 아주머니를 보며) 아줌마도 기대되시죠? (배*진)

## ■ 양부모를 택한 경우

(초등학교에 입학한 루시는 마음을 터놓고 이야기할 수 있는 친구를 사귀게 되었다.)

루시: 휴 –

친구: 루시야, 왜 한숨을 쉬니?

루시: 아빠가 보고 싶어.

친구: 친아빠?

루시: 응(힘없이 고개를 끄덕이며)

친구: 지금 엄마 아빠가 못살게 하시니?

루시: (펄쩍 뛰며) 아니야. 그게 아니라……

친구: 그런데 왜?

루시: 그냥 불편해. 참 잘해주시고 아주 고마운 분인데. 모르겠어.

친구: 부담스러워서 그래?

루시: 아무래도 그런가 봐. 아빠랑 있을 땐 소리도 지르고 장난치고…… 정말 즐거웠는데. 지금은……

친구: 그래, 양부모님이랑 장난도 치고 함께 뛰면 되잖아?

루시: 그게 너무 어려워. 난 입양아인걸. 어쩔 땐 내게 이렇게 신경 쓰시는 게 의무감 때문에 그러시는 것 아닌가 생각도 해. 그래서 행동을 더 조심하게 되고.

친구: 루시야. 그러면 차라리 친아빠한테 돌아가면 안 되니?

루시: 나도 그러고 싶지만…… 지금 엄마 아빠가 불쌍하잖아. 나도 다른 애들처럼 엄마가 있는 게 너무 좋아. 나 나쁜 애지? (김*은)

지금까지 살펴본 바와 같이 학생들은 동영상에 지대한 관심을 두고 흥미 있게 시청하였으며, 여섯 개의 질문에 따라 자신의 도덕 경험을 스스럼없이 발표하였다. 이는 영화 '아이 엠 샘'이 가족 간의 사랑과 갈등, 장애인에 대한 정상인의 편견 등을 감동적으로 그리고 있으며, 이러한 감동과 도덕적 갈등은 학생이면 누구나 일상생활에서 경험하는 것이기 때문에 가능했다고 생각한다.

따라서 동영상 자료를 매개로 한 서사적 접근의 인권교육 방법이 주변의 소외된 이웃을 도우며 그들과 함께 살아가는 능력을 키우는 데 기여한다고 생각한다. 다시 말하면 서사적 도덕교육 방법이 학생들의 '관계적 자아'의 실현을 돕고, 궁극적으로는 학생들의 인지적 · 정서적 · 행동적 측면을 통합적으로 발달시키는 데 도움을 준다고 생각한다.

우리나라 초 · 중등 도덕교육의 장에서 활용되고 있는 서사는 여러 가지이다. 개인적 권리나 정의를 강조하는 가설적 딜레마가 있고, 도덕적 가치나 덕목의 습득을 강조하는 교훈적 이야기가 있고, 타인을 배려하는 능력을 고양하고자 하는 일상적 대화가 있다. 하지만 이런 입장은 각각 약점도 안고 있다. 가설적인 딜레마는 인지적 측면을 지나치게 강조하여 도덕성의 다면적 측면을 소홀히 다룰 염려가 있고, 교훈적 이야기는 개인의 자율성을 약화시켜 도덕교육이 교화나 주입으로 흐를 우려가 있으며, 일상적 대화는 합리적 이성과 공정한 절차가 결여됨으로써 도덕 상대주의에 빠질 위험이 있다.

우리는 여러 서사 유형을 재해석하여 발전시킬 필요가 있다. 서사는 공동체적 전통과 문화 속에서 만들어지며 인간은 바로 그 전통과 문화에 뿌리박은 관계적 자아를 실현하는 존재이다. 그래서 우리는 현실성이 떨어지는 가설적이고 추상적이며 탈맥락적인 거대한 서사보다는 현실적이고 구체적이며 맥락적인 작은 서사에 귀를 기울일 필요가 있다.

이에 필자는 학생들이 친숙하게 느끼는 동영상 자료를 매개로 하여 학생들이 몸소 겪은 소박하고 작은 이야기를 발표하게 함으로써 관계적 자아의 실현을 돕고자 하였다. 우리는 나날의 일상을 그대로 담아내는 다채롭고 풍요한 이야기를 통해 관계적 자아 실현을 도와야 한다. 어떤 거창한 서사를 통해 대단한 도덕 규범을 전달하려 노력하기보다는 우리의 생활 주변에서 흔히 접할 수 있는 학생들의 인권 관련 이야기를 도덕과 교수학습의 과정 속으로 끌어들일 필요가 있다. 이런 유형의 도덕교육방법 중 하나가 바로 동영상 자료를 활용하여 학생들의 관계적 자아의 실현을 돕는 도덕 경험 이야기하기 도덕 수업이라 생각한다.

# 2부

# 환경과 도덕교육

1장

# 생태학적 세계관과 도덕교육*

과학기술의 발달은 경제적 풍요와 함께 생태계 파괴라는 불행을 가져왔다. 이러한 생태계 파괴는 자연을 하나의 기계로 보는 원자론적이고 기계론적인 근대 세계관, 이를테면 자연에 대한 인간중심주의적 가치관과 태도에 기인한다. 근대 세계관은 주체와 객체의 분리, 인간과 자연의 분리라는 이분법적 사유체계로 인해 자연을 착취의 대상으로 간주하는 결과를 낳았으며 교육에까지 큰 영향을 끼쳤다. 인간 이성의 보편성과 지식의 객관성에 기초한 근대 이후의 이성중심주의적 세계관은 교육목표에 대한 지나친 집착, 주입식 교육을 통한 기계적 암기, 경쟁적인 학습환경을 조장함으로써 교육의 생명력을 앗아갔다. 생태계 파괴의 위험에서 벗어나고 생명력을 잃은 교육을 되살리기 위해서는 대안적 관점이 필요하며, 화이트헤드의 유기체철학(Philosophy of Organism)은 그 대안 중 하나가 될 수 있다.

화이트헤드 유기체철학은 추상적 관념을 구체적인 실재로 간주하는

* 이 글은 필자의 논문 「화이트헤드의 유기체철학에 나타난 생태학적 세계관과 도덕과 교수학습방법」(『초등도덕교육』 제33집, 2010, 137-164)을 수정 · 보완한 것이다.

과학적 유물론(scientific materialism)에 대해 신랄히 비판하고 있다(A. N. Whitehead, 오영환 역(이하 SMW), 2008, 43–45). 화이트헤드는 물질과 정신은 철저히 구분되거나 절대 시공간 속에 실체가 그 자체의 본성에 의하여 외부의 그 어떤 것과도 관계를 하지 않은 채 언제나 동일하게 정지해 있다고 보는 과학적 유물론을 단호하게 부정한다. 그는 궁극적 존재로서의 현실적 존재가 시공간 속에서 타자와 상호 관련을 맺으면서 구체적으로 존재한다고 주장한다. 이런 화이트헤드의 유기체철학은 인간 이외의 자연을 도구적 가치로 간주하고 교육을 절대적인 지식의 효과적 전달로 이해하는 학교 교육의 문제를 해결하는 데 도움을 줄 수 있다.

이에 본 장에서는 먼저 현실적 존재의 위상과 현실적 존재의 생성 과정을 중심으로 화이트헤드 유기체철학의 형이상학적 특징에 대해 고찰한 후, 그의 유기체철학이 어떤 측면에서 생태학적 세계관을 함의하고 있는지를 밝힌다. 그리고 이 생태학적 세계관이 그의 교육철학과 어떻게 결합되어 있는지를 분석 검토한 후 도덕과 교수학습의 방법론적 원리를 제안한다.

## 1. 생태학적 세계관

### 가. 화이트헤드 유기체철학의 특징

서양의 전통철학은 절대적이고 궁극적인 '무엇'이 존재하고, 이것은 다른 존재로부터 아무런 영향을 받지 않으면서도 다른 존재에게는 영향을 끼친다고 본다(김상일, 1986, 116). 서양의 전통철학은 이런 존재를 절대적이고 불변하는 존재로 간주하기 때문에 필연적으로 절대와 상대, 필연과 우연, 불변과 가변의 이원론(dualism)이 형성될 수밖에 없다. 반면 화이트헤드는 어떤 궁극적인 존재가 외부 세계로부터 영향을 받지 않으면서 반대로 영향을 주는 관계는 외적 관계(external relation)라고 주장하면서 이런 관계를 전면 거부한다. 그는 오히려 모든 존재가 경험의 대상이 되는 여타 구체적인 존재와 유기적인 관계 속에서 존재할 수 있다고 본다. 여기서는 초월과 내재의 구분도 없고, 그 사이의 위계적 계급도 없으며, 모든 존재는 경험을 통해 새롭게 생성되는 하나의 '현실적 계기(actual occasion)'로 존재한다. 이것이야말로 세계를 구성하는 궁극적인 실재적 사물이다. 화이트헤드가 이처럼 하나 하나의 경험의 계기를 '현실적 존재(actual entity)'로 여기는 것은 아마 자신이 가진 구체적인 직접 경험에 대한 애착 때문일 것이다(문창옥, 2002, 251).

화이트헤드가 현실적 존재를 '경험의 계기'라고 한 것은 결국 그것이 타자 의존적이며 객체에 대한 경험을 통해 자신을 구성해간다는 것을 인정하는 것이다. 이런 현실적 존재의 자기 구성 과정과 생성의 과정이 가능성을 현실화하는 과정인데, 그는 이것을 파악(prehension)이라고 한다(A. N. Whitehead, 오영환 역(이하 AI), 2000, 281). 화이트헤드에 따르면 어떤 하나의 현실적 존재가 다른 현실적 존재를 파악할 때 그 현실적 존재는 파악하는 주체(subject)가 되고, 또 다른 현실적 존재는 파악되는 여건(datum)이 된다(A. N. Whitehead, 오영환 역(이하 PR), 1991, 74, 82). 이때 그 현실적 존재(주체)가 또 다른 현실적 존재(여건)를 파악하는 방식을 주체적 형식(subject form)이라고 한다. 예를 들면 어떤 주체는 그 주체적 형식을 통해 공적으로 주어진 객체를 어떻게 수용할 것인가를 사적으로 결정한다. 이는 파악이라는 개념이 주체와 대상이라는 이분법적 사고를 부정한다는 것을 함축하는 것이며, 현실적 존재의 유기적 관련성을 지지하고 있는 것이라 할 수 있다.

그런데 파악은 미시적 과정인 합생(concrescence)과 거시적 과정인 이행(transition)으로 구분할 수 있다(PR, 393). 합생이 현실적 존재의 자기 구성 과정을 설명한 개념이라면, 이행은 자기 구성을 마친 어떤 현실적 존재가 하나의 객체로서 다른 현실적 존재의 구성 과정에 참여하는 것을 말한다. 그런데 이 합생과 이행의 구별은 이해를 돕기 위한 구별에 불과하다. 현실적 존재는 항상 이행의 과정에 있으면서 합생의 과정에 있다고 할 수 있다.

화이트헤드는 합생의 과정을 호응적 국면(responsive phase)과 보완적 단계(supplemental stage), 만족(satisfaction)이라는 세 단계로 구분하여 설명하고 있다(PR, 389–395). 우선 호응적 국면은 현실 세계를 미학적 종합(aesthetic synthesis)을 위한 객체적 여건이라는 형태로 순수하게 수용한다. 이 국면에서는 '그때 그것'의 느낌을 '지금 여기'의 느낌으로 단순하게 수용한다.

보완적 단계는 과정 그 자체 속에서 점차 형성되는 사적인 이상(private ideal)에 의해 지배를 받는다. 이에 따라 외래적인 것으로서 파생적으로 느끼는 다수의 느낌은 사적인 것으로 느끼는 '미학적 평가(aesthetic appreciation)'의 통일성으로 전환된다(PR, 389). 이 단계에서 현실적 존재는 자신의 적극적 선택과 배제를 통해 만족을 향해 새로운 경험을 능동적으로 구성해간다.

마지막으로 만족의 단계는 현실적 존재가 자신의 생성 과정을 완성하는 것으로 창조적 충동이 충족되는 것을 의미한다(PR, 400). 만족은 자기 생성을 완료한 현실적 존재가 '객체적 불멸성(objective immortality)' 을 획득하여 하나의 여건으로 작용하는 자기 완성의 단계이다.[1] 이 만족의 단계에서 현실적 존재는 경험 주체로는 소멸되지만 새로운 현실적 존재의 생성 과정에 하나의 객체로 존재하게 된다. 다시 말하면 생성이 완료된 현실적 존재는 다른 현실적 존재의 합생을 위해서 자기 자신을 내어주는 최초의 국면으로 넘어가게 되는 것이다.

요컨대 화이트헤드의 유기체철학에 따르면 우리가 경험하는 구체적인 세계는 현실적 계기의 창조 과정이다. 현실적 계기는 과거 계기의 엄연한 사실에 기반을 두면서도 끊임없이 서로 포섭하는 파악 행위를 통하여 창조 과정을 거친다고 할 수 있다.

## 나. 화이트헤드의 생태학적 세계관

일반적으로 생태철학 혹은 생태학적 세계관 하면 인간과 자연적 개체뿐만 아니라 종이나 전체로서의 자연세계도 본래적 가치를 소유하고 있다고 주장하는 입론과 관점을 통칭한다(A. Naess, 1987; George Sessions (ed.), 1995). 본 절에서는 화이트헤드의 유기체철학에 나타난 생태학적 세계관을 밝히고자 한다.

먼저 화이트헤드가 경험 개념을 도입하여 인간 이외의 자연적 존재

---

1 서정욱, 『화이트헤드가 들려주는 과정 이야기』(서울: 자음과 모음, 2009), pp. 101-105, 113-117 참조. 만족의 단계에서는 현실적 존재가 목적을 이루든 이루지 못하든 만족해야 하며, 자기를 초월해야 진정으로 만족할 수 있다. 이를테면 달걀이 병아리가 되고 민들레 씨가 민들레가 되는 것은 하나의 가능성이지만 이런 가능성만으로 모든 달걀과 민들레 씨가 새로운 병아리와 민들레가 되고자 하는 그 '목적 달성(현실성)' 을 할 수 없다. 어떤 달걀은 깨어지고 어떤 민들레 씨는 말라 죽기 마련이다. 이것이 세계의 질서이다. 그런데 이런 세계의 질서를 뛰어넘을 때 진정한 만족을 얻을 수 있다.

도 본래적 가치를 소유하고 있다고 주장하는 것은 생태학적 세계관을 내세우는 것과 별반 차이가 없다. 화이트헤드는 모든 생명체가 경험을 소유하고 있기 때문에 본래적인 가치(intrinsic value)를 가진다고 주장한다(David Ray Griffin, 1994, 190-206). 물론 그는 모든 개체가 인간이 누리는 수준의 경험을 가진다고 주장하지는 않는다.[2] 하지만 그가 보기에 그 경험은 정도의 차이가 있을 뿐이지 종류가 전혀 다른 것은 아니다. 그는 현실적이지만 주체적 경험이 결여되어 있는 공허한 현실태라는 관념을 철저하게 거부한다(PR, 317).

이와 같이 화이트헤드가 경험이 결여된 현실태를 부정하는 것은 범경험주의(panexperientialism)의 입장을 표현한 것이다. 범경험주의는 모든 현실적 존재가 경험한다는 것을 의미한다. 하지만 개념, 명제, 그리고 개체의 집합과 같이 단순히 이상적인 존재는 여기서 배제된다(David Ray Griffin, 1994, 195). 예를 들면 돌은 느낌이 들지 못한다. 돌의 유일한 경험은 그것을 구성하는 다양한 분자의 경험이라 할 수 있다.

둘째, 화이트헤드가 생명 간의 상호 의존성과 상호 보완성을 강조하는 것은 생태학적 세계관의 기본 특징을 지닌다. 화이트헤드는 각각의 존재는 사회적 관계로부터 발생하며 만물이 환경과 내적으로 연결되어 있다고 주장한다. 화이트헤드에 따르면(AI, 321-322) 존속하는 실재적인 현실적 존재는 모두 사회이다. 사회는 현실적 계기가 아니다. 현실적 계기는 역사를 가지지 않고 생성 소멸할 뿐이지만, 사회는 완결된 존재로서 현실적 계기와 동일한 형이상학적 지위를 보유하면서 상황의 변화

2 대부분 인간은 인간 이외의 존재보다 더 많은 가치를 가지고 있지만 어떤 포유동물은 어린아이, 혼수상태에 빠진 사람 그리고 지적장애아보다 더 가치 있는 경험이 있다고 할 수 있다.

에 따라 변화하는 역사를 향유한다. 한 사회의 자기 동일성은 현실적 계기들의 상호 내재에 기초를 두고 있으며, 미래를 향해 창조적으로 전진하는 특성을 지니고 있다.

결국 화이트헤드에게 현실적 존재로서 자연적 존재는 그 자체로 다양한 가치를 가진다. 그들은 자신의 만족을 위해 객체 전체를 자신의 것으로 '사유화(appropriation)' 하기 때문이다. 그리고 생성을 마감한 모든 존재는 다시 새로운 주체로서 타자의 생성과 그 환경으로서 전체의 창조적 전진에 이바지하는 다양한 층위의 도구적 가치를 가진다(문창옥, 2006, 356–357). 이와 같이 화이트헤드가 자연적 존재가 본래적 가치와 도구적 가치를 동시에 가진다는 것을 주장하는 것은 개별 유기체 간의 갈등뿐만 아니라 개별 유기체와 전체로서 자연환경과의 갈등을 해결할 수 있는 토대로 제공한다.

이와 같이 화이트헤드의 관점에서는 인간만이 아니라 자연적 유기체도 하나의 사회이고 자연생태계도 하나의 사회로서 본래적 가치와 도구적 가치를 동시에 가진다. 이런 입장은 개별 유기체의 본래적 가치에만 초점을 맞추는 탈인간중심주의 개체론이나 전체로서 자연환경의 본래적 가치에만 초점을 두는 극단적인 심층생태론과도 다르다. 이러한 점에서 화이트헤드의 유기체철학은 개별 유기체 사이에서 발생하는 갈등이나 개별 유기체와 생태계와의 관계에서 발생하는 갈등을 해결할 수 있는 지침을 제공한다.

셋째, 경험(experience)과 공감(sympathy)의 개념을 중심으로 하여 인간 자기(self)를 전체와의 관련 속에서 규정짓는 화이트헤드의 입론은 심층생태론의 이론적 기초가 되었다. 화이트헤드는 경험의 계기가 이전의 계기와의 관계에서 생겨나 나중의 계기에 기여한다고 보았는데, 그 경험의 각 순간은 이전의 모든 사건을 자기 안에 수용한다. 그래서 순간적인 자기가 자신의 진정한 본성을 깨닫는다는 것은 바로 자신과 다른 존재가 하나라는 점을 깨닫는다는 것과 같다(David Ray Griffin, 1994, 198). 여기서 주목할 점은 이 경험의 원초적 요소가 공감(sympathy)이라는 것이다. 그렇기 때문에 우리는 세계가 우리 자신이 공감할 수 있는 존재로 구성되어 있다는 것을 몸으로 알 수 있다. 공감은 우리의 자연적 반응이기 때문이다(David Ray Griffin, 1994, 199).

자기(self)를 세계로부터 분리하지 않고 전체와의 관련 속에서 파악하는 화이트헤드의 시각은 네스의 '큰 자기 실현(Self realization)'에 영향을 끼쳤다. 네스(A. Naess)는 자신의 독특한 생태주의를 '생태지혜 T(Ecosophy T)'로 명명하고 궁극적인 규범으로 '큰 자기 실현'을 내세운다. 네스는 이 '큰 자기 실현'으로부터 생명 다양성, 복합성, 공생의 가치 등을 이끌어내고(A. Naess, 1989, 197-199; 노희정, 2007, 53-76 참조), '생명은 기본적으로 하나'라는 관점에 기초해서 자연과 철저하게 상호 연결되어 있는 인간은 종국적으로 공생을 추구해야 한다는 윤리 규범을 제시하고 있다.

## 2. 생태학적 세계관과 교육철학

화이트헤드의 생태학적 세계관은 그의 교육철학과 어떻게 결합되어 있는가? 만물은 본래적 가치와 도구적 가치를 동시에 지니며, 환경 속에서 서로 유기적인 관계를 맺으며 끊임없이 새로움을 획득해간다는 화이트헤드의 생태학적 세계관은 그의 교육철학 속에도 잘 드러나 있다. 화이트헤드는 '생기 없는 관념(inert ideas)'을 가르치는 교육에 대해 철저한 반대 의견을 밝힌다(A. N. Whitehead, 오영환 역(이하

AEOS), 2004, 37). 그는 이 세상에서 가장 쓸모가 없는 교사는 창조성을 결여한 채 박식하기만 한 교사라고 보며, 가장 쓸모가 없는 학생은 개인적 경험과 체험을 등한시하는 학생 그리고 가장 쓸모가 없는 교육내용은 '생기 없는 관념(inert ideas)'이라고 본다. 화이트헤드가 강조하는 학생의 개인적 경험과 체험은 체험학습과 봉사 활동 등의 이론적 기초를 제공할 수 있다. 현실적 존재로서 학생은 경험 속에 존재하고 경험함으로써 스스로 새로움을 창조하고 발전해갈 수 있다(Donald W. Oliver, 1989, 165). 그리고 생기 없는 관념이란 활용되거나 검증되지 않고 창조적으로 다른 관념과 연관되지도 않은 채, 단지 머릿속에 주입시키기만 하는 관념이라 할 수 있다. 사실 창조성을 발휘하지 못하는 지식은 거의 쓸모없는 지식으로 전락한다. 우리에게 필요한 것은 새로운 관점, 경험에 의해 뒷받침되는 지식이라 할 수 있다.

그러면 어떻게 하면 가장 쓸모 있는 교사, 학생, 교육내용이 될 수 있는가? 화이트헤드의 유기체철학 혹은 과정철학에 기초해 올리버가 정립한 교수학습 이론에 따르면(1989, 162) 교사와 학생, 환경(교육내용 포함)은 모두 살아 있는 유기체라 할 수 있다. 교사와 학생, 환경은 만족을 향해 움직이면서 끊임없이 계기의 흐름 속에 존재한다. 계기는 변화하고 소멸하고 또 다른 계기의 일부분이 된다. 그래서 교사는 학생과 환경으로부터 오는 다양한 파악에 대해 민감해야 한다. 교사가 학생들에게 단편적인 지식이나 기술을 전수하는 것은 바람직하지 않다. 교사는 학생이 교사의 세계에 참여하고 교사와 함께 공통의 세계를 공유하도록 해야 한다. 이는 학생의 경우에도 마찬가지이다(Donald W. Oliver, 1989, 162).

교사와 학생이 공통의 세계를 공유하게 되면 교사는 자연스럽게 지식을 활용하는 방법을 가르치는 경지에 이르고(AEOS, 40-46), 학생은 자기 능력을 발달시켜 지혜를 갖게 될 것이다. 여기서 지혜란 균형을 갖춘 발달에서 생겨난다. 교육은 균형을 갖춘 인간을 배출하는 것인데, 전통적인 교육방식은 지나친 지적 분석과 틀에 박힌 지식 습득에 치우쳤다고 화이트헤드는 비판한다. 그는 하나하나의 사실을 이해하고자 하면 그 사실을 둘러싼 가치의 구체적인 상호 작용을 이해해야 한다고 보는 것이다(SMW, 318). 이러한 맥락에서 볼 때 교사와 학생의 상호 관계 혹은 구체적인 교육 현실을 고려하지 않고 시행하는 평가는 시험에 나올 만한 틀에 박힌 지식을 전수하는 데 몰두함으로써 균형 잡힌 인간을 길러내는 데 실패할 위험이 있다.

화이트헤드의 균형을 갖춘 인간, 지혜로운 인간은 결국 도덕적인 인간으로 통한다. 그는 '가치에 대한 감각' (AEOS, 111)을 교육의 원동력으로 보고, '품격(style)에 대한 감각' (AEOS, 59-60)을 교육받은 정신의 최종적인 획득물이라고 주장한다. 여기서 우리는 화이트헤드가 종교와 예술이 도덕적 삶을 고취하며 삶에 도덕적 의미를 부여한다는 것을 보여줌과 동시에 교육의 궁극적 목표를 도덕적 인간 양성에 두고 있다는 것을 암시한다고 할 수 있다.

## 3. 생태학적 세계관과 교수학습의 방법적 원리

### 가. 화이트헤드의 생태학적 세계관과 도덕교육

화이트헤드는 오늘날 서구 사회가 편협한 도덕관 때문에 고통을 겪고 있다고 본다. 그에 따르면(SMW, 315) 정신을 독립된 실체로 보는 견해는 개인적 경험의 세계만 아니라 개인적 도덕의 세계로 연결되게 한다. 19세기의 도덕적 직관은 오직 개인적 세계에만 적용되는 것으로 간주되었다. 이처럼 자기 존중과 최대한의 사적 기회 활용이라는 가치가 결합된 현실적인 도덕이 바로 편협한 도덕관이다.

그래서 그는 이런 편협한 도덕관을 탈피할 것을 주장한다. 도덕성이 인류 전체로 확대될 수 있다면 사회 구성원이 그 도덕성을 의도적으로 가르쳐야 한다는 것이다(David R. Griffin, 장왕식 · 이경호 역, 2004, 487). 그리고 더 나아가서는 구성원이 가르치는 보편적 박애가 합리적인 정서로 여겨질 때만 그 효력을 발휘할 수 있으며 지속적인 힘을 행사하게 될 것이라고 주장한다. 여기서 우리는 화이트헤드가 도덕성을 보편적인 인간 이성으로 간주하기보다는 동정심으로 보고 이것이 인간의 한계를 넘어 모든 존재에게 확대되기를 기대하고 있다는 것을 알 수 있다(앞의 책, 487 참조).

이와 같은 화이트헤드의 생태학적 세계관은 '생태학적 자기(ecological self)'[3] 개념을 함축하고 있다. 이는 개인의 욕망 추구에 급급한 이기적인 자아(ego)를 넘어서서 이웃 · 사회 · 인류 · 지구생태계 · 우주와의 일체감과 동일성을 확립하고자 하는 도덕교육의 실천에 크게 기여할 것이다.

---

3 Cf., Warwick Fox, Toward a Transpersonal Ecology(Boston: Shambhala Publications, 1990), pp. 249-268. 화이트헤드의 '생태학적 자기' 개념은 네스의 '큰 자기 실현' 만이 아니라 팍스의 '우주론적 일체화' 개념의 정립에 영향을 끼쳤다. 우주론적 일체화란 우리와 여타 모든 존재가 '전개되고 있는 한 실재(a single unfolding reality)'의 여러 측면을 구성하고 있다는 것을 인식함으로써 모든 존재와 공통성을 경험하는 것을 말한다. 이러한 인식은 세계가 결국 하나의 과정이라는 것을 공감적으로 수용할 때 가능하다.

## 나. 도덕과 교수학습의 방법적 원리

### 1) 상호성의 원리

전통적인 교육에서 교사와 학습자는 엄격히 구분된다. 교사는 가르치는 사람이고 학생은 피동적으로 배우는 사람이다. 근대 우주론(modern cosmology)에서는 개인적인 자아(ego)와 무관하게 그 만족 달성의 대상이 되는 사물, 목표, 사람이 있다. 그래서 자아 중심 교육은 학생으로 하여금 교사를 본받도록 하는 데 목표를 둔다. 심지어 학생을 교사로부터 독립된, 비판적이고 자신의 잠재력을 자각하는 주체로 만들고자 한다. 하지만 화이트헤드의 과정 우주론(process cosmology)는 자기(self)의 국면 한 부분이 드러나는 계기에 대해 관심을 둔다. 과정적 교수(process teaching)에서 교사와 학생은 중대한 계기를 창조하는 데 공통의 흥미를 가진다(Donald W. Oliver, 1989, 165). 교사와 학생은 만족을 향해 움직이면서 끊임없이 계기의 흐름 속에 존재하며, 변화하고 또 다른 계기의 일부분이 된다. 이처럼 화이트헤드의 관점에서 볼 때 교사와 학생은 차이보다는 공통점을 많다.

교사와 학생은 모두 현실적 존재이다. 특히 현실적 존재인 교사는 또 다른 현실적 존재인 학생에게는 파악의 대상이다. 그런데 교사 앞에 파악의 대상이 될 만한 또 다른 현실적 존재가 나타난다면, 교사는 자연스럽게 파악의 주체가 된다. 현실적 존재인 교사와 학생은 동등한 입장에서 학습의 과정에 참여함으로써 서로 영향을 주고받는 상호 보완적 관계를 유지할 필요가 있다. 교사는 가르치는 자에 그치지 않고 배우는 자로서 학습에 참여해야 한다. 창의적인 학습 과정에서 교사와 학생의 구분은 무의미하다(Theodore Brelsford, 2001, 325-326). 교사가 참다운 배움을 체험할 때 학생의 배움도 촉진되고, 교사가 학생으로부터 배우고 학생이 교사의 성장을 조장하는 상호 작용이 전개될 때 창의적인 학습이 이루어진다.

결국 현실적 존재로서 학생은 교사의 다양한 메시지와 신호를 통해 전달되는 가르침을 비판과 성찰을 통해 사유화함으로써 학습을 하게 된다. 이러한 학생의 태도에 따라 교사의 교육은 달라져야 한다. 교사는 학생에게서 오는 다양한 파악에 대해 민감해야 한다. 교사는 학생에게 단편적인 지식이나 기술을 전수할 것이 아니라 그들이 자신의 세계에 참여하고 자신과 함께 공통의 세계를 공유하도록 해야 한다. 이는 학생도 마찬가지이다(Donald W. Oliver, 1989, 162). 이러한 관점에서 볼 때 도덕과 교수학습은 도덕적 지식의 전수나 교화에 초점을 맞추기보다는 교사와 학생이 함께 교수학습의 과정에 참여하면서 공통의 세계를 창조하는 데 초점을 맞추어야 한다. 이와 같은 결과를 가져오기 위해서는 가르치면서 배우고자 하는 교사의 헌신적 노력과 배우면서 교사의 성을 돕는 학생들의 자발적, 개방적 의지가 중요할 것으로 보인다.

요컨대 상호성의 원리는 교사와 학생이 서로 가르치고 배우는 상호 보완적인 관계라는 관점에 기초한다. 이 원리는 교사와 학생이 교수학습의 주체로서 서로 새로움을 경험하고 창조할 수 있다는 점에서 상호 보완적인 역동적 도덕교육에 기여할 수 있는 도덕과 교수학습의 방법론적 원리임이 틀림없다.

### 2) 관계성의 원리

화이트헤드의 생태학적 세계관을 고려할 때 관계성은 그 핵심이라 할 수 있다. 이 관계성의 원리를 2007년 개정 도덕과 교육과정의 내용 구성 원리인 가치관계 확대법을 중심으로 검토해보자. 화이트헤드는 교육의 목표를 '지식의 활용 능력'에 둔다. 만약 이것이 어떤 관념을 다른 관념이나 자신의 경험(실천)에 연결하게 하는 능력이라면, '도덕적 주체로서의 나'는 가치관계의 확대에 따라 접하게 되는 도덕적 관념을 다른 관념에 연결하게 하고 실천을 통해 검증할 수 있어야 한다.

가치관계 확대법에 따르면 가치공간에 따른 선의 이념은 본질적으로 하나지만 그 구체적인 실현 과정에서 선의 양태는 관계에 따라 다양하게 나타난다. 예를 들면 가치관계가 확대되어 '도덕적 주체로서의 나'가 자연과 관계를 형성하게 되면 자연과 미래 세대에 대한 책임이 주요 가치로 등장하게 된다. 이 책임 관념은 인간의 관심과 상상력을 확장하는 기회를 제공하며 자연에 대한 감사의 태도를 보이게 한다. 이와 같은 도덕적 가치관계의 확대 과정을 간단히 소개하면 다음의 〈그림 1〉과 같다(손동현, 2005, 29참조).

**그림 1** 가치관계의 전개

| 비 고 | (선의 이념/도덕성을 실현하는) 가치공간 | | | | |
|---|---|---|---|---|---|
| 가치공간에 대한 객관적 규정 | 좋음<br>(행복) | 착함<br>(마땅함) | 옳음<br>(정의) | 배려 | 책임 |
| 대응하는 주관적 도덕의식/심성적 태도(작용) | 욕망 | 사랑<br>(인인애) | 의무 | 사랑<br>(원인애) | 감사 |
| 도덕적 행위의 관계항 | 나(의 자기관계) | 나와 너(의 관계) | 나와 우리(의 사회적 관계) | 나와(우리 밖의) 그들(과의 외타적 관계) | 나와 그것들(모든 존재와의 관계) |

도덕은 기본적으로 가치관계에서 발생한다. 다문화 사회는 그 문화적 다양성으로 인해 갈등이 발생할 수 있다. 이때 절실히 요청되는 것이 서로 어울려 공존할 수 있는 '관계의 가치관'을 정립하는 것이다(박천

응, 2009, 423). 그리고 그 가치관을 내면화할 수 있도록 관계성의 원리에 따라 가르치는 것이 중요하다. 다시 말하면 어떤 문화나 가치관이 자신이 소속된 집단의 문화나 가치관을 거부하거나 부정하기보다는 관용을 베풀고, 편견 없이 수용하며, 그 다름의 소중함을 깨닫도록 가르치는 것이 중요하다.

관계의 가치관 정립에 적합한 도덕과 교수학 방법으로는 관계적 세계관과 '관계적 자아'에 바탕을 둔 배려수업 방법이 있다. 나딩스(Nel Noddings)에 따르면 배려는 보편적 원리보다는 관계를 중심에 두며, 배려받는 자와 배려하는 자 사이의 관계를 중요시한다(Nel Noddings, 2002, 14). 그런데 배려하는 자가 상대의 처지에 몰입하지 못하거나 공감하지 못하고, 배려받을 위치에 있는 자 또한 배려하는 자가 보인 관심을 수용하지 않거나 응답을 꺼릴 경우는 배려관계가 성립되지 않는다. 따라서 학생이 진정한 배려의 정신, 더 나아가 관계의 가치관을 정립하도록 하기 위해서는 다양한 타자(이웃, 타인, 자연적 존재 등)의 역할을 채택해보게 하는 역할놀이나 관점 채택 및 감정이입의 교수기법을 적절히 사용할 필요가 있다.

요컨대 관계성의 원리는 도덕이 기본적으로 관계 속에서 발생한다는 입장 속에서 관계가 확대되어감에 따라 발생하는 도덕적 개념을 잘 이해하고 그에 따른 적합한 도덕의식을 가져야 한다는 것이다. 이러한 관계성의 원리는 다문화 시대에 절실히 요청되는 관용과 배려의 덕목을 가르치기에 적합한 도덕과 교수학습의 방법론적 원리임이 틀림없다.

### 3) 리듬의 원리

화이트헤드는 생활이란 본질적으로 주기적이라는 인식하에 이러한 주기를 중심으로 교육의 리듬에 근거한 교육을 강조한다. 그는 헤겔의 변증법과 2장 1절에서 다룬 '합생 이론'[4]에 기초하여 정신 발달의 단계를 세 단계로 구분하고 있는데 이를 차례대로 검토해보자.

화이트헤드가 설정한 첫째 단계는 로맨스의 단계이다. 이는 8세에서 13, 14세까지의 시기에 해당하며, 초보적인 이해가 이루어지고 지적 호기심이 발생한다. 사실에 대해 즉각적으로 인식하고 새로운 사실 간의 관계성을 처음 깨달았을 때는 흥분을 느낀다. 이 단계의 핵심 개념은 흥미(interest)와 향유(enjoyment)이다. 따라서 이에 적합한 도덕과 교수학습 방법은 역할놀이, 실천체험 학습, 봉사 활동 학습, 경험학습, 가치명료화 그리고 배려수업 방법 등이라 할 수 있다.

둘째, 정밀화의 단계이다. 이는 14세에서 18세까지의 시기에 해당하며, 지식이 증가하고 형식의 정확성이 중시된다. 여러 사실을 일정한 방식으로 분석하며, 체계적으로 조직화하여 지각대상을 정밀하게 분석한다. 이에 적합한 도덕과 교수학습 방법은 학생의 가치판단과 추론 능력을 신장할 수 있는 콜버그 식 토의학습, 개념 분석, 가치 분석, 강의 문답법 등이라 할 수 있다.

셋째, 일반화 단계이다. 이는 헤겔이 말한 '합(synthesis)'의 단계, 자신이 언급한 '만족(satisfaction)'의 단계로 18세에서 22세까지의 시기에 해당하며, 학생은 일반 법칙을 공식이나 세세한 예증을 통해 분명하게 이해하며 자신의 새로운 방법을 터득한다. 이 단계에서 학생은 원리를 적극적으로 활용하고 세부적인 것에서 벗어나 이미 이해한 원리를 능동적으로 활용하는 '정신적 습관(a mental habit)'을 가진다(AEOS, 86-87). 이 단계는 또다시 로맨스 단계로 돌아간다. 이것은 바로 화이

4 화이트헤드는 교육의 리듬을 로맨스, 정밀화, 일반화 단계로 구분하는데, 이 단계는 차례대로 그의 합생 과정인 호응단계(responsive phase), 보완단계(supplemental phase), 만족단계(satisfaction phase)와 대응된다.

트헤드가 정신 발달의 리듬을 변증법적 순환 과정으로 이해하고 있음을 단적으로 보여주는 것이다. 이 단계에서는 프로젝트 학습법(합리적 의사결정 학습, 집단탐구 학습), 논술법 등을 효율적으로 활용할 수 있다.

이와 같이 변증법적 순환논리에 기초해 정립된 화이트헤드의 정신 발달 3단계론은 다음과 같은 특징을 가지고 있으므로 도덕과 교수학습의 과정에서 꼭 유의할 필요가 있다.

첫째, 하나의 주기는 엄격하게 독립된 주기로 나타나기보다는 더욱 큰 혹은 더 작은 주기와 관련되어 위계적으로 나타난다는 점이다. 정신 발달은 여러 주기가 하나의 리듬으로 나타나며, 그 주기의 전체 과정은 더욱 큰 주기의 지배를 받는다(이효현 · 이명기, 2005, 16 참조). 따라서 로맨스 단계에 있는 초등학생에게 도덕을 가르치는 경우, 초등학생의 주기를 더욱 큰 주기의 틀 속에서 이해하지 않고 오로지 로맨스 단계라는 좁은 틀 속에서 이해할 때는 그들의 정신 발달 단계에 적합한 가르침을 줄 수 없다.

둘째, 한 사람의 인생에서 주기는 여러 번 나타난다는 점이다. 이를테면 한 주기가 로맨스, 정밀화, 일반화의 단계 순으로 이루어진다면 주기가 바뀔 경우 이 단계가 또 순환한다. 그리고 어느 특정 시기에는 이 주기 중에서 한 단계가 지배적인 특징으로 나타난다. 예를 들면 중등학교(14-16세) 시기를 생각해보자. 이 시기에는 언어를 포함한 여러 정신 발달이 정밀화 단계의 특성을 보이지만 과학의 정신 발달은 로맨스 단계의 특성을 보인다(AEOS, 81-83). 그러나 학생의 정신 발달의 정도는 천차만별이고 정신 영역에 따라 발달의 정도가 다를 수 있다. 따라서 중등학교에서 도덕적 개념을 분석하고, 이를 체계적으로 조직화하는 도덕교육을 하더라도 교육 초반부에는 학생의 흥미와 관심을 불러일으킬 수 있는 교육을 할 필요가 있다.

셋째, 주기 내에서 세 단계는 고립되어 나타나는 것이 아니라 각 단계는 다른 단계의 정도의 차이만 있을 뿐 어떤 식으로든 관련을 맺는다는 점이다. 예를 들면 정밀화 단계가 지배적일 때에도 로맨스 단계의 특성과 일반화 단계의 특성이 나타난다. 로맨스 단계의 특성은 학생의 흥미와 동기를 유발하고 일반화 단계의 특성은 학습의 질적 심화에 도움을 준다. 따라서 도덕과 교수학습 과정은 로맨스 단계, 정밀화 단계, 일반화 단계라는 순서를 지켜 이루어지는 것이 바람직하다. 일반화 단계에서 시작되는 도덕과 교수학습 방법은 해당 분야의 지식에 숙달한 전문가에게는 효과적이나 해당 분야에 대한 지식이 부족한 대다수 사람에게는 흥미와 동기를 유발할 수 없으므로 부적합할 것이다. 그리고 정밀화 단계로부터 시작하는 교수학습은 학습에 대한 학생의 흥미 유발이나 동기 유발에 대한 고려가 없으므로 장기간의 효과를 기대할 수 없으며 학생 스스로 학습에 대한 만족감을 느끼지 못할 수 있다.

앞에서 살펴본 합생의 과정과 정신 발달의 리듬을 고려한 교수학습 방법을 간단히 정리하면 다음의 〈그림 2〉와 같다(전병기, 2003, 190 참조).

**그림 2** 합생의 과정과 정신 발달의 리듬을 고려한 교수학습 방법

| 합생의 과정 | 호응 | 보완 | 만족 |
|---|---|---|---|
| 정신 발달의 리듬 | 로맨스 | 정밀화 | 일반화 |
| 자유와 훈육 | 자유 | 훈육 | 자유 |
| 교수학습 방법 | 역할놀이, 체험학습, 경험학습, 가치명료화 | 강의법, 토의학습, 개념 분석, 가치 분석 | 구안법(의사결정, 집단탐구), 논술법 |
| 교육 단계(연령) | 초등교육 (8–13, 14세) | 중등교육 (14–18세) | 고등교육 (18–22세) |

요컨대 리듬의 원리는 학생들의 정신 발달의 리듬적 특성을 고려한 교수학습이 이루어져야 한다는 원리로서, 이는 변증법적 논리와 합생의 이론에 기초해 있다. 이러한 리듬의 원리는 인간의 삶과 교육의 과정이 자연의 질서와 마찬가지로 주기적으로 순환되는 리듬이 있다고 이해하는 점에서 역동적이고 창조적인 도덕교육에 기여할 수 있는 도덕과 교수학습의 방법론적 원리임이 틀림없다.

#### 4) 조화의 원리

화이트헤드의 관계성의 원리와 리듬의 원리는 자연스럽게 조화의 원리로 연결된다. 그는 풍부한 교양 정신이란 전체를 내다보는 안목이며, 이러한 정신 능력은 추상적인 사상의 이해 능력과 구체적인 사실의 분석 능력을 겸할 때 생긴다고 보았다(AEOS, 58-59). 한마디로 추상적 사상을 현실에 응용할 수 있는 능력, 조화 능력이 바로 교양이다. 그래서 그는 지식보다는 지혜(wisdom)를 더 중요하게 생각한다. 그가 제시하는 지혜는 지식을 유지해나가는 하나의 방법으로서 지식을 구사하며, 필요한 문제 해결을 위해 선택하며, 직접 경험에 가치를 부여하는 작용을 한다(AEOS, 93).

화이트헤드는 지식에 자유롭게 직면하되 '훈육(discipline)'에 의해 사실을 습득할 때 지혜가 생긴다고 말하며, 자유와 훈육의 주제를 교육의 리듬과 대비시킨다. 로맨스 단계를 자유와 대비시키고, 정밀화 단계를 훈육, 일반화 단계를 다시 자유와 대비시킨다(AEOS, 97).

먼저 초등교육 시기에 해당하는 로맨스 단계는 자유의 단계이다. 이 단계에서는 흥미 추구가 최우선 과제이다. 학생에게는 충분한 자유가 필요하며, 이 자유를 통해 학생은 몰랐던 사실을 발견하고, 미지의 세계에 호기심을 갖게 된다. 학습의 비밀은 자유에 있다. 기억 단계에서 멈추는 학습은 자유성을 띤다고 말할 수 없다. 진정한 창조성은 자유에서 나온다. 교사는 학생에게 보물 상자를 주려고 하기보다는 학생 스스로 자기만의 상자를 꾸리면서 학습하도록 권장할 필요가 있다. 교사는 학생이 자신의 지적 자질에 따라 창조성을 발휘할 수 있도록 경험을 촉진하되 강요해서는 안 된다(Donald W. Oliver, 1989, 166). 이는 학생의 자율성을 강조하는 입장이다.

따라서 초등 도덕과에서는 학생의 도덕적 창조성의 발휘를 위해 흥미와 호기심을 자극하고 상상력을 키워줄 수 있는 체험학습의 방법을 적극 활용할 필요가 있다. 어찌 보면 우리의 삶 자체가 '신성한 놀이(godly play)' 라 할 수 있다(J. W. Berryman, 1991, 7-8). 어린이는 놀이를 하면서 자유롭게 상상력을 키워 나갈 수 있다. 특히 학생에게 자연에 대한 경이로움과 신비감을 품게 하고, 자연환경에 대한 경험을 자유롭게 발표하도록 하는 것은 의미가 있을 것이다.

중등교육 시기에 해당하는 정밀화 단계는 훈육의 단계이다. 이 단계에서 학생은 사실과 이론의 토대에 관한 일반적 지식을 구하며, 훈육을 통해 정밀한 지식을 얻는다(AEOS, 102). 그런데 여기서 중요한 것은 자유가 배제되어서는 안 된다는 것이다. 그 자체로 중요한 훈육은 자기 훈육이며, 이 자율성은 오로지 폭넓은 자유의지의 확립으로만 획득할 수 있다.

2007년 개정 도덕과 교육과정에 따르면(교육과학기술부, 2008a, 239) 정밀화 단계에 해당하는 중학교 도덕과는 도덕적 가치 · 규범에 대한 이해를 심화하는 데 목표를 두며, 고등학교 도덕과는 윤리학의 기초를 학습하고, 반성적 사고력을 함양하여 자율적인 도덕적 판단력과 실천 능력을 기르는 데 목표를 둔다. 여기서도 알 수 있는 것처럼 더욱 심화된 지식의 습득과 분석 및 체계화를 위해서는 훈육이 더 요청되고 권위 중심의 도덕교육이 강세를 띠겠지만 그 못지않게 학생의 자율성(자유) 또한 보장할 필요가 있다는 것이다.

마지막으로 고등교육 시기에 해당하는 일반화 단계는 다시 자유의 단계로 돌아온다. 이 단계에서 학생은 일반적인 규칙이나 법칙에 대한 예증을 명확하게 이해하게 된다. 학생은 실제 경험 속에서 겪은 문제를 자유롭게 혹은 자율적으로 해결해 나갈 수 있는 사려와 역량, 즉 지혜를 궁극적으로 소유하게 됨으로써 새로운 삶의 방식을 창조하는 습관을 갖게 된다. 이러한 입장은 자유로운 학문 탐구에 기여할 수 있으며, 자율 중심의 도덕교육 방법의 기본 취지에 잘 부합된다. 여기서 우리는 화이트헤드의 고전학습을 자율 중심의 도덕교육 방법론의 측면에서 검토해볼 필요가 있다. 그는 훈육을 통해 라틴어 등 외국어 공부를 힘들게라도 하고 나면 로마서와 같은 선인의 위대한 고전을 자유롭게 탐구하고 음미함으로써 지적인 덕을 기를 수 있다고 본다.[5]

화이트헤드가 권장하는 고전학습은 교사의 훈육 못지않게 학생의 자발성이 요청된다. 고전학습은 교사와 학생의 집요한 노력이 필요하다. 만약 도덕과에서 고전학습을 한다면 고전에 나타난 위대한 선인의 감동적인 예화를 통해 학생을 감동 감화시키는 방식에서 벗어나야 한다. 도덕과에서는 단순한 예화교육의 한계를 뛰어넘어 자신의 실생활 경험을 드러낼 수 있는 내러티브(narrative)의 일환으로 활용되는 것이 바람직하다. 내러티브는 인간이 세계를 경험하고 삶의 의미를 표현하는 가장 기본적인 방법으로서 인간의 호기심과 상상력을 자극하는 데 적합하다.

---

5 AEOS, pp. 164–165. 화이트헤드는 고전학습을 위해 먼저 라틴어를 배우면 로마사 원전이 지닌 매력과 위대함에 손상을 가하지 않는 최선의 번역을 할 수 있다. 그리고 로마사에 등장하는 인물들의 위대함, 덕의 위대함을 배우는 것은 도덕교육이다. 위대함이야말로 도덕의 기초이다.

다시 말하면 내러티브는 '상상력과 호기심' (W. Bausch, 1984, 47-54)을 자극함은 물론, 화자나 청자로 하여금 '경이로움과 창조적 과정' (J. W. Berryman, 1991, 62-63)을 경험하게 하는 데 적합한 교수학습 방법이라 할 수 있다. 화자는 자신이 발견한 심오한 진리와 삶의 의미를 이야기함으로써 청자가 통찰력을 기르고 새로운 삶의 의미를 창조할 수 있게 하는 역할을 할 수 있다.

요컨대 학생에게 추상적 사상을 현실에 응용할 수 있는 능력을 길러주기 위해서는 그들의 정신 발달 리듬의 단계에 대응하는 자유와 훈육을 조화롭게 결합하는 것이 중요하다. 조화의 원리는 자유와 훈육을 적절히 조화하여 가르치는 것으로, 도덕교육을 담당한 교사의 권위와 학생의 자율성 사이에서 발생하는 갈등을 해소하는 데 적합한 도덕과 교수학습의 방법론적 원리임이 틀림없다.

지금까지 화이트헤드의 유기체철학에 나타난 생태학적 세계관을 밝히고, 이를 바탕으로 하여 그의 생태학적 세계관이 교육철학에도 그대로 반영되어 있음을 밝혀냈다. 그리고 그의 유기체철학에 일관되게 나타나고 있는 생태학적 세계관의 특성과 그의 교육철학에 담긴 생태학적 원리를 추출하여 상호성의 원리, 관계성의 원리, 리듬의 원리, 조화의 원리를 도덕과 교수학습의 방법론적 원리로 제안하였다.

화이트헤드 유기체철학은 기본적으로 주체와 객체의 구분을 거부한다. 그리고 모든 존재가 그 자체의 본래적 가치를 가질 뿐만 아니라 전체를 위한 도구적 가치를 가진다는 것을 인정하며, 경험과 공감의 개념을 중심으로 하여 자기(self)를 전체와의 관련 속에서 규정한다는 점에서 생태학적 세계관을 함의한다고 할 수 있다. 따라서 그의 생태학적 세계관은 도덕적 주체로서의 개인이 타인, 사회 그리고 자연환경과 공생적 관계를 맺으며 살아가는 데 하나의 윤리적 지침을 제공할 수도 있다.

화이트헤드의 생태학적 세계관의 특성과 그의 교육철학에 담긴 생태학적 원리로부터 도출한 네 가지 도덕과 교수학습의 방법론적 원리는 생태위기의 극복에 기여할 것으로 보인다.

도덕은 진공상태에서 형성되지 않는다. 도덕은 관계의 도덕이고, 도덕교육은 관계의 도덕교육이다. 우리는 인간과 인간 간의 관계만이 아니라 인간과 자연과의 관계 속에서도 배려, 조화, 협력, 공생 등의 가치를 실현해가도록 가르치고 배워야 한다. 우리의 도덕교육은 '지속 가능한 발전'에 머무르지 않고 이를 뛰어넘어 자연과 인간의 공생, 생태학적 세계관의 정립 교육으로 나아가야 한다. 본 논문에서 제안된 네 가지의 도덕과 교수학습의 방법론적 원리는 생태학적 민감성이나 감수성 신장에 기여할 수 있을 것이며, 좁게는 타인 배려와 공감 능력을 신장해줌으로써 학생의 폭행과 집단 따돌림의 문제해결에도 이바지할 것으로 보인다.

2장

# 생태학적 인권과 도덕교육*

인간은 자연환경의 도움 없이는 하루도 살아갈 수 없는 존재인데 오늘날 자연환경은 인간의 생존 자체마저 위협할 정도로 심각하게 훼손되어 가고 있다. 이러한 절체절명의 생태학적 위기 상황은 쾌적한 환경 속에서 인간다운 삶을 누리고자 등장하게 된 환경권(environmental rights)을 넘어서 소위 심층생태론(deep ecology)에서 처음으로 제기한 생태학적 자아(ecological self) 개념에 기초를 둔 생태학적 인권(ecological human rights)의 정립 필요성을 제기하고 있다.

분명 환경권은 인권 분야에서 흔히 거론되는 천부인권을 의미하지 않는다. 환경권은 타인이나 인간 이외의 자연적 실재와는 무관하게 고립적이고 개별적인 개인이 가지고 있는 고유한 '인권'의 개념과는 다른 개념이다. 환경권은 산업화 과정에서 필연적으로 발생한 환경오염이나 공해의 문제를 해결하기 위해 투쟁하는 과정에서 인간다운 삶을 위해 절실히 필요하다고 인식되어 생겨난 인권 개념이라 할 수 있다. 우리나

---

* 이 글은 필자의 논문 「생태학적 인권의 정립과 초등 환경윤리 교육」(『환경철학』 제8집, 2009, 177-201)을 수정 · 보완한 것이다.

라의 경우 1960년 이후 추진한 성장 위주의 경제개발정책은 수많은 환경오염을 발생시켰는데, 환경권은 이러한 환경오염의 문제를 해결하고자 노력하는 과정에서 1980년 개정 헌법에 처음으로 명문화되기에 이르렀다.

하지만 환경권은 헌법에 명문화되는 것만으로는 충분하지 않다. 환경권은 국가와 국민의 노력 여하에 따라 그 보장 여부가 결정되는 특성을 지닌다. 그리고 환경권은 자유권으로서의 인권 등 여타 인권을 제한하거나 신장하는 특성 또한 지닌다. 바로 이러한 점에서 환경권의 실현 정도는 한 국가의 인권 수준을 판단하는 척도가 되기도 한다.

그런데 환경권은 '환경(environment)' 이라는 개념 자체에서도 알 수 있듯이 자연환경을 인간 행복 추구의 수단으로 간주한다는 점에서 인간중심주의적인 개념이라 할 수 있다. 환경이라는 용어는 기본적으로 하나의 존재를 중심에 두고 그것을 동그랗게 둘러싼 주변을 가리키는 것으로 주객 이분법적 사고, 인간중심적 사고가 도사리고 있다(윤영해, 2007: 190). 이에 비해 동물권(animal rights) 혹은 자연의 권리(the rights of nature)는 탈인간중심주의(non anthropocentrism)를 취한다는 점에서 오늘의 생태 위기를 극복할 수 있는 대안이 될 수 있지만, 자연의 권리를 보장하기 위해 인권을 침해하는 것을 방조할 수 있다는 '환경 파시즘(environmental fascism)' 의 우를 범할 우려가 있다. 이에 본 장에서는 인간 개인과 인간 이외의 자연적 실재를 모두 존중하는 생태학적 인권의 정립 필요성을 제안함과 동시에 초등학교 도덕과의 생태학적 인권의 신장 방안을 간략히 모색하고자 한다. 이를 위해 먼저 제3세대 인권으로서 환경권의 등장 배경과 그 법적 성격을 간단히 살펴보고, 우리나라에서 환경권이 어느 정도 실현되고 있으며 환경권을 실현하기 위해 어떤 노력을 전개하였는지를 고찰하고자 한다. 그리고 환경권의 한계를 극복한 제4세대 인권으로서 생태학적 인권의 정립 필요성과 그 의미를 검토한다.

마지막으로는 이와 같은 논의를 바탕으로 하여 2007년 개정 도덕과 교육과정에 따라 발행된 초등학교『도덕』3, 4학년 교과서의 환경윤리 관련 내용을 비판적으로 검토함으로써 초등학교 도덕과를 통한 생태학적 인권의 신장 방안을 모색하고자 한다.

## 1. 제3세대 인권으로서 환경권

### 가. 제3세대 인권으로서 환경권 등장

환경권은 어떤 사상가에 의하여 체계적으로 정립된 권리 혹은 개념이 아니라 1960년대 이후 부각된 환경 위기에 대한 인식과 함께 등장한 개념이다. 다시 말하면 환경권이란 다음과 같은 배경 속에서 자연스럽게 등장하게 된 새로운 권리의 개념이다(김성재, 2002, 132).

첫째, 환경권은 환경위기의 심각성에 대한 인식에서 생겨난 개념이다. 그동안 무한한 것으로 인식되었던 공기, 물, 토양 등 자연의 혜택이 유한하다는 인식이 새롭게 제기되고 환경 파괴가 결국 인류의 파멸을 의미한다는 사실이 확인되면서 이 위기를 극복하는 노력이 환경권으로 나타난 것이다. 다시 말하면 공공재로서 환경의 가치 훼손이 인류 전체의 피해로 이어져 생존 자체에 심각한 위협요소가 될 수 있다는 인식에서 생겨난 것이 환경권이다.

둘째, 환경권은 전통적 시민법 원리의 결함을 극복하는 차원에서 등장한 것이다. 기존의 시민법 체제에서는 공기나 물을 오염시키는 행위가 다른 사람의 권리를 직접 침해하지 않는 한 그 적법성을 인정받을 수 있다. 그런데 환경오염이 심해지면서 사법 분야에서 권리 남용론의 적용을 확대하여 이에 대처하려고 했으나 이것은 근본적 해결책이 될 수 없었다.

셋째, 기존의 공해대책법 및 행정상의 지도이념이 중대한 결함을 보임으로써 환경권이 등장한 것이다. 환경 문제에 대처하는 과거의 입법 및 행정은 기업 활동의 자유 및 재산권 존중의 법리에 근거함으로써 문제에 대한 개별적, 대증요법의 접근방법에 의존한다. 하지만 환경 문제는 유기적 관련 속에서 발생하기 때문에 개별적으로, 혹은 대증요법에 따라 해결하기보다는 환경 전반에 대한 관리방법을 모색함으로써 해결될 수 있다.

## 나. 환경권의 의미와 특징

흔히 인권은 프랑스 혁명의 3대 이념인 자유, 평등, 박애의 정신에 따라 각각 명명된 '인권 세대론'으로 분류되기도 한다. 여기서 환경권은 박애의 이념에 기초한 제3세대 인권에 속한다(Jim Ife, 김형식 · 여지영 옮김, 2000, 57-83). 제3세대 인권은 국가와 개인의 관계에서 나오는 권리가 아니라 집단적이고 연대적인 권리이며(구정화 · 설규주 · 송현정, 2004, 16), 녹색이념에 뿌리를 두고 있으며, 집단 · 국가 · 범세계적 연대를 필요로 한다. 이 제3세대 인권에는 환경권, 평화권, 인류 공동유산의 공유권 · 향유권, 다를 수 있는 권리, 인도적 구원 요청의 권리, 범세계적 교신권 등이 포함된다.

환경권은 바로 위의 제3세대 인권의 하나로서 그 혜택이나 피해의 범위가 그 어떤 권리보다도 크다. 환경권은 인류의 삶과 관련이 있으며 평생에 걸쳐 인간에게 영향을 끼친다. 예컨대 공기, 물, 초목, 산천 등의 건강성, 청정성, 쾌적성, 아름다움 등은 모든 인간이 평생에 걸쳐 24시간 동안 향유할 수 있는 것이다. 이러한 점에서 환경권은 한편으로 쾌적한 환경 속에서 행복한 삶을 누리고자 요구하는 권리이기도 하지만, 다른 한편으로 그러한 환경을 유지하고 확보하기 위해 노력해야 할 의무이기도 하다.

### 다. 환경권의 법적 성격

박애와 연대의 이념에 기초한 제3세대 인권으로서의 환경권은 과연 어떤 법적 성격을 지니는가? 여기서는 1987년 개정된 현행 대한민국 헌법 제35조 환경권 관련 내용을 중심으로 하여[1] 환경권의 법적 성격을 검토하면 그것은 다음과 같다(석인선, 2007, 196-198).

첫째, 환경권은 국가로부터 위법적으로 환경이익을 침해당하지 아니하는 자유권으로서의 성격을 가진다. 즉 건강하고 쾌적한 환경을 향유할 수 있는 자유를 위법적으로 침해당하지 아니하는 권리이다. 이 경우에는 환경 파괴로부터의 자유라는 소극적 권리로서의 성격을 가지며, 이 성격으로 인하여 국민의 생활환경을 침해하는 행위에 대하여 침해배제청구권이 나온다. 이것은 대량 인권 침해의 성격을 가진 환경 파괴라는 새로운 사회현상에 대응하여 인권 대량 파괴에 대한 배제권 및 예방

---

1 대한민국 헌법 제35조에 다음과 같은 환경권 관련 규정이 있다. 제35조 제1항에서 "모든 국민은 건강하고 쾌적한 환경에서 생활할 권리를 가지며, 국가와 국민은 환경보전을 위하여 노력하여야 한다.", 제2항에서 "환경권의 내용과 행사에 관하여는 법률로 정한다.", 제3항에서는 "국가는 주택개발정책 등을 통하여 모든 국민이 쾌적한 주거생활을 할 수 있도록 노력하여야 한다."고 규정하고 있다.

권 또한 저항권으로서의 의의를 가진다. 일반적으로 사회적 기본권에서도 자유권적 성격을 가진 것으로 보고 국가권력이 국민의 인간다운 생활의 영위를 방해하는 경우에 그것의 배제를 청구할 수 있다는 의미의 자유권적 효과가 있다는 것에 대하여는 이론의 여지가 없다. 환경권의 자유권적 성격에 관한 한, 환경권은 직접 구체적 권리로서 그 피해자에게는 사법적 구제를 부여할 수 있다.

둘째, 환경권은 국가에 대하여 좋은 환경의 확보를 요구할 수 있는 권리, 즉 건강하고 쾌적한 환경에서 생활할 수 있게 해줄 것을 국가에 대하여 청구할 수 있는 생존권적 기본권인 측면이 있다. 요컨대 생존권의 기본적인 취지가 환경 문제 해결을 위한 법이론 속에 투영되어 그것이 권리로서 응집되어 구상된 것이 환경권론이고, 그 의미에서는 생존권적 색채를 진하게 가지는 것이라고 말할 수 있다. 여기서 생존권이란 단순히 동물로서의 생명을 유지하는 데 그치는 권리가 아니고, 건강하고 문화적인 인간다운 생존의 권리이다. 그러나 공해에 대항하는 생존권의 내용은 무엇보다도 자연환경과 관련해서 살아가는 인간의 '생물적 존재'로서의 생존권이라고 하는 데 더 중요한 의의가 있다. 이 측면에서 환경권은 환경 파괴로부터의 자유를 전제로, 국가에 의한 자유 · 좋은 생활환경의 조성에 대한 배려, 즉 인격의 자유로운 발전, 생명 · 신체의 불가침에 대한 소극적 권리와 병행하여 이러한 자유를 전제로 환경의 보호와 정비를 국가에 대하여 요구하는 적극적 권리라고 할 수 있다.

요컨대 환경권은 국가로부터 자유의 성격인 자유권적 측면과 국가에 의한 자유 및 생활 배려의 성격인 생존권적 측면이라는 이중적 성격을 가진다고 할 수 있다. 여기서 자유권적 측면이란 환경에 대한 다른 공유자의 동의를 얻지 않은 침해는 그 자체가 위법이며, 침해의 결과에 대하여는 다른 공유자에게 건강상 또는 생활환경상의 침해를 주는지 아닌지에 관계없이 그 침해 배제를 청구하거나 침해의 예방을 청구할 수 있다는 것을 의미하며, 생존권적 측면이란 환경권이 좀 더 적극적으로 국가 또는 지방공공단체에 대하여 좋은 환경의 확보를 요구할 수 있는 기능을 포함한 권리라는 것을 의미한다.

### 라. 환경권 실현을 위한 노력

우리나라에서 제3세대 인권으로서의 환경권은 과연 제대로 실현되고 있는가? 우리는 환경권을 누리며 살고 있는가?

대한민국 헌법 제35조 2항은 환경권의 내용과 행사에 관한 사항을 하위 법률에 위임하고 있으며, 이 조문에 의거하여 환경정책기본법을 비롯하여 대기환경보전법, 수질환경보전법, 소음진동규제법, 유해화학물질관리법, 환경오염피해분쟁조정법 등 이른바 환경6법이 법제화되었다. 1991년 2월에는 환경정책기본법 시행령, 1993년에는 한국자원재생공사법, 1995년에 토지환경보전법이 제정되었다. 그리고 2000년에는 수도권매립지관리공사의 설립 및 운영에 관한 법률이 제정되고 호소수질관리법이 수질환경보전법에 통합되었으며, 2002년 1월에는 상수원수질을 보전하기 위하여 낙동강 수계물 관리 및 주민지원 등에 관한 법률 등이 제정되었다. 또한 2003년에는 수도권 지역의 대기환경을 개선하기 위하여 수도권 대기환경 개선에 관한 특별법이 제정되고 2004년에는 악취방지법이 제정 공포됨에 따라 2004년 2월 현재 환경부가 직접 관장하는 환경법은 총 37개 법률에 이르고 있다(고문현, 2005: 80).

그런데 이와 같은 과정을 통해 제정 공포된 한국의 환경 관련법은 국민의 환경의식과 환경보호운동에 기초한 것이라기보다는 위로부터의 개혁의 산물이라 할 수 있다. 그래서 진정한 의미의 환경권이 실질적으로 실현되기 위해서는 그 무엇보다도 국민의 적극적인 노력이 있어야 한다(김타균 · 이근행, 1999, 496–499).

환경권의 최종적인 보장과 실현은 궁극적으로 국민의 환경권에 대한 인식과 환경보전의 노력에 달려 있다고 할 수 있다. 인권이 아래로부터의 요구를 기초로 사회로 확대되고 수용되는 과정에서 발전해왔듯이 제3세대 인권으로서의 환경권 또한 아래로부터의 환경운동의 활성화를 통해 실질적으로 보장되고 실현될 수 있을 것이다. 환경운동의 활성화는 국가의 환경정책을 견제하고 견인하는 역할을 수행하며 종국적으로 환경권의 실현에 기여할 것이다.

그런데 여기서 우리가 유념해야 할 사항은 환경권을 누리기 위한 환경운동의 과정이나 환경정책의 입안과 추진 과정에서 환경정의가 이념적 근거가 되어야 한다는 점이다. 사회적 약자에게 일방적인 불이익을 가하는 환경 관련 행위나 환경정책은 부당한 것이다. 환경자원의 사용과 개발 과정에서 사회적 강자만이 경제적 이익을 누리고 사회적 약자는 경제적 손해를 입는다면 이는 부당한 것이다. 새만금 간척 사업이나 천성산 터널 공사 혹은 4대강 살리기 사업이 정부의 계획대로 추진된다면 그 절차는 공정해야 하며 사업의 결과 생기는 이익은 공정하게 분배되어야 한다는 것이다. 비록 다수 시민에게 이익이 되더라도 소수의 힘이 없는 사회적 약자나 미래 세대에게 불이익이 된다면 그것은 그릇된 것이며 정의롭지 못한 것이다. 이러한 점에서 볼 때 제3세대 인권으로서 환경권은 환경정의에 기초하고 인간의 존엄성 고양에 초점을 둘 때 그 의미가 배가 될 것이다.

## 2. 제4세대 인권으로서 생태학적 인권

### 가. 환경권을 넘어선 생태학적 인권의 등장

제3세대 인권으로서의 환경권은 집단, 국가, 범세계적인 연대를 필요로 하는 권리로서 다분히 인간중심적인 권리이다. 환경 그 자체의 가치나 권리를 존중한다기보다는 인간의 행복한 삶을 위한 수단이나 도구로 환경을 대우한다. 환경은 그 자체로 가치 있는 존재가 아니라 인간의 삶을 풍요롭게 해주기 때문에 가치 있는 것이다. 우리가 환경을 보호하고 지키는 것은 환경이 우리의 쾌적한 삶을 위해 반드시 필요한 존재이기 때문이다. 이러한 환경관에 기초한 제3세대 인권으로서 환경권은 지극히 인간중심주의적 성격을 지닌다. 다시 말해 환경권 개념은 인간만을 고려한다는 점에서 한계를 지닌다. 환경권 개념에는 인간 생명을 포함하여 모든 존재는 서로 연결되어 있다는 생태학적 인식이 결여되어 있다. 전체로서 자연적 존재가 상호 의존적으로 연결되어 있다면 인간만을 고려하는 제3세대 인권의 개념을 뛰어넘는 제4세대 인권 개념이 요청된다. 이것이 바로 제4세대 인권 개념으로서 생태적 인권이다(안옥선, 2008, 331).

우리는 인간중심주의적 환경관 혹은 자연관에 기초한 제3세대 인권을 넘어선 제4세대 인권의 한 사례를 에콰도르의 헌법에서 발견할 수 있다. 2008년 9월 28일 국민투표를 통과한 에콰도르의 새 헌법은 역사상 최초로 자연계의 다른 생물, 이를테면 재규어와 안경곰, 갈색머리거미원숭이 등에게도 생존권을 보장하는 조항을 담고 있다. 국가에 생물종의 멸종과 생태계 파괴를 가져올 수 있는 행동을 예방하고 제한할 의무를 부여했을 뿐 아니라 국가의 조처가 미흡할 경우 일반 시민이 자연

을 대신해 법적인 소송을 제기할 수 있도록 하고 있다.[2]

일찍이 리건(T. Regan)은 동물의 권리를 옹호하였으며(The Case for Animal Rights, 1983), 내시(R. Nash)와 같은 환경철학자는 자연의 권리를 주장했다(The Rights of Nature: A History of Environmental Ethics, 1989). 그들은 자연 자체 또는 자연물 자체가 법적 권리를 가진다고 주장한 것이다. 하지만 이렇게 극단적인 탈인간중심주의를 옹호하는 학자는 드물다. 스톤(C. Stone)은 산림, 바다, 강 등의 이른바 자연물의 도덕적 권리는 인정하지 않지만 그것의 법적 권리는 인정한다. 그는 도덕적 지위의 근거를 인간의 본질이 아니라 법적인 권리의 본질에서 찾고 있다(C. Stone, 허범 옮김, 2003; J. R. DesJardins, 김명식 옮김, 1999, 164-168). 그에 따르면 법적 권리는 다음의 세 가지 조건을 만족시켜야 한다. 첫째, 스스로 법적 행위(소송)를 제기할 수 있어야 한다. 둘째, 법적 구제 여부를 결정할 때 그것에 대한 손실을 법정이 고려할 수 있어야만 한다. 셋째, 법적 구제를 통해 그것의 이익을 증진할 수 있어야 한다. 그런데 자연물이 어떻게 법적인 행위를 할 수 있을까? 스톤은 자연물의 이익을 대변하기 위해서 후견인이나 보호자 또는 피신탁자를 지명할 수 있다고 주장했다. 스톤은 혼수상태인 사람이 법정 후견인을 갖는 것처럼 산림이나 시냇물, 산 또한 자신의 이익을 대변할 임무를 지닌 인간에 의해 법적으로 대변할 수 있다고 본 것이다.

이와 같은 스톤의 논리에 따라 진행되는 자연의 권리소송은 1970년대 산림 파괴를 막기 위한 방법의 일환으로 미국에서 시작되었고, 일본에서도 지난 1994년 토끼소송으로 출발하여 현재 다양한 자연의 권리

2 에콰도르의 새 헌법이 환경윤리에서 차지하는 의미와 우리에게 주는 시사에 대해서는 한겨레신문(2008년 10월 3일자)과 다음의 사이트를 참조할 것. http://www.hani.co.kr/arti/society/environment/313254.html.

소송이 진행되고 있다. 우리나라의 경우는 1998년 낙동강 재두루미의 떼죽음과 관련해 재두루미를 원고로 소송을 제기하였으나 법원은 원고적격의 문제를 들어 각하한 바 있으며, 2003년에는 경부고속철도 천성산 관통저지 비상대책위원회가 천성산에 서식하는 꼬리치레도롱뇽을 원고로 하고 자신들을 '도롱뇽의 친구들'이라는 명칭의 '도롱뇽 대변인'으로 내세워 한국고속철도건설공단을 상대로 '고속철도 양산시 천성산 구간 공사착공금지 가처분신청'을 냈는데, 재판부가 "자연물에 대해 당사자 능력을 인정하는 현행 법률이나 관습법은 존재하지 않는다."고 판시한 바 있다.[3]

사실 자연의 권리소송은 현행 법제도의 틀 안에서 판단하기에는 많은 문제와 한계가 있다. 특히 인간이 아닌 자연물의 권리 인정 여부와 한계를 어디까지 인정하느냐의 문제는 향후 자연생태계의 보존을 비롯한 각종 개발 사업에 환경보호의 우선원칙을 정립할 수 있는 중요한 기준이 될 것이다.

자연의 권리소송이 실효적인 소송제도로서 자리매김하기 위해서는 미국의 모델을 받아들일 필요가 있다. 미국은 1970년 전후 환경소송의 장벽을 제거하기 위해 법률을 제·개정하였는데, 그중에서 대표적인 것이 미시건주 환경보호법(MEPA)과 미네소타주 환경권법(MERA)이다. 이 두 법률의 특징은 원고적격에 대한 제한을 사실상 폐지하고, 원고의 입증책임을 대폭적으로 완화하였다는 점이다. 그리고 공기·물·기타 자연자원은 공공신탁 재산이며, 주민이 그 관리를 주정부에 위탁한 것

3 경부고속철도 천성산 관통저지 비상대책위원회가 한국고속철도건설공단을 상대로 '고속철도 양산시 천성산 구간 공사착공금지 가처분신청'을 하여 나온 판결문 등에 관해서는 다음의 사이트에 탑재한 내용을 참고할 것. http://www.donga.com/fbin/output?f=c_s&n=200411290290&main=1.

이라는 취지의 공공신탁선언을 명문화하고 있다는 점이다. 그리고 미국은 주 헌법에 환경권을 명문화한 예가 적지 않으며, 최근에는 자연생태계 보호나 생물다양성 보호를 주 헌법에 명시하여야 한다는 주장까지 제기되고 있다.

그러나 우리나라 현행 소송제도는 제1세대, 제2세대 인권의 이념인 자유주의와 개인주의에 사상적 토대를 둔 제도이기 때문에 자연보전이라는 공익을 위하여 제정된 환경법과는 조화되기 어려운 부분이 많다. 쾌적한 자연환경이나 생태계를 유지함으로써 누리는 이익을 개인의 이익 보호를 위해 마련된 현행 소송제도로 해결하겠다는 발상은 그 자체 모순이다. 따라서 객관적이고 공익적인 성격을 가지는 환경법의 취지를 제대로 달성하기 위해서는 그에 합당한 소송제도의 마련이 요청되며, 궁극적으로는 제3세대 인권으로서 환경권을 넘어선 제4세대 인권으로서 생태학적 인권의 정립이 필요하다 하겠다.

## 나. 제4세대 인권으로서 생태학적 인권의 의미

제3세대 인권으로서 환경권은 연대성이나 인도적 구원, 상호 배려의 정신을 담고 있다는 점에서 그 의미가 자못 크다. 예를 들어 깨끗한 환경에서 살 권리, 인류 공동의 유산으로부터 공동의 이익을 얻을 권리, 인도적 구조를 받을 권리 등은 사회적 연대성을 강조하고 고통받는 사람에 대한 공동의 책임과 배려를 인정한다는 점에서 높이 평가할 만하다. 그러나 이런 인권 내용은 철저히 인간중심적이다. 인간 종 이외의 자연적 존재에 대한 고려가 전혀 없다. 인간의 생존은 인간 이외의 자연적 존재와 상호 의존적으로 연관되어 있기 때문에 진정한 인권은 자연적 존재와의 공존을 전제로 한다. 이러한 맥락에서 인간뿐만 아니라 자연적 존재의 보전과 안녕도 고려하는 인권이 제4세대 인권으로서 생태학적 인권(ecological human rights)이다(안옥선, 2008, 333–334). 비록 인권이 기본적으로 인간만이 고유하게 가질 수 있는 권리이며 또한 '개체의 권리' 라는 특성, 즉 인간중심적이고 개체주의적인(individualistic) 성격을 강하게 띠는 개념이라 하더라도 우리는 이러한 인간중심적, 개체주의적인 의미를 좀 더 확장할 필요가 있다.

우리는 인간중심적, 개체주의적인 인권이 더욱 확장된 의미로 해석될 수 있다는 것을 심층생태론자인 네스(A. Naess)의 큰 자기 실현(Self realization) 논의에서 배울 수 있다. 네스에 따르면 작은 자기(self)는 자신을 다른 존재와 일체화(identification)함으로써 '큰 자기(Self)' 로 거듭날 수 있다. 네스의 일체화는 '모든 것이 함께 얽혀 있다' 는 전체론적 존재론(holistic ontology)을 함축하는 개념이다. 다시 말하면 네스의 일체화는 다음과 같은 두 가지 의미를 내포한다고 할 수 있다(안옥선, 2008, 331 참조).

첫째, 일체화에서는 자신과 타자, 인간과 자연의 주객 이분법적 분리가 해체된다. 타자나 전체로서의 자연을 위한 것이 곧 인간 종을 위하고 자기 자신을 위한 것이 된다. 그런데 여기서 말하는 주객 이분법의 해체는 인간을 다른 존재와 동일하게 무차별적으로 대우해야 한다는 것을 의미하는 것은 아니다. 네스가 말하는 일체화는 인간이 다른 존재와 무차별적으로 동일하다는 것을 의미하는 것이 아니라 인간이 그들과 이익관심(interests)을 공유한다는 것을 의미한다. 즉 일체화는 인간이 다른 생명체나 인간 이외의 자연적 실재를 해칠 때 인간 스스로 자신을 해치는 것과 마찬가지라고 생각한다는 것을 의미한다. 이러한 점에서 자기 자신을 다른 존재와 일체화하고자 하는 '큰 자기 실현(Self realization)' 은 '생태학적 인권 존중' 의 다른 표현이라 할 수 있다.

둘째, 큰 자기는 일체화를 통해 자연적 존재를 존중하고 배려하는데, 이 존중과 배려는 강제적인 것이 아니라 자발적이다. 존중은 명령이나 의무에 의한 것이 아니라 자신의 자연적인 성품으로부터 비롯된 것이다. 우리는 자신을 존중하거나 배려할 때 의무감에서 하지는 않는다. 네스는 이러한 행위를 '아름다운 행위(beautiful action)'라고 하고, 도덕적 의무감이나 강제에 의한 행위와 대립시킨다. 여기서 말하는 '아름다운 행동'이란 두말할 필요도 없이 칸트가 '성향에 기초한 좋은 행동'으로 규정한 개념이다. 네스는 이 개념을 수용하여 우리가 도덕 법률, 즉 추상적이고 보편적인 도덕원리보다는 성향에 관심을 기울여야 함을 강조한다(A. Naess, 1989, 85-86). 그는 우리가 대중에게 추상적이고 보편적인 도덕원리를 지나치게 강조하면 그들에게 희생이나 책임감을 요구한다는 잘못된 인상을 심어주지만, 실재를 있는 그대로 경험(일체화)하도록 하면 결국에는 환경윤리의 엄밀한 규범도 자연스럽고 아름답게 준수될 것이라고 본 것이다. 다시 말하면 자연이 지닌 아름다움과 자연의 소중함을 느끼고 자연을 즐거운 마음으로 배려하고 존중하는 것은 일체화의 자연스러운 표현이라는 것이다(A. Naess, 1993, 209 참조). 이런 점을 고려할 때 자연 배려와 존중의 정신에 기초하여 정립된 일체화 논의는 기존의 인권 개념을 제4세대의 인권 개념으로 확장할 수 있는 이론적 토대로 제공한다고 할 수 있다.

지금까지 살펴본 네스의 일체화를 통한 큰 자기 실현은 인간을 포함한 전체로서의 자연적 실재를 존중하는 생태학적 인권과 맥을 같이한다. 이러한 생태학적 인권은 자연 존중을 통한 인간 개개인의 존중이며 모든 자연적 실재의 존중이다.

그런데 이와 같은 큰 자기 실현은 개개의 인간보다는 자연환경을 우선시하는 환경 파시즘(environmental fascism)의 잘못을 범할 수 있다

(T. Regan, 1983, 261–262). 비록 네스의 일체화가 인간과 자연을 동일한 존재로 보지 않고 인간이 자연과 이익관심을 공유할 뿐이라고 단서를 달고 있지만 이익관심이 충돌할 경우 그 명쾌한 해결책을 제시하기란 매우 어려울 것으로 보인다. 그러면 우리는 이런 딜레마를 어떻게 해결할 것인가? 이때는 다음과 같은 '이차적인 서열화의 원리'가 하나의 대안이 될 수 있다(노희정, 2003, 55–59). 첫째, 인간의 생존권이 중요하다. 인간의 생존권은 여타 생명체를 존중하거나 자연환경을 보전하는 것보다 중요하다. 둘째, 인간의 재산권은 인간 이외 존재의 생명체보다는 중요하지 않다. 이러한 이차적 서열화의 원리는 인간이 재산을 지키고자 하는 약한 인권을 누리기 위해 자연을 마구잡이로 침해하는 행위를 미연에 차단할 수 있는 강점을 지닌다. 사실 상당수 사람은 인간의 생존과는 직접적인 관련이 없는 행위, 예를 들면 호화로운 별장을 짓기 위해서 울창한 자연을 파괴하고 단순히 즐기기 위해 야생 동식물을 죽이는 것을 좋아하지 않을 것이다. 하지만 그들은 유기체로서 생명을 유지하기 위해 자연을 경작하고 동식물을 먹어야 한다고 생각할 것이다.

우리는 인간과 자연환경의 적극적인 공생이 필요한 시대에 살고 있다. 날로 환경이 파괴되어 인류의 생존마저 위태롭게 하고 있는 상황에서는 더욱 그렇다. 우리는 인권과 자연환경의 권리가 조화를 이루는 제4세대의 인권 시대, 즉 생태학적 인권의 시대를 살아가야 하는 것이 아닌가 하는 생각이 든다.

## 3. 생태학적 인권 신장을 위한 도덕교육

### 가. 도덕 교과서에 나타난 환경윤리

2007년 개정 도덕과 교육과정에 제시된 도덕과는 옳고 바른 일을 스스로 실천해가는 자율적인 인격체, 도덕성의 인지적 · 정의적 · 행동적 측면을 조화롭게 발달시키는 통합적인 인격체를 기르는 것을 목표로 하고 있다(교육과학기술부, 2008a, 236 참조). 그러면 이러한 자율적, 통합적 인격체를 기르기 위해 초등 도덕과 제Ⅳ영역인 '자연 · 초월적인 존재와의 관계' 영역에서는 어떤 내용을 다루고 있는가? 여기서는 환경윤리 관련 내용만을 간단히 살펴보고자 한다(노희정, 2009a, 102-103 참조).

초등학교 도덕과 3, 4학년 '자연 · 초월적인 존재와의 관계' 영역에서는 '생명의 소중함'과 '올바른 자연관과 환경보호'라는 지도 요소를 다루는데, 그 단원명은 각각 '생명을 존중해요'와 '우리가 지키는 푸른 별'이다. 이를 구체적으로 살펴보면 3학년의 '인간 생명의 소중함(생명을 존중해요)'에서는 생명의 의미, 생명 탄생의 신비와 생명의 소중함, 인간의 생명과 동식물의 생명을 소중히 해야 하는 이유, 생명 경시의 문제점, 생명 존중을 실천한 사례와 본받기, 우리 조상의 생명 존중 사상과 생명보호의 정신, 인간과 동식물의 생명을 사랑하는 마음, 생명의 소중함에 관한 실천 과제 수행, 생활 속에서 생명을 소중히 여기고 실천하기 등을 다루고 있다(교육과학기술부, 2009a: 66-85). 여기서 가르치는 주요 가치덕목은 생명 존중, 자연애, 사랑이다. 그리고 이 지도요소는 7학년 『도덕』 교과서의 '환경과 도덕' 단원(환경과 인간의 삶)과의 관련 속에서 지도된다.

4학년의 '올바른 자연관과 환경보호(우리가 지키는 푸른 별)' 에서는 나(인간)와 자연의 관계, 인간에 의한 환경파괴 및 지구온난화로 예고되는 환경재앙, 환경보호의 중요성, 인간중심 자연관의 문제점, 인간과 자연의 상호 의존적, 공생적인 관계 이해, 조화와 상생, 공존의 필요성과 방법, 환경을 보호하고 발전시키고자 노력한 사례, 환경보호를 적극 실천하려는 자세, 음식물 쓰레기를 줄이는 방법, 자연보호를 위한 작은 실천(지구 구조대 게임, 환경 신문 만들기), 자연을 보호하기 위해 실천할 일을 정하고 꾸준히 실천하기 등을 다루고 있다(교육과학기술부, 2009c, 74–93). 여기서 가르치는 주요 가치덕목은 자연애, 생명 존중, 책임이다. 그리고 이 지도 요소는 7학년『도덕』교과서의 '환경과 도덕' 단원(환경과 인간의 삶, 환경 친화적 삶의 방식)과의 관련 속에서 지도된다. 지금까지 살펴본 2007년 개정 초등학교 도덕과 교육과정과『도덕』교과서에 나타난 환경윤리에 대한 관련 내용을 구체적으로 정리하면 다음의 〈표 1〉과 같다.

그런데 생태학적 인권은 앞의 '생명의 소중함' 을 다루는 초등학교 3학년의 '4. 생명을 존중해요' 단원보다는 '올바른 자연관과 환경보호' 를 다루는 초등학교 4학년 '4. 우리가 지키는 푸른 별' 단원과 직접적으로 관련이 있다. 다시 말하면 3학년 '4. 생명을 존중해요' 단원에서는 '나를 비롯한 우리 주위의 생명에 대해 우리는 어떠한 마음가짐을 가지고 살아야 할까요?' 라고 발문하면서 생명을 소중히 여기는 생활태도를 기르고자 하는 데 그친다. 하지만 초등학교 4학년 '4. 우리가 지키는 푸른 별' 단원에서는 '인간과 자연은 한몸이다.' 라는 말이 뜻하는 바를 묻거나(교육과학기술부, 2009c, 75), '자연은 원래부터 존중받아야 하는 것은 아닐까요?' (교육과학기술부, 2009c, 77)라고 묻는다. 이러한 발문은 생태학적 인권의식을 신장하기에 매우 적절한 것으로서 생명과 인권

**표 1** 초등학교 도덕과 제Ⅳ영역의 환경윤리 관련 내용

| 학년 | 지도 요소 (단원명) | 교육 내용 요소 | 주요 가치덕목 | 학교급별 관련성 |
|---|---|---|---|---|
| 3 | 생명의 소중함 (생명을 존중해요) | · 생명을 존중하는 마음 갖기<br>· 생명 존중 방법 익히기<br>· 생명의 의미와 소중함 알기<br>· 생명 존중을 위해 바르게 판단하기<br>· 생명 존중 실천하기 | 생명 존중<br>자연애<br>사랑 | · 7학년 환경과 도덕 (환경과 인간의 삶) |
| 4 | 올바른 자연관과 환경보호 (우리가 지키는 푸른 별) | · 인간과 자연의 올바른 관계<br>· 자연보호의 중요성<br>· 자연보호와 관련된 바른 판단<br>· 자연보호의 실천 방법<br>· 자연과 조화를 이루며 살려는 마음<br>· 일상생활에서 자연보호의 실천 | 자연애<br>생명 존중<br>책임(절제 정의, 배려) | · 7학년 환경과 도덕 (환경과 인간의 삶, 환경친화적 삶의 방식) |

을 나의 생명, 나의 인권의 관점에서 이해하는 수준을 넘어서서 나의 생명과 여타 생명과의 관계, 나의 인권과 타자(혹은 자연)의 인권(혹은 이익관심)과의 관계에 대해 생각해보는 기회를 제공한다는 데 그 의미가 있다.

## 나. 생태학적 인권 신장을 위한 교수 전략

일반적으로 인권교육 하면 학생에게 보편적인 인권 문화를 건설하기 위한 훈련과 지식을 전수하는 것만을 의미했다(M. Print, C. Ugarte, C. Naval and A. Mihr, 2008, 117-118). 하지만 앞으로의 인권교육은 개인의 인권과 관련된 지식 · 기능 · 태도(가치)만을 가르치는 것이 아니

라 인간과 자연환경과의 사이에서 발생하는 권리나 이해관심 그리고 인간과 자연과의 공생관계에 따라 생겨날 수 있는 여러 기능이나 태도(가치) 등을 가르치는 방향에서 추진될 필요가 있다. 특히 자연환경이 급속도로 파괴되고 있는 21세기는 자연환경의 본래적 가치가 인정되고, 인간과 자연의 적극적인 공생이 가능한 사회가 유지될 때 인권이 실질적으로 보장될 수 있다는 점에서 생태학적 인권교육의 중요성이 강조될 필요가 있다.

인간과 자연과의 공생에 대한 열망은 인권교육 과정 개발을 둘러싼 초·중·고등학교 교사의 요구 조사에서도 잘 나타나 있다. 이 요구 조사에 따르면(문용린 외, 2003, 49-50), 교사는 학생에게 가르쳐야 할 인권의 핵심 개념 18개 중에서 환경권을 열두 번째(14.2% 차지)로 선택했다. 사실 여기서 말하는 환경권은 분명 '지속 가능한 사회건설'이나 '미래 세대 존중'과 같이 인간중심적 차원에서 이야기되는 것이지만, 이를 좀 더 적극적으로 해석하면 초·중·고등학교 교사가 생태학적 인권에 대해서도 관심을 둘 여지는 충분히 있다는 것이다.

우리는 제3세대 인권으로서의 환경권뿐만 아니라 이를 넘어선, 제4세대 인권으로서 생태학적 인권을 강조할 필요가 있다. 생태학적 인권에 대한 관심과 지도는 인류의 생존과 직결된 문제로 대두된 자연환경을 적극적으로 고려한다는 점에서 인권교육에 큰 기여를 할 것으로 보인다. 그런데 생태학적 인권교육은 생태학적 인권의 인지적, 정의적, 행동적 측면을 조화롭게 가르치는 것이며, 생태학적 인권의 침해 상황을 명확히 인식하고 민감하게 받아들이도록 하는 것이고, 더 나아가서는 생태학적 인권 감수성을 키우고 생태학적 인권을 몸소 실천하도록 하는 것이다. 넓은 의미에서 볼 때 생태학적 인권교육은 학생으로 하여금 자신의 정체성을 자연환경과의 관련 속에서 파악하도록 하는 것이며, 인권의 차원에서 고통받고 있는 사람뿐만 아니라 침탈당하고 있는 자연환경의 아픔을 인지하고 느낄 수 있는 생태학적 인권 의식과 생태학적 인권 감수성을 신장시키도록 돕는 것이다. 궁극적으로 생태학적 인권교육은 학생으로 하여금 생태학적 인권의 침해 문제를 명확히 이해하고 이를 해결하기 위해 적극적으로 노력하도록 돕는 교육이라고 할 수 있다.

그러면 생태학적 인권의 침해 문제를 명확히 이해하고 해결하도록 하는 생태학적 인권 신장의 교육, 더욱 구체적으로 생태학적 인권 의식과 생태학적 인권 감수성의 신장교육은 어떻게 이루어져야 하는가?

볼커(J. M. Volker)의 '도덕 감수성 검사(Moral Sensitivity Rating Scale)'는 생태학적 인권 감수성을 신장하는 방법으로 적절히 응용할 수 있다(문용린, 2002, 6–7 참조). 볼커는 도덕 감수성의 하위 요인으로 ① 개인, 집단, 기관, 사회 간의 상호 관계를 알고 그 원인과 결과를 정확히 추론할 수 있는 중요한 사실에 대한 인식 능력, ② 행위자뿐만 아니라 관련된 사람들에게 끼치는 행위의 결과를 상상하고 이해할 수 있는 능력, ③ 도덕적 딜레마를 해결하기 위한 자신의 책임을 인식하는 능력 등을 제시하고 있다.

여기서 볼커가 주장하는 도덕 감수성의 세 가지 하위 요인을 생태학적 인권 문제에 확대 적용해보면 생태학적 인권 감수성은 크게 ① 생태학적 인권의 의미를 알고 자신의 생태학적 인권을 주장할 수 있는 능력, ② 생태학적 인권의 침해 상황을 명확히 인식할 수 있는 능력, ③ 생태학적 인권의 침해로 인해 발생하는 결과를 명확히 인식할 수 있는 능력, ④ 생태학적 인권 침해 사태의 발생과 그 해결 과정이 자신과 관련이 있다는 책임감을 인식하고 그것을 해결하기 위해 실천할 수 있는 능력 등 넷으로 분류할 수 있다. 본 항에서는 2007년 개정 초등학교 4학년 2학기 『도덕』 교과서 4 단원인 '우리가 지키는 푸른 별'의 내용을 중심으로 네 가지 하위 요인에 따른 생태학적 인권 신장의 교수 전략에 대해 간략히 논의하기로 한다.

첫째, 생태학적 인권의 신장교육은 생태학적 인권의 의미를 알고 자신의 생태학적 인권을 주장하도록 돕는 것으로부터 시작된다. 이러한 능력을 기르기 위해서 교사는 학생이 자신과 타인의 바람직한 관계뿐만 아니라 자신과 자연환경과의 바람직한 관계에 대해 분명히 알도록 하는 것이 중요하다.

둘째, 생태학적 인권을 주장할 수 있는 능력을 길러준 다음에는 학생으로 하여금 생태학적 인권과 관련이 있는 상황을 인식하도록 돕는 것이다. 교사가 이러한 능력을 학생에게 길러주기 위해서는 어떤 상황이 생태학적 인권과 관련된 문제 상황인지를 구체적으로 가르쳐줄 필요가 있다.

셋째, 교사는 생태학적 인권과 관련하여 이루어지는 행동이 행위자뿐만 아니라 관련 당사자(타인, 자연환경 포함)에게 어떤 영향을 끼치는지 그 구체적인 결과를 상상하고 이해할 수 있도록 도와야 한다. 다시 말하면 자신의 행동이 타인과 인간 이외의 자연적 실재에게 어떤 영향을 끼치게 되고 그 결과 그들은 어떤 감정을 가지게 될지 구체적으로 느낄 수 있도록 가능한 한 많은 기회를 제공할 필요가 있다.

마지막으로 교사는 학생이 생태학적 인권과 관련된 문제의 발생 과정이나 해결 과정에 자신도 관련되어 있다는 책임의식을 가지고 그 문제 해결을 위해 노력하는 자세를 가지도록 해야 한다.

지금까지 살펴본 생태학적 인권 신장의 교수전략을 2007년 개정 초등학교 4학년 2학기『도덕』교과서 4 단원인 '우리가 지키는 푸른 별'의 차시별 교육 내용에 적용하여 간단히 제시하면 다음의 〈표 2〉와 같다.

**표 2** 차시별 환경윤리교육의 내용과 생태학적 인권 감수성의 하위 요소

| 차시 | 지도 요소 | 핵심 교육 활동 | 생태학적 인권 감수성의 하위 요인 |
|---|---|---|---|
| 1 | · 인간과 자연이 밀접하게 관계를 맺고 있음을 깨닫고, 자연과 조화를 이루는 삶의 중요성 알기 | · 자신과 자연과의 바람직한 관계 알기<br>· 자연과 친해지기 위한 마음 가꾸기<br>· 자연을 보호하기 위해 자신이 지킬 일을 정하고 실천하기 | · 생태학적 인권의 의미를 알고 자신의 생태학적 인권을 주장할 수 있는 능력 |
| 2 | · 일상생활에서 자연을 잘 보호하기 위해 어떻게 해야 하는지 바르게 판단하기 | · 자연을 잘 보호하기 위해 어떻게 해야 하는지 바르게 판단해보기<br>· 광고를 보고 음식물 쓰레기를 줄이기 위한 마음 다지기<br>· 생활 속에서 음식물 쓰레기를 줄이는 방법을 실천해보기 | · 생태학적 인권 침해 상황을 명확히 인식할 수 있는 능력<br>· 생태학적 인권 침해로 인해 발생하는 결과를 명확히 인식할 수 있는 능력 |
| 3 | · 자연을 소중히 하는 방법을 익히고, 생활 속에서 자연보호 활동을 꾸준히 실천하기 | · '지구 구조대 게임' 을 하면서 자연보호를 위한 작은 실천하기<br>· 환경신문 만들기<br>· '지구를 살리는 것' 에는 어떤 것이 있는지 생각하기 | · 생태학적 인권 침해 과정과 그 해결 과정에 자신이 관련되어 있다는 책임을 인식하는 능력 |

생태학적 인권의 신장교육, 더 구체적으로 생태학적 인권 감수성을 키우는 교육은 인지적 방식에 의존해서는 소기의 성과를 거둘 수 없다. 그것은 생태학적 인권 문제에 민감하게 반응하고 생태학적 인권 침해 상황을 해결할 수 있는 능력을 더욱 확실히 길러줄 수 있는 생태체험 학습을 병행할 때 가능하다. 왜냐하면 생태학적 인권을 주장하고 지키며 실천할 수 있게끔 학생의 행동을 변화시킬 수 있는 가장 중요한 수단은

직접 체험이기 때문이다. 자연 속에서 아름다움을 느끼고 다른 생명체에 대해 경외감을 갖게 될 때 생태학적 인권은 더욱 원활하게 신장될 수 있을 것이다. 그렇다. 교실 수업을 통해 이루어지는 생태 문제에 대한 집단 토론 활동, 생태 문제와 관련된 역할놀이 학습뿐만 아니라 자연 속에서 이루어지는 탐사활동이나 체험활동이 활성화될 때 초등학교의 학생들은 개인이 고유한 인권으로서 가지는 자유권과 평등권만이 아니라 자연에 대한 존중과 배려와 같은 생태학적 인권의 가치를 추구하게 될 것이다.

지금까지 살펴본 바와 같이 제3세대 인권으로서 환경권은 인간이 건강하고 쾌적한 환경에서 생활할 권리를 의미하는 것으로, 환경의 본래적 가치를 인정하지 않는 인간중심적 인권이라 할 수 있다. 그런데 이러한 인간중심적 환경권도 개인이나 국가의 의지가 없으면 누리기 어려운 인권이다. 건강하고 쾌적한 환경은 국가의 헌법적 선언만으로 확보되지 않는다. 국가가 환경을 보존하기 위해 적극적으로 환경정책을 수립하고 추진할 때 환경권은 보장되는 것이다. 그리고 모든 국민이 환경을 보존하기 위해 앞장서고 환경을 훼손시키는 행위를 자제할 때 환경권이 확보될 수 있다.

자연환경이 급속도로 파괴되고 있는 21세기, 진정한 의미의 인권 확보는 제3세대 인권으로서 환경권을 넘어선 제4세대 인권으로서 생태학적 인권의 정립으로 가능하다. 생태학적 인권은 인간의 행복한 삶을 위한 자연의 착취가 아니라 자연 존중을 통한 인간 개개인의 존중이며 인간을 포함한 모든 자연적 실재의 존중이다. 다시 말하면 인간과 자연환경의 공생을 도모하는 큰 자기 실현이야말로 생태학적 인권 신장의 한 방법이 될 수 있다는 것이다.

현행 초등학교 도덕과는 제3세대 인권으로서 환경권을 중심으로 환경윤리교육을 시행하고 있다. 2012년 개정 도덕과 교육과정이 투입될 2014년부터는 초등학교 도덕과 환경윤리교육이 생태학적 인권을 중심으로 도덕성의 인지적, 정의적, 행동적 측면을 조화롭게 가르치는 방향으로 나아갈 필요가 있다. 초등학교에서 환경윤리교육이 생태학적 인권의 침해 상황을 명확하게 인식하고 민감하게 받아들이는 생태학적 인권의식의 신장, 생태학적 인권 감수성의 신장, 생태학적 인권의 실천을 목표로 삼아야 한다는 것이다. 생태학적 인권을 신장하는 교육은 초등학교 학생에게 자신과 자연환경과의 적극적 공생의 관계를 깨닫도록 하고, 자연의 소중함과 아름다움을 느끼고 자연과 함께 화합하며 살아가는 생활을 습관화할 때 소기의 목적을 달성할 수 있을 것이다. 초등학생이 생태문제에 대한 집단 토론, 역할놀이, 자연체험활동 등 다양한 도덕과 교수학습 방법을 통해 생태학적 인권의식과 생태학적 인권 감수성을 신장할 때 그들은 인간 고유의 가치인 자유, 평등, 박애의 가치만이 아니라 자연에 대한 존중과 배려와 같은 가치를 배우고 실천하면서 인간다운 삶을 누릴 수 있을 것이다.

3 장

# 지속 가능한 발전과 도덕교육*

지난 1992년 유엔환경개발회의(UNCED)는 '의제21'의 36장 '교육, 대중인식, 훈련'을 통해 지속 가능한 발전을 위해 교육이 중요함을 강조하였다. 그러나 그로부터 10년이 흐른 2002년에 개최된 지속가능발전세계정상회의(WSSD)는 그간의 지속가능발전교육이 소기의 성과를 거두지 못했다고 자평한 후, 2005–2014년을 '지속가능발전을 위한 교육 10년(Decade of Education for Sustainable Development)'으로 제정하기에 이르렀다. 우리나라도 이러한 세계적 노력에 동참하기 위해 나름대로 노력을 기울여왔으나 그 성적표는 만족스럽지 못하다. 세계경제포럼(WEF)이 발표한 2005년 우리나라의 환경 지속 가능성 지수(ESI)는 43.0점으로 조사 대상국 146개국 중에서 122위이다.[1] 그러나 우리나라는 이러한 악조건을 극복하기 위해 지속 가능한 발전을 위하여 노력하고 있다. 지난 2006년 10월 31일에는 '대통령 자문 지속가능발전위원회'에서 향후 5년간 우리나라의 지속 가능한 발전의 정책방향을 제

* 이 글은 필자의 논문 「지속 가능한 발전을 위한 환경윤리교육」(『환경철학』 제5집, 2007, 1–32)을 수정 · 보완한 것이다.

시하는 '국가 지속가능발전 전략 및 이행계획(2006–2010)'을 확정 발표하였다. 그리고 2007년에는 국가 지속 가능성 지표를 시범 적용하였으며, 2007년과 2008년에는 각각 '지속가능발전 기본법'과 '지속가능발전 기본법 시행령'을 제정하였다. 이와 같이 우리나라는 국가 차원에서 지속가능발전 전략을 추진하고 이행할 수 있는 추진 기반을 마련하였다. 하지만 지속 가능한 발전을 위해서는 국가 차원의 법적, 제도적, 정책적 노력만이 아니라 교육적 노력이 선행되어야 할 것이다. 특히 지속 가능 발전교육으로서 도덕교육이 선행되어야 할 것이다.

따라서 본 장에서는 지속 가능한 사회 건설에 기여할 수 있는 도덕교육을 논의한다. 필자는 제7차 고등학교 교과서에 서술된 지속 가능한 발전과 관련된 환경윤리 내용을 분석 평가한 후에 고등학교에서 도덕교육이 어떠한 방향에서 어떠한 내용으로 이루어져야 하는지를 논의하고자 한다.

이와 같은 목적을 달성하기 위해 지속 가능한 발전의 의미와 지속 가능한 발전 교육의 의미를 검토하고 제7차 교육과정 고등학교 교과서인 『생태와 환경』, 『도덕』, 『시민윤리』, 『윤리와 사상』, 『전통윤리』의 환경윤리 관련 단원을 중심으로 하여 그 이론적 정합성과 실천적 타당성을 분석한다. 그리고 생태학적 패러다임이 환경윤리 이론으로서 더욱 타당한 생태학적 패러다임을 밝히며, 이 패러다임에 입각한 생태학적 교육론의 타당성과 도덕교육의 방향에 대해 논의한다.

---

1 환경 지속 가능성 지수는 크게 다섯 가지 영역을 구분해서 조사하는데 우리나라는 환경 체제/여건 영역에서 137위, 환경부하 저감 노력 영역에서 146위, 인체 유해성 저감 노력 영역에서 67위, 사회적 · 제도적 역량 영역에서 18위, 국제적 책임 이행 영역에서 78위를 기록했다(이선경 외, 2005, 21–22).

## 1. 지속 가능한 발전 교육과 도덕교육

### 가. 지속 가능한 발전

'지속 가능한 발전(Sustainable Development)'[2]이라는 개념은 1987년 소위 '브룬트란트 보고서(Brundtland Report)'인 '우리 공동의 미래'가 발간되면서 세계적으로 알려지게 되었다. 이 보고서에 따르면 지속 가능한 발전이란 '미래 세대의 필요를 훼손하지 않으면서 현재의 필요를 충족시키는 발전'을 의미한다. 이후 여러 회의와 논의를 거치면서 이 개념은 진화를 거듭하였으며 1992년 리우회의에서 채택된 '의제 21'에서 ESSD(환경적으로 건전하고 지속 가능한 발전: Environmentally Sound & Sustainable Development) 개념으로 정리되었다.

'지속 가능한 발전' 개념은 크게 다음의 두 가지 점에서 긍정적으로 평가할 만하다. 첫째, 지속 가능한 발전 개념은 경제발전과 환경보전 간의 오랜 갈등을 하나로 통합하고, 환경 문제를 국제관계와 세계경제라는 관점에서 접근하였다는 점에서 긍정적인 평가를 할 만하다. 둘째, 지속 가능한 발전 개념은 미래 세대의 권리를 고려한다는 점에서 평가할 만하다. 그러나 지속 가능한 발전 개념은 미래 세대와의 형평성은 고려하면서도 현실적으로 존재하는 남북 간(선진국과 후진국 간)의 형평성을 고려하지 못하고 있다는 한계를 안고 있다. 이와 관련해서 문순홍은

---

2 development는 '개발' 또는 '발전'으로 번역하여 사용하고 있다. 여기서는 '개발'보다 '발전'이라는 개념을 선호하는 탈인간중심주의 환경윤리학의 입장을 수용하여 '발전'이라는 개념을 사용하고자 한다. 참고로 대한교과서주식회사의 『생태와 환경』에서는 '발전', 교학사와 중앙교육진흥연구소의 『생태와 환경』과 『도덕』에서는 '개발'이라는 개념을 사용하고 있다.

지속 가능한 발전 개념이 묵시적으로 특정 개발 모델을 전제하고 있다고 비판한다(1999, 270). 그녀에 따르면 개발도상국은 빈곤 문제 때문에, 선진국은 소비 지향적인 생활양식 때문에 환경보전과 경제성장을 조화시키는 데에 어려움을 겪고 있다. 그런데 부룬트란트 보고서는 서구의 생활양식을 변화시키는 문제에 대해서는 심각하게 지적하지 않고 있다는 것이다. 하지만 이 지속 가능한 발전 개념이 선진국이나 후진국에서 환경보전을 위해 지대한 영향을 끼치고 있는 것만큼은 무시할 수 없다.

1992년 브라질 리우에서 지속 가능한 발전이 실천 개념으로 제시된 이후, 이 개념은 '지구 생태계의 한계'와 여러 주체 간의 형평성, 즉 선진국과 후진국, 현재 세대와 미래 세대, 인간과 자연 등의 형평성 문제를 제기하였으며, 환경 보전은 물론 사회정의, 환경정의, 경제정의의 문제를 부각시키는 데 큰 공헌을 하였다.

## 나. 지속 가능한 발전 교육으로서 도덕교육

인류의 지속 가능한 발전은 환경정책의 추진만으로는 가능하지 않다. 교육이 무엇보다 중요하다. 그래서 지속가능발전세계정상회의(WSSD)가 2005–2014년을 '지속가능발전교육을 위한 10년'으로 제정하기를 권고하고, 그 결과 '유엔 지속가능발전교육 10년'이 새천년개발목표(MDGs), 만일을 위한 교육(EfA), 유엔 문해력 10년(UNLD) 등과 밀접한 연관 속에서 추진되고 있다.

유네스코에서 2004년 발간한 국제이행계획 초안(UNESCO, 2004)에 따르면 지속가능발전교육이란 모든 사람이 질 높은 교육의 혜택을 받을 수 있으며 이를 통해 지속 가능한 미래와 사회변혁을 위해 필요한 가치,

행동, 삶의 방식을 배울 수 있는 사회를 지향하는 교육이다. 그리고 이 지속가능발전교육의 주요 임무는 가치관을 변화, 증진시키고, 모든 이의 인권에 대한 존중과 사회 경제정의에 헌신하며, 다음 세대의 권리에 대해 존중하고, 공동체와 문화 다양성, 관용과 비폭력의 문화를 존중하는 가치관을 증진하는 데 있다. 그리고 그 무엇보다도 각 개인, 집단, 사회 또는 국가가 중시하는 가치를 이해하고 진단하여 지역에 적합하고 문화적으로 적절한 가치를 발굴하는 데 그 중요성이 있다. 또한 각자가 속한 학교, 단체, 지역에서 지속가능발전교육을 시작하는 방법은 각자가 처한 실제를 성찰하고 이로부터 지속 가능성을 위협하는 핵심 쟁점을 찾는 노력에서 출발한다. 이 쟁점은 대개 환경적, 사회적, 경제적 측면과 밀접히 연결되어 있는데, 다음의 〈표 1〉로 요약할 수 있다(이선경 외, 2005, 53).

마지막으로 다음 〈표 1〉에 나타난 핵심 쟁점을 진단하고 해결하기 위

**표 1** 한국에서의 지속가능발전교육의 핵심 영역

| | 사회적 관점 | 환경적 관점 | 경제적 관점 |
|---|---|---|---|
| 유엔 이행 계획 초안 | · 인권, 평화, 안보<br>· 양성 평등<br>· 문화적 다양성 (문화 상호 간 이해)<br>· 건강과 에이즈<br>· 거버넌스 | · 자연자원 (물, 에너지, 농업 등)<br>· 농촌 개혁<br>· 지속 가능한 도시화<br>· 재해 예방/완화 | · 빈곤 퇴치<br>· 기업의 책임, 책무<br>· 시장경제 |
| 우리나라 추가/강조 영역 | · 갈등 해소<br>· 통일<br>· 사회혁신<br>· 연대(파트너십)<br>· 매체소양 | · 자연자원 (물, 에너지, 대기 등)<br>· 생물 종 다양성<br>· 재해 예방/축소<br>· 교통<br>· 주거환경 | · 지속 가능한 생산과 소비<br>· 빈부 격차 |

해서는 광범위하고 복잡한 교육전략이 필요하다. 이러한 교육전략으로는 간학문적 · 총체적 접근방식, 지속가능발전이라는 가치 지향적 접근, 비판적 사고와 문제해결 능력 강조, 다양한 학습방법, 참여적 의사결정, 지역적 관련성을 고려한 교육 등을 들 수 있다(이선경 외, 2005, 53).

## 2. 교과서에 나타난 환경 윤리 사상

### 가. 이론적 정합성

주요 분석 대상 교과서인 고등학교 『생태와 환경』, 『도덕』, 『시민윤리』, 『윤리와 사상』, 『전통윤리』의 환경 윤리 관련 부분은 전반적으로 생태계의 위기를 자각하게 하고 환경보전의식을 심어주기에 적합한 내용으로 구성되어 있다. 예를 들어 교학사의 경우 환경사상과 윤리의 이론적 배경에 대한 설명이 다소 미진하지만, 현대의 환경론으로 '가이아 설', '구명선의 우화', '성장 한계론' 과 '생존을 위한 청사진,' '작은 것이 아름답다' 등을 소개함으로써 단편적이나마 환경사상과 윤리를 소개한 장점이 있으며(205-208), 중앙교육진흥연구소의 경우 환경윤리의 내용으로 환경정의를 다룬 점이 돋보인다(155). 그리고 고등학교 『도덕』, 『시민윤리』, 『윤리와 사상』, 『전통윤리』 교과서는 환경 문제의 원인으로 서구인의 인간중심적 사고방식과 생태학적 지식의 부족을 들고 이의 해결 방안으로 생명중심주의, 생태주의의 수용, 동양적 자연관의 수용, 지속가능한 개발을 구체적으로 제안하는 장점이 있다. 하지만 이런 장점에도 불구하고 이론적 정합성이 결여된 부분이 다음과 같이 발견되었다.

### 1) 생태중심적 세계관의 무비판적 수용

고등학교 『도덕』, 『시민윤리』, 『윤리와 사상』, 『전통윤리』 교과서는 자연에 대한 침탈과 파괴를 일삼는 서구인의 인간중심적 사고방식이 환경 문제의 근본 원인이라 분석한 후, 생태중심적 세계관을 무비판적으로 수용하고 있다. 『도덕』에서 생태계의 보전과 다양성을 이해할 수 있는 생태학적 지식을 강조하고 자연의 지배자가 아닌 자연의 구성원으로서의 인간 지위를 언급하는 것(2002, 33), 『시민윤리』에서 생태적 정체성과 생태 공동체 의식의 확립을 주장하고(2003, 83-84), 『윤리와 사상』과 『전통윤리』에서 각각 생태중심적 세계관(2004, 70)과 생태 평등주의와 공생 문화의 지향(2004, 258)을 제시하는 것은 환경 문제의 해결에 큰 도움을 줄 것이다. 그러나 이러한 생태중심적 세계관에 대한 언급이 그 강점만 부각시키는 차원에서 이루어지고 그 약점을 간과한다면 그리 바람직한 것은 아니다. 강점과 약점을 동시에 다루는 것이 중요하다. 사실 생태중심적 세계관은 인간과 자연의 조화와 공생을 추구하는 데 긍정적인 작용을 하지만 환경 파시즘이라는 고질적인 약점에서 벗어나기 어렵다. 인간과 자연의 이익관심이 극단적으로 충돌하는 상황에서는 자연의 이익을 위해 인간을 희생시킬 수밖에 없다는 환경 파시즘은 생태중심적 세계관이 가지고 있는 크나큰 약점이다(노희정, 2002a 참조). 생태계의 위기 극복이 아무리 중요하다 하더라도 인간을 희생해서 자연을 지킨다는 것은 정당성을 인정받지 못할 것이다.

또한 『윤리와 사상』 교과서에 제시된 세계윤리의 '하노이(Hanoi)의 탑'은 생태중심적 세계관에 따라 가치판단의 우선순위를 결정해야 함을 강조하고 있는데 교과서는 이에 대한 문제점은 전혀 언급하고 있지 않다. 우리가 지속 가능한 발전을 위한 교육의 관점에서 도덕교육을 지향한다면 학생들에게 올바른 의사결정을 내릴 수 있는 기회를 부여해야 할 것이다. 그리고 인간과 자연의 조화를 주장하면서 발전과 자연보전을 이분법적 시각에서 언급하는 것은 바람직하지 않다. 예를 들어 『전통윤리』(2004, 260)는 '경제적 이익과 생태계의 보전 중 한 가지를 선택하라면 우리는 어느 쪽을 선택할 것인가' 라는 물음을 제기한 후 지구상에서 생명체가 살기 어려울 정도로 생태계가 파괴될 때 그제야 생태계를 보전하는 데 매달릴 것이라고 단정적으로 말하고 있다. 이러한 내용은 학생들의 비판적 판단력 함양이나 합리적 의사결정 능력 배양에 전혀 도움을 주지 못할 것이다.

우리는 분명 살기 위해 불가피하게 자연환경을 이용할 수밖에 없다. 우리는 이런 명백한 사실을 무시한 채 자연환경에 대한 무조건적인 도덕적 고려만을 외치고 있을 수 없다. 그래서 필자가 주장하는 것이 '부분적으로 전체론적인' 환경윤리학의 정립이다. 우리는 원칙적으로 생태계의 선(통합성 · 안정성 · 아름다움)을 보전하는 생태학적 세계관에 기초하면서도 무차별적으로 생태계의 선을 보전하지 않고 인간의 생존권과 같은 강한 권리와 자연적 존재의 생존권적 이익관심을 먼저 고려하는 '부분적으로 전체론적인' 환경윤리를 정립할 필요가 있다. 그렇게 되면 우리는 모두 인간 존중뿐만이 아니라 동식물, 무생물, 더 나아가서는 전체로서의 생태계를 적합한 수준에서 도덕적으로 고려할 수 있고 지속 가능한 발전에도 기여하게 될 것이다.

### 2) 동서양 자연관에 대한 이분법적 평가

고등학교 『도덕』, 『시민윤리』, 『윤리와 사상』, 『전통윤리』는 오늘의 심각한 생태학적 위기의 근원을 인간과 자연을 분리하는 서구인의 이원론적 세계관에서 찾고 있다. 그러면서 다음의 〈표 2〉처럼 동양 사상이 환경 문제를 획기적으로 해결할 수 있다고 평가하고 있다. 이러한 평가방

**표 2** 교과서에 나타난 동서양의 자연관

| 교과서 | 예문 |
|---|---|
| 도덕 | · 환경 문제는 자연에 대한 침탈과 파괴를 일삼았던 서구인의 인간중심적 사고방식에서 비롯되었다(31).<br>· 유가의 기본 관점이 생명 공동체까지 확대된다면 하나의 환경철학으로 발전할 수도 있다(35).<br>· 도가에서는 무위자연의 삶을 강조한다(35).<br>· 환경 문제가 인간의 과도한 소비행태에서 비롯되는 고통이라면, 불교의 가르침은 물질에 대한 인간의 욕심과 집착을 어느 정도 해소하는 데 많은 도움을 줄 것이다(36). |
| 시민윤리 | · 자연환경에 대한 파괴와 정복을 일삼았던 서구인의 인간중심적인 자연관은 오늘날의 환경위기를 가져온 근본 원인이라고 할 수 있다(77).<br>· 서양에서는 인간이 자연의 지배자이고 자연은 인간의 번영을 위한 수단에 불과하다는 견해가 지배적이다(77).<br>· 유학의 애물(愛物) 사상은 최소한의 소비나 지속 가능한 개발이라는 생태학적 덕목과 연결될 수 있다(79)<br>· 도가 사상에서는 인간이 자연의 한 부분으로서 자연의 섭리에 순응하고 자연과 조화를 이루어야 한다고 가르쳤다(80).<br>· 불교의 입장에서 보면 인간과 자연의 관계에서 인간은 자연과 격리되어 홀로 존재하는 것이 아니라 자연 속에서 더불어 존재하는 것이다(81). |
| 윤리와 사상 | · 동양 사상의 지속적인 전통이었던 인간과 자연의 공생 공영에 대한 관심을 높이고, 생태계 파괴의 위협에 대처해야 한다(70). |
| 전통윤리 | · 이분법, 기계론 그리고 환원주의로 요약할 수 있는 근대적 사유 구조는 자연을 결여된 입자의 기계적 운동이라고 파악함으로써 자연의 본래적 가치를 배제해버렸다(255).<br>· 전통 사상에서는 유학, 불교, 도가를 막론하고 인간과 자연의 합일을 일생의 이상적인 경지로 파악해왔다(249) |

식은 부당한 이분법에 기초한 것이다.

동양 사상 중에서 인의예지(仁義禮智)를 강조하는 유교 사상은 다분히 인간중심적이며 서양 사상 중에서 스피노자(B. Spinoza)의 사상은 대단히 전체론적이고 생태론적이다(W. Fox, 1990, 260). 그에 따르면 모든 존재는 단일 실체(single substance)가 각기 다르게 표현된 양태(mode)이다. 그런데 그 존재는 물리적인 온전함을 유지할 뿐만 아니라 모든 잠재적인 존재방식 그리고 그 방식과 관련된 모든 가능한 표현 양태를 표현함으로써 자기를 실현한다. 모든 존재는 양적인 크기를 확대하고 그 존재 양태를 증가시킴으로써 자기를 실현해 나간다. 다시 말하면 각기 다른 양태의 하나로서 인간은 자신이 전체 자연(the whole of nature; 존재의 모든 양태를 구성하는 단일 실체)으로부터 나왔으며 그 단일 실체에 연결되어 있다는 것을 인식할 때 자기 실현을 달성할 수 있다는 것이다.

동서양 사상 중에는 정도의 차이는 있지만 자연보전에 기여할 수 있는 사상도 있고 그렇지 못한 사상도 있다. 고등학교 교과서에서 동서양 사상을 이분법적으로 나누어 서양 사상은 자연파괴를 일삼는 주범이고 동양 사상은 생태위기를 극복할 수 있는 만병통치약이라는 식으로 평가하는 것은 바람직하지 못하다. 자라나는 학생에게 획일적인 사고와 태도를 주입하는 것보다는 동서양 환경 사상을 비판적으로 이해하고 인간과 자연의 조화, 발전과 보전의 조화 문제를 심사숙고할 기회를 제공하는 것이 무엇보다 중요하다고 본다.

### 3) 현대 환경론 분류방식의 부적합성

일반적으로 환경윤리학은 결과론, 의무론, 덕윤리적 접근방식으로 분류되고 있다. 예를 들어 데자르댕(J. R. Desjardins)은 탈인간중심주의를 '자연법(또는 목적론적 전통)', 공리주의 전통, 의무론(의무와 권리의 윤리학)과 연관 지어 논의하고 있다(1997 참조). 이런 접근방식은 환경윤리의 규범적 성격을 규명하는 데 매우 적합하다. 하지만 중앙교육진흥연구소는 환경윤리학의 맥락에서 거의 논의되지 않은 방식, 이를테면 목적론, 의무론, 실용주의, 의무론으로 현대 환경론을 분류하고 있다(정완호 외, 2004, 149-151).

첫째, 중앙교육진흥연구소는 "인간도 다른 자연환경과 마찬가지로 신이 창조했지만, 특별한 존재로서 다른 환경보다 우선하며 자연을 지배하는 위치에 있다."고 전제한 후 "인간이 환경을 이용하는 것은 신의 목적을 달성하는 길"이라는 결론을 내리고 있다(149). 인간의 자연 지배를 비판하고자 했다면 화이트(L. White)의 비판(L. White, 1967, 1203-1207)을 싣는 것이 좋았다. 그는 창세기 1장 28절에 나오는 "자식을 많이 낳고 번성하여 온 땅에 퍼져서 땅을 정복하여라. 바다의 고기와 공중의 새와 땅 위의 모든 짐승을 부려라!"라는 구절이 자연 지배를 정당화하고 있다고 신랄히 비판한다. 만약 기독교 사상에 대한 비판이 아니라 환경보전에 역행되는 목적론을 비판하고자 했다면 아리스토텔레스의 목적론을 비판하는 것이 더 타당할 것이다.

아리스토텔레스는 모든 생명체에 고유의 선(good)이 있다고 본다. 예를 들면 식물의 선은 성장과 재생산에 필요한 영양적 기능을 수행하는 것이고, 동물의 선은 영양 이외에 자신의 욕구를 달성하고 식욕을 충족시키는 것이고, 인간의 선은 생각하고 숙고하는 삶을 사는 것이다. 그런데 이 선은 평등한 것이 아니다. 식물보다는 동물이, 동물보다는 인간이 더 높은 도덕적 지위를 가진다. 식물은 동물을 위해 존재하고, 여타 동물은 인간을 위해 존재한다(E. Hargrove, 김형철 역, 1994, 5에서 재인용). 하지만 아리스토텔레스의 목적론도 테일러(P.W. Taylor)에 와서는 생명평등주의 세계관으로 거듭난다. 그에 따르면 모든 생명체는 자기 나름의 선을 추구하는 개체로서 '목적론적 삶의 중심(teleological centers of life)' 이다(99-100). 여기서 말하는 목적론적 중심이란 바로 생명체 각각이 인간에 의지하지 않고 그 자체로 생명을 유지할 목적이 있다는 것을 의미한다.

둘째, 중앙교육진흥연구소는 의무론을 언급하면서 그 예로 슈마허(K. Schumacher)와 헨더슨(H. Henderson)을 거론한다(정완호 외, 2004, 149-151). 그러나 슈마허와 헨더슨은 행위의 동기를 강조하고 도덕적 의무와 권리의 관점에서 도덕성을 규정하는 의무론자가 아니다. 굳이 규정한다면 그들은 자연환경의 일부인 인간이 그 자신이 속한 자연환경을 보호하는 성품을 가지고 살아갈 것을 강조한 도덕윤리학자라고 할 수 있다. 특히 『작은 것이 아름답다』에서 슈마허는 대량생산이 아니라 많은 사람이 참여하는 인간 중심의 경제 패러다임을 강조하고, 인간의 욕망을 자제할 것을 주장한다.

셋째, 중앙교육진흥연구소는 '실용주의(pragmatism)' 란에서 인간은 "신이 설계한 거대한 기계"라 할 수 있는 환경을 인간 사회의 발전을 위해 잘 이용해야 한다고 언급하고 있다. 그러나 자연환경에 대한 이러한 이해는 실용주의라 할 수 없다. 실용주의는 선험적 지식보다는 현실적 경험을 중시하고 인간 생활이나 행위에서 유용한 결과를 가져다주는 관념을 진리로 인식하는 사상이다. 단순히 자연환경의 이용을 주장한다고 해서 이를 실용주의로 보는 것은 문제가 있다. 이러한 내용은 '목적론' 란에서 다루든지 하고, 굳이 표현한다면 '기계론적 환경론' 으로 표현하는 것이 더 적절할 것 같다(환경부, 2002 참조).

지금까지 살펴본 중앙교육진흥연구소의 목적론, 의무론, 실용주의에 대한 서술은 환경론의 분류방식이나 환경론의 내용적 측면에서 정합성을 갖기 어렵다. 필자는 이런 분류보다는 결과론적 환경윤리, 도덕윤리적 환경윤리, 의무론적 환경윤리 등으로 분류하는 것이 타당하다고 생각한다. 하지만 이런 전통적 분류방식은 인간 중심적 응용윤리에서 완전히 벗어날 수 없는 관계로 결국은 탈인간중심주의 전체론, 즉 생태학적 전체론이라는 새로운 장을 열어야 할 것이다.

## 나. 실천적 타당성[3]

### 1) 생태적 건강성의 원칙

'생태적 건강성의 원칙(principle of ecological soundness)'은 인간이 생태계의 수용 능력을 초과하지 않는 범위 내에서 문화생활을 영위하도록 하는 원칙이다. 생태적 건강성은 다음의 두 원칙을 하위 요소로 한다. 그 하나는 '지속 가능한 발전'의 원칙이고, 다른 하나는 '미래 세대 존중'의 원칙이다. 먼저 교과서에 나타난 지속 가능한 발전 관련 내용을 살펴보면 다음의 〈표 3〉과 같다.

고등학교 『생태와 환경』 교과서에는 생태적 건강성의 하위 요소인 '지속 가능한 발전'이 잘 반영되어 있다. 특히 중앙교육진흥연구소는 지속 가능한 개발을 위해서는 환경과 경제 간의 연관성을 확대하여 국민의 복지를 향상시켜야 함을 강조하고(정완호 외, 2004, 155), 대한교과서주식회사는 환경 용량의 범위 안에서 이루어지는 발전과 지속 가능한 변화를 이해하고 살아가도록 현재의 사람과 미래에 이 환경과 더불어 살아갈 사람들이 모두 노력해야 한다는 것을 지적하고(최석진 외, 2004, 203, 259), 교학사는 자연의 평형을 유지시키는 범위 안에서 환경을 이용하고, 자연과의 조화로운 삶을 지속해 나가자고 주장한다(김

---

3 졸고 「지속 가능한 미래사회를 위한 환경윤리교육」(사회과학연구 제5집, 2004, 45-67)을 수정·보완하여 환경윤리의 실천적 타당성을 세 가지 원칙에 따라 분석하였다.

**표 3** 교과서에 나타난 지속 가능한 발전 관련 내용

| 교과서 | 예문 |
| --- | --- |
| 생태와 환경 | · 지속 가능한 개발을 위해서는 환경과 경제 간의 연관성을 확대하여(중앙교육진흥연구소, 155)<br>· 환경 용량의 범위 안에서 이루어지는 발전과 지속 가능한 변화를 이해하고 살아가도록 현재의 사람과 미래에 이 환경과 더불어 살아갈 사람들이 모두 노력해야(대한교과서, 203)<br>· 자연의 평형을 유지시키는 범위 안에서 환경을 이용하고, 자연과의 조화로운 삶을 지속해 나가자.(교학사, 208) |
| 도덕 | · 환경 문제의 심각성을 재인식하고 '환경적으로 건강하고 지속 가능한 개발' 이 될 수 있는 방안을 논의하였다.(교육인적자원부, 32) |
| 시민윤리 | · '지속 가능한 개발' 이 우리 인류가 지향해야 할 중요한 목표로서 널리 알려지게 되었으며, 그 목표를 달성하기 위한 실천방안을 강구하고 이행 상태를 검토하기 위한 후속 회의가 열리고 있다.(교육인적자원부, 248) |
| 윤리와 사상 | · 생태계와 인간의 공존, 현재 세대와 미래 세대 간의 정의를 추구하는 '환경적으로 건전하고 지속 가능한 개발' 이라는 명제에 대한 진지한 성찰이 요구된다.(교육인적자원부, 70) |

영민 외, 2004, 208). 그리고 『도덕』은 리우회의에서 환경 문제의 심각성을 재인식하고, '환경적으로 건강하고 지속 가능한 개발' 이 될 수 있는 방안을 논의하였음을 소개하고(교육인적자원부, 2002b, 32), 『시민윤리』는 현재 '지속 가능한 개발' 이라는 목표를 달성하기 위한 실천 방안이 강구되고 그 이행 상태를 검토하기 위한 후속 회의가 열리고 있음을 소개하고 있다(교육인적자원부, 2003, 248). 그리고 『윤리와 사상』에서는 생태계와 인간의 공존, 현재 세대와 미래 세대 간의 정의를 추구하는 '환경적으로 건전하고 지속 가능한 개발' 이라는 명제에 대한 진지한 성찰이 요구된다고 역설하고 있다(교육인적자원부, 2004a, 70).

다음으로, 미래 세대에 대한 존중 원칙 역시 고등학교 교과서에 잘 서술되어 있다. 특히 『생태와 환경』 교과서에서는 '미래 세대의 환경권'을 보호해야 하고(정완호 외, 2004, 166), 지금의 환경은 우리 후손의 환경을 잠시 빌려 온 것이므로 미래 세대를 고려해 생태계를 보호해야 한다(최석진 외, 2004, 259; 김영민 외, 2004, 209)고 주장한다. 이러한 내용은 『도덕』과 『시민윤리』에 '막중한 책임'과 '평등한 생존권'을 언급하면서 강조하고 있다.(교육인적자원부, 2002b, 31; 교육인적자원부, 2003, 84). 이와 같은 내용은 학생들이 지속 가능한 미래 사회를 위한 가치관과 실천적 태도를 형성하도록 하는 데에 큰 기여를 할 것으로 보인다.

### 2) 정의의 원칙

어떤 환경 관련 행위나 환경정책은 다수에게 많은 경제적 혜택을 주어야 한다. 하지만 그렇다고 하더라도 그것이 사회적 약자에게 일방적인 불이익을 전가하는 것으로 작용해서는 안 된다. 비록 유용성의 원칙이 실현되더라도 분배의 정의가 유린된다면 이는 정당하지 못하다. 정의의 원칙(principle of justice)은 어떤 환경 관련 행위나 환경정책이 절차적으로 공정하면서 그 결과도 정의로워야 한다는 것을 의미한다. 정의는 인간 사회의 기본 덕목이다. 사회 구성원은 누구나 인간의 존엄성을 유지하면서 응분의 대우를 받고 살아가야 한다. 이를 위해서는 그 무엇보다도 절차적 공정성과 더불어 분배의 결과가 정당해야 한다.

정의의 원칙은 민주주의 절차를 요청하며 또한 자연 사용에 따른 혜택과 부담 분배가 공정하게 이루어지라고 요청한다. 자원 사용에 따른 이익과 불이익이 불공정하게 분배됨으로써 사회적 강자 집단, 예를 들면 선진국, 지배계급, 백인종, 남성, 성인, 현 세대 등이 경제적 이익을 누리고 사회적 약자 집단, 예를 들면 후진국, 피지배계급, 유색인종, 여성, 아동, 미래 세대 등이 경제적 손해를 입는다면 이는 부당한 것이다. 특히 여기서 우리는 미래 세대에 주목할 필요가 있다. 배리(Brian Barry)에 따르면 재생 불가능한 에너지 자원의 사용이 미래 세대의 자원 사용 기회를 제한한다면 우리는 미래 세대에게 보상을 해주어야 한다(1980, 23). 무엇보다도 우리는 미래 세대에게 쓸 수 있을 만큼의 에너지 자원을 남겨 줄 책임이 있다.

새만금 간척사업이나 천성산 터널 공사를 예로 들어보자. 이 정의의 원칙에 따르면 새만금 사업이나 천성산 터널 공사의 추진 절차는 공정하게 진행되고 그 결과 또한 정당해야 한다. 비록 다수 시민에게 이익이 되더라도 소수의 힘없는 사회적 약자나 미래 세대에게 불이익이 된다면 그것은 그릇된 것이며 정의롭지 못한 것이다.

정의의 원칙에 대한 구체적 논의는 교학사나 대한교과서주식회사에는 나타나 있지 않지만 중앙교육진흥연구소에는 나타나 있다. 중앙교육진흥연구소에 따르면 우리는 "환경정의를 추구하여야 한다."(정완호 외, 2004, 155). 지구 환경을 이용함으로써 얻을 수 있는 혜택과 그에 따르는 책임은 지구 공동체 누구나 공평하게 나누어야 한다는 것이다. 이러한 점에서 볼 때 중앙교육진흥연구소의 『생태와 환경』 교과서의 서술 내용은 실천적 타당성을 지니고 있다 하겠다.

### 3) 유용성의 원칙

유용성의 원칙(principle of utility)이란 공리주의의 원칙이다. 이 원칙은 우리가 어떤 환경과 관련이 있는 행위를 하거나 환경정책을 집행할 경우, 그것이 최대 다수에게 최대의 즐거움이나 행복을 가져다주어야 한다는 것이다. 이 원칙은 인간이 불가피하게 자연을 이용하더라도 그 이용의 과정에서 자연에 대한 부담을 최소화하고 인류 공동체 다수에게 많은 혜택을 제공하는 데 기여할 수 있다. 설령 그 혜택을 제공하지 못한다면 그것은 적어도 악을 완화하는 방향에서 이루어져야 한다. 이는 소위 '소극적 유용성의 원리'라고도 할 수 있다. 이 원리는 현재 세대는 물론이고 미래 세대의 고통과 즐거움에 대한 배려에도 적용할 수 있다(고창택, 2005, 384).

새만금 간척사업이나 천성산 터널 공사를 예로 들어보자. 만약 새만금 간척이나 천성산 터널 공사의 결과가 소수인 사업의 주체에게만 이익이 되고 다수에게는 공적인 이익을 제공하는 것이 아니라면 이 사업은 윤리적으로 부당하다. 따라서 새만금 사업이나 천성산 터널 공사에 들인 비용에 비추어 시민 다수가 그 이익을 최대로 향유할 수 있는가를 유용성의 원칙에 비추어 보아야 한다.

대한교과서주식회사는 '타인을 배려하는 이타(利他) 정신'과 '타인과 함께 살아간다는 공동체(共同體) 의식(意識)'을 환경에 대한 올바른 윤리적 태도로 구체적으로 제시하고 있다. 나만 편하고 나의 작은 이익을 얻기 위해서 타인뿐만 아니라 환경에도 피해를 주는 행동을 해서는 안 된다는 점도 지적하고 있다. 조금 귀찮더라도 타인과 환경을 위해서 오염 물질의 배출을 줄이고, 놀러 가서 쓰레기를 되가져오고 분리해서 버리며, 전화할 때 목소리를 줄이는 등의 태도가 필요함을 지적하고 있다(최석진 외, 2004, 203). 이처럼 고등학교『생태와 환경』교과서는 유용성의 측면에서 볼 때 대체로 만족할 만하게 서술하고 있다.

## 3. 지속 가능한 발전을 위한 도덕교육

### 가. 생태학적 원리의 교육적 의미

교육은 윤리적 성품을 함양하는 교육과정과 관련이 깊다. 윤리적 관점에 입각하지 않고 윤리적 관점을 기르지 못하는 교육이나 교수학습은 그 의미가 없다. 오르(D. Orr)는 생태학적 위기가 중요한 윤리 영역의 문제라는 생각에서 윤리와 생태학을 통합하고자 한다. 그는 사실의 문제를 다루는 과학적 영역과 가치의 문제를 다루는 윤리적 영역을 통합하고자 시도한 것이다(1992, 90). 윤리와 생태학의 통합을 강조하면서 환경교육을 주장한 학자는 오르뿐만이 아니다. 특히 카프라는 생태학적 패러다임의 특성을 참여적, 체계적, 전체론적(holistic)이라고 규정한 후 이 생태학적 패러다임에 기초한 환경교육을 제안하고 있다. 카프라는 구체적으로 상호 의존성, 생태학적 순환, 에너지 흐름, 협력, 탄력성, 다양성, 공진화(Coevolution) 등의 생태학적 원리가 학습공동체 내에서 가지는 의미를 다음과 같이 설득력 있게 밝히고 있다(C.A. Bowers, 1995, 206-207).

첫째, 생태계의 모든 구성원이 상호 의존하는 관계의 그물망 속에 연결되어 있듯이 학습공동체에서는 교사, 학생, 행정가, 부모, 기업체, 지역민은 관계의 네트워크에 연결되어 학습을 촉진하기 위해 공동으로 노력해야 한다.

둘째, 생태계의 구성원 사이에 물질과 에너지가 계속 순환하듯이 가르침 역시 정보가 순환되어야 한다는 것이다. 학습과 체계 속에서 교사와 학생은 모두 주인이다.

셋째, 태양계의 에너지가 모든 생태순환을 작동시키듯이 학습공동체는 사람들이 체계 속에서 자신이 차지하는 적소(niche)를 찾아 움직이는 열린 공동체이다.

넷째, 생태계의 모든 생명체가 서로 경쟁하고 협력하듯이 학습공동체의 모든 구성원은 민주적 협조를 아끼지 말아야 한다.

다섯째, 탄력적으로 생태 순환이 이루어지듯이 학습공동체에서도 역동적인 변화와 유동성이 존재한다. 시간마다 학습 주제는 변하고 학습환경 또한 재창조된다.

여섯째, 생태계의 안정성이 그물망의 다양성에 달려 있듯이 학생들이 다양한 학습양식과 전략을 사용하도록 격려해야 한다. 문화적 다양성은 학교를 진정한 공동체로 만드는 데 본질적이다.

일곱째, 대다수 종이 상호 작용을 통해 공진화하듯이 공동체 집단과 부모는 학교와 더불어 협력하면서 함께 발전한다고 할 수 있다.

## 나. 생태학적 패러다임과 생태학적 교육론

오르와 카프라가 윤리와 과학의 통합을 시도하거나 생태학적 원리와 학습원리의 유사성에 착안하여 생태학적 소양교육을 강조했다면, 밀러(J. P. Miller)는 생태학적 패러다임에 기초한 전체론적(holistic) 교육의 체계를 세웠다. 그가 말하는 전체론적 교육의 철학적, 심리학적, 사회적 배경은 다음과 같다(김현재 외 역, 2000, 2-4장 참조).

첫째, 전체론적 교육이론은 전체론적 관점에서 접근한 교육철학이다. 생태학적 패러다임의 기초를 이루는 전체론(holism)은 전체와 관계, 그리고 과정을 중시한다. 여기서 전체는 요소 부분의 단순 합을 넘어서는 것이다. 따라서 전체론은 우주 안에 있는 모든 실재가 눈에 보이지 않는 통일성이나 전체 연관성에 의해 결합되어 있다고 보는 영원의 철학에 근원을 두고 있다. 우리가 이 전체론을 수용할 때 우리는 통일성을 찾기 위해 묵상과 명상을 통해 직관을 기를 필요가 있으며 난관을 극복하기 위해 사회봉사 활동을 전개할 필요가 있다.

둘째, 전체론적 교육이론은 개인초월적 심리학(transpersonal psychology)에 기반을 두고 있다. 자기초월적 심리학에 따르면 인간의 성장은 자아(ego)의 확립, 실존의 자각, 자기 실현(self realization)에서 끝나는 것이 아니라 이웃 공동체 인류 생태계 지구 우주와의 일체감과 동일성을 확립하는 데 있다. 즉 개인 초월의 단계까지 도달하는 데 있다. 그리고 이러한 성장은 동양적인 만물 일원론적 존재관과 불교의 선의 깨달음, 신비주의와 초의식과 같은 개념에 근거하고 있다.

셋째, 전체론적 교육이론은 산업사회에서 발생한 분절과 분열의 탈맥락적인 기존의 교육적 시각에서 벗어나 생태 속에서의 정체성을 가치있게 여긴다. 자연은 상호 의존적인 시스템으로 구성되어 있기 때문에 각 수준에서 여러 부분으로 이루어진 통합적이고 자기 조직적인 전체가 존재하며, 동시에 이러한 전체는 거대한 전체의 부분으로 작용한다고 본다. 그리고 자연세계와 인공세계의 공존할 수 있게 하는 인간적 규모(human scale)의 조직을 선호하는데, 그 조직의 핵심적인 가치로 개인의 자기 실현, 공동체 성원 간의 협력, 자연과의 조화, 권력의 분산, 자급자족을 들고 있다.

이와 같이 밀러(J. P. Miller)가 제시한 전체론적(holistic) 교육론은 문자 그대로 전체론적 교육관 혹은 생태학적 교육관이라 할 수 있다. 그러면 이제 그가 전체론적 교육과정의 핵심 요소로 파악하고 있는 균형, 포괄 그리고 연관에 대해 살펴보자(김현재 외 역, 2000, 1장 참조). 그가 말하는 균형이란 아동의 감성, 합리성, 영성이 적절한 관계를 맺고 있는 상태를 의미한다. 그리고 포괄이란 전달과 교류의 학습을 포함하면서도 이를 넘어서는 것으로 학습자의 전인적 발달에 부응하는 변용적 학습(transformational learning)이 대표적인 형태이다. 변용적 학습은 총체적 언어 교수법, 창의적 문제해결 그리고 협동 학습을 촉진하는 내용을 포괄하고 있기 때문에 교사와 학습자로 하여금 다양한 유형의 연관을 맺도록 유도한다. 마지막으로 연관은 사고와 직관을 통합하고 심신의 관계를 지각하며 개인과 공동체의 관계를 중시한다. 그리고 개인적 자아를 초월하여 지구 생명체와 일체감을 느끼는 큰 자기 실현으로 확장한다. 이처럼 밀러의 전체론적 교육과정은 개인과 지구 공동체가 생명적으로 연관을 맺고 있다고 여기는 관계성을 핵심으로 하고 있기 때문에 이는 지속 가능한 발전을 위한 도덕교육의 학습원리로서 바람직하다고 여겨진다(한면희, 2004: 334).

이제 생태학적 교육론으로서 전체론적 교육론이 가지는 장점을 전통적 교육론과의 비교를 통해 살펴보자. 이를 정리하면 다음의 〈표 4〉와 같다(日本ホリスティック教育研究會, 송민영 · 김현재 공역, 1999, 44-45).

첫째, 생태학적 교육론은 기본적 교육관의 측면에서 볼 때 관계성, 순환성을 기본으로 삼는다. 전통적인 교육론이 교육자와 피교육자를 구분하고 교육자가 일방적으로 피교육자에서 지식을 전달함으로써 피교육자로 하여금 지식이나 기능을 축적하도록 하는 데 초점을 맞추는 것에 반해, 생태학적 교육론은 학습이 이루어지는 관계를 강조하고 교육자와 피교육자 사이에 이루어지는 상호 작용 및 학습자와 세계 사이에 맺어지는 다양한 관계의 변용 과정에 초점을 맞춘다.

둘째, 교육내용과 학습방법의 측면에서 볼 때 전통적 교육론은 교육내용을 교과목으로 세분하고 사실이나 명시적인 지식을 중시하며 지적 작업에 의한 학습을 중심으로 한다. 그리고 경쟁의 원리, 효율성, 경쟁을 중시하며 고정적인 스케줄에 따라 계획적인 학습을 의도한다. 이에

**표 4** 전통적 교육론과 생태학적 교육론의 비교

| 전통적 교육론 | 생태학적 교육론 |
|---|---|
| **기본적 교육관** | |
| · 교육자(주체)와 피교육자(객체)의 구별<br>· 교육자의 일방성<br>· 학습자 내부의 지식, 기능의 축적 과정 | · 학습의 장(場)과 관계성 강조<br>· 교육자와 학습자의 순환적, 상호 작용적 관계 형성<br>· 자기와 세계와의 다중적 관계의 변용 과정 |
| **교육 내용 / 학습방법** | |
| · 학력에 대한 부분적 이해<br>· 교육 내용이 교과목으로 분할 세분화됨<br>· 사실, 일반, 법칙, 명시적인 지식 중시<br>· 지적 작업에 의한 학습 중심<br>· 경쟁의 원리<br>· 효율성, 결과 중시<br>· 고정적 스케줄, 시간 배정, 계획적 학습 | · 학력에 대한 전체적 이해<br>· 종합 학습, 주변 주제에 의한 교과의 통합 학습<br>· 의미, 가치, 깨달음, 암묵지(暗默知), 정신성 중시<br>· 직관, 신체, 이미지 등 체험학습 중심<br>· 상호 의존, 상호 협력, 협동의 원리<br>· 과정 중시<br>· 만남, 유연성, 유동성, 비연속적 학습 |
| **학습자관** | |
| · 합리적 지성 중시, 심신의 분리<br>· 인재, 조작 대상자<br>· 독립적 개인, 자기 완결적 존재<br>· 외적 동기 부여, 통제의 필요성 인정<br>· 무한의 일반적 가능성 | · 지정의, 심신, 의식/무의식 등의 통합<br>· 전체로서의 인간, 전인격적 책임의 상대<br>· 관계 속의 개인, 상호 의존적 자율성 인정<br>· 내적 동기, 자기 학습 능력의 내재 인정<br>· 특수적인 개성적 잠재력 평가 |

비해 생태학적 교육론은 통합적 교육을 하고자 하며 의미, 가치, 깨달음 등 정신성을 중시하며 다양한 체험을 강조한다. 그리고 상호 의존, 상호 협력, 과정 등을 중시하며 만남, 유연성을 강조하기 때문에 비연속적 학습도 용인된다.

셋째, 전통적 교육론과 생태학적 교육론은 학습자관에서 극명한 차이를 보인다. 전통적인 교육론은 이원론적 세계관에 기초하여 심신의 분리를 꾀한다. 그리고 피교육자를 조작의 대상자로 간주하며 자립적(자율적) 인간 양성을 목표로 삼으며 외적 동기 부여가 중시되고 개개인의 특수한 가능성보다는 일반적인 가능성을 강조하는 경향이 있다. 이에 비해 생태학적 교육론은 전체론적(생태학적) 세계관에 입각해 심신의 통합을 주장하며 전체로서의 인간, 전인격적인 인간 양성을 목표로 삼는다. 그래서 관계 속의 개인, 상호 의존적인 자율성을 강조하고 내적 동기를 중시하며 특수한 개성적인 잠재력을 높이 평가한다.

이와 같이 밀러의 전체론적 교육론은 생태학적 교육론으로서 관계 · 상호 의존 · 과정을 강조하기 때문에 기계론적(분리주의적) 패러다임에 기초한 전통적 교육론보다 지속 가능한 발전을 위한 도덕교육의 패러다임으로서 손색이 없다고 생각한다.

## 다. 생태학적 교육론에 따른 도덕교육

'지속 가능한 발전' 개념은 종종 인간 중심적 개념으로 비판을 받곤 한다. 지속 가능한 발전이 기존의 경제성장과 환경보전의 갈등을 해결하고자 하고 인간과 자연의 공생을 도모한다는 점에서는 장점이 있으나 궁극적으로는 인간의 이익, 선진국의 이익을 위한 지속 가능성이라는 점에서는 한계를 가진다는 것이 대표적인 비판이다. 이러한 한계에도 불구하고 필자는 생태적으로 건강한 인류의 역사를 만들어가기 위해서는 지속 가능한 발전 교육으로서의 도덕교육이 절실히 필요하다고 생각한다. 여기서는 지속 가능한 발전을 위한 도덕교육의 기본 방향에 대해서 논의하고자 한다(정윤경, 2004, 194-195; 유병열, 2004, 295-301).

첫째, 도덕교육이 진정한 의미에서 지속 가능한 미래 사회를 건설하는 데 기여하기 위해서는 생태학적 패러다임에 입각한 생태학적 환경교육이 되어야 한다. 오늘날 환경 문제를 근본적으로 해결하기 위해서는 자연과 인간을 분리하는 이원론적, 기계론적 세계관, 인간중심주의에서 벗어나야 한다. 그리고 이러한 바탕 위에서 도덕교육 시행되고 환경정책 또한 지속 가능한 발전을 지향하는 방향 속에서 수립되고 집행되어야 할 것이다.

둘째, 지속 가능한 미래사회 건설을 위한 도덕교육은 각국이 처한 사회 · 문화적 맥락을 반영하는 것이어야 한다. 선진국이 주도하고 결정한 강령을 모든 국가가 환경정책이나 도덕교육의 목적으로 삼는다는 것은 선진국 우위의 세계질서를 고착화하는 결과를 가져올 뿐이다. 도덕교육은 경제개발과 환경보전에 관련된 다양한 정치적 · 사회적 논의를 소홀히 하지 않는 정치사회교육의 성격을 포함해야 한다.

셋째, 도덕교육은 '지속 가능한 발전'에 머무르지 않고 이를 뛰어넘어 자연과 인간의 공생, 생명 존중의 가치관과 생명윤리의 신념화 교육에 초점을 맞추어야 한다. 도덕교육은 '지속 가능한 발전'이라는 목적 달성을 위한 단순한 도구나 수단으로 간주해서는 안 된다. 도덕교육은 지속 가능한 발전이라는 환경정책을 세우고 그것에 도달하기 위한 수단일 수 없다. 진정한 의미의 도덕교육은 학생으로 하여금 생명을 존중하는 가치관과 생명윤리를 신념화하도록 해야 하며, 자연친화적인 삶에 필요한 지식과 기능을 갖추도록 해야 한다.

넷째, 도덕교육은 궁극적으로 생태학적 실천을 이끌어낼 수 있는 '생태학적 소양교육'이 되어야 한다. 생태학적 이론이나 사실을 다루는 명제적 지식만이 아니라 변화를 이끌어내는 데 필요한 이해와 태도를 기르고, 더 나아가 실천력을 기르는 교육이 되어야 한다는 것이다. 이는

'생태적 정체성(ecological identity)' 확립교육이나 '생태공동체 의식'의 함양교육과도 연결할 수 있다. 여기서 말하는 생태적 정체성이란 자연환경과 생태적 관계에 대해 개인이 독특하게 가지고 있는 인식, 직관, 정의적 태도 등을 의미한다. 생태적 정체성을 지닌 사람들은 자신의 개성, 가치, 행동, 자아를 지구환경과의 관련 속에서 해석하게 된다(M. Thomashow, 1995, 3-4). 이런 사람들은 지구와 자신의 관계, 생태계에 대한 인식, 직접적인 자연 체험을 통해 자신의 삶을 이해하고 자신을 자연의 일부로 받아들이며 환경이 더 이상 훼손되거나 오염되지 않도록 노력할 것이다(정종호, 2000, 27-28). 그리고 생태적 정체성을 가진 사람들은 자연스럽게 생태계를 하나의 도덕공동체로 인식하고 자신이 생태계의 한 구성원이라는 자각하에 생태계를 존중하고 자신의 역할과 책임을 다하는 생태공동체 의식을 형성하게 될 것이다.

## 라. 기본 내용 구성

지속 가능한 발전을 위한 도덕교육이 생태학적 패러다임에 입각한 생태학적 도덕교육, 정치사회교육, 인간과 자연의 공생을 추구하는 가치관교육, 생태학적 소양 함양교육의 성격을 지녀야 한다면 이러한 도덕교육의 내용은 어떻게 구성되어야 하는가? 여기서는 인지적, 정의적, 행동적 측면에서 간략히 논의하고자 한다.

첫째, 인지적 측면에서 도덕교육의 내용은 생태학적 지식과 이해에 기초해 자연과 더불어 살아가는 데 필요한 지적 기능을 길러줄 수 있도록 구성되어야 한다. 예컨대 지식의 측면에서는 생태계의 보전과 생물종 다양성, 생물체의 생육권, 자연의 본래적 가치와 권리, 자연의 한 구성원으로서 인간의 형이상학적 · 도덕적 지위, 생물공동체의 선(통합성,

안정성, 아름다움), 인간과 자연의 상호 관계성 등을 학생이 이해하고 깨달을 수 있도록 도덕교육의 내용이 구성되어야 한다. 그리고 지적 기능의 측면에서는(유병열, 2004, 303-304) 환경과 환경 문제와 관련된 사실 탐구의 기능, 도덕적 사고와 판단 기능, 비판적 사고 기능, 합리적 의사결정 기능, 사실과 탐구에 필요한 적절한 과정 절차적 기능, 공적 토론과 갈등의 창조적 해결 기능 등을 기를 수 있도록 도덕교육의 내용이 구성되어야 한다.

둘째, 정의적 측면에서 도덕교육의 내용은 학생들이 생태학적 감수성과 상상력, 내적 통제력을 키울 수 있도록 구성되어야 한다. 인간은 자연환경 속에서 살아가면서 끊임없이 무엇인가를 느끼고 생각하며 영감을 얻는다. 여기서 '더불어 살아간다'는 것은 서로 배려한다는 것 또한 포함한다. 배려하는 마음은 나 아닌 다른 인간에 대한 애정이라고 할 수도 있고 인간 이외의 자연환경에 대한 애정이라고도 할 수 있다. 이러한 인간에 대한 애정, 자연환경에 대한 애정은 포괄적 의미에서 감수성의 영역에 속한다. 이 감수성은 두 요소로 이루어졌다고 할 수 있다. 그 하나는 자연환경으로부터 받은 인상이나 느낌으로 인해 얻어지는 생태학적 감수성(ecological sensibility)이고, 다른 하나는 심미적 감수성(aesthetic sensibility)이다. 생태학적 감수성은 생태학적 불감증의 반대 의미로 자연환경에 대한 일체감이나 정체성, 자연환경과 하나가 되고 조화를 이루는 감정이나 느낌으로 정의할 수 있다. 심미적 감수성은 자연과의 교감을 통해 느끼는 감정으로 자연을 경외하고 존중하며 아름답게 느끼는 가치감을 의미한다. 이러한 생태학적 감수성과 심미적 감수성이 쌓이면 자연스럽게 무한한 생태학적 상상력이 발휘될 것이다. 그리고 내적 통제력이란 환경 문제와 관련해서 어떤 통제를 가할 수 있는 효능감을 의미한다. 자신의 내면에 이러한 통제력이 있다는 신념을 지닐 때 학생들은 환경 문제나 환경 쟁점에 대해 적극적인 입장을 취하고 적극적으로 행동할 수 있을 것이다.

셋째, 행동의 측면에서 도덕교육의 내용은 단순한 생태학적 지식을 제시하는 선에서 구성되는 것보다는 자신의 생활 속에서 실천할 수 있도록 구체적으로 구성되어야 한다. 학생들이 생태학적 세계관을 실천에 옮길 수 있는 구체적인 사례를 제시하는 것이 바람직하다는 것이다. 그리고 진정으로 지속 가능한 발전에 기여하는 실천적 삶을 사회 속에서 구현하기 위해서는 자연 사랑과 존중의 품성이 선행되어야 한다고 생각한다. 그러면 자연 사랑과 존중의 품성에는 어떤 것이 있을까? 여기에는 무절제한 욕망과 과소비를 억제하는 절제, 미래 세대에게 쾌적한 환경을 물려주고자 하는 책임, 자연의 본래적 가치를 인정하고 그에 합당하게 대우하는 존중과 배려와 공정성으로서의 정의, 환경 파괴와 위기에 굳건히 맞설 수 있는 용기 등의 성품이 포함될 수 있다.

요컨대 도덕교육은 생태학적 지식과 지적 기능을 기초로 생태학적 감수성과 상상력, 내적 통제력을 키우고 지속 가능한 발전에 기여하는 자연친화적 삶을 실천에 옮길 수 있도록 구체화해야 할 것이다.

지금까지 지속 가능한 발전의 개념, 지속 가능한 발전 교육으로서 도덕교육의 의미와 특징을 살펴본 후 제7차 교육과정 고등학교 교과서 『생태와 환경』, 『도덕』, 『시민윤리』, 『윤리와 사상』의 환경윤리 관련 단원을 이론적 정합성과 실천적 타당성의 측면에서 중점적으로 분석해보았다. 그 분석 결과 고등학교 교과서의 환경윤리 관련 내용은 전반적으로 지속 가능한 발전에 기여할 수 있는 방향에서 구성되어 있었다. 하지만 이론적 정합성의 측면에서 볼 때 생태 중심적인 세계관의 무비판적 수용, 동서양 자연관에 대한 이분법적 평가, 현대 환경론의 부적합한 분류가 문제점으로 떠올랐다. 그러나 환경윤리의 실천적 타당성을 생태적 건강성의 원칙(지속 가능한 발전, 미래 세대 존중), 정의의 원칙, 유용성의 원칙의 관점에서 분석한 결과 그 환경윤리 관련 단원의 내용은 적합한 것으로 밝혀졌다. 이와 같이 고등학교 교과서의 내용이 이론적으로는 다소 정합성이 약하지만 실천적 타당성이 강한 이유는 그 내용이 지속 가능한 발전, 미래 세대에 대한 존중, 환경정의의 실현, 궁극적으로는 생태학적 · 자연친화적 삶의 태도를 강조하고 있기 때문이다.

생태학적 · 자연친화적 삶의 태도를 강조하는 도덕교육은 지속 가능한 발전이라는 시대적 과제의 실행에 크게 부응한다고 할 수 있다. 이에 우리는 도덕교육이 생태학적 패러다임에 입각한 생태학적 환경교육, 각국이 처한 사회 · 문화적 맥락을 반영하는 정치사회교육, 자연과 인간의 공생 추구 및 생명 존중의 가치관 형성교육, 생태학적 실천을 이끌어낼 수 있는 생태학적 소양교육의 틀 속에서 이루어지도록 최선의 노력을 다해야 한다. 또한 우리는 학생들이 생태학적 지식과 지적 기능을 기초로 하여 생태학적 감수성과 상상력, 내적 통제력을 키우고 궁극적으로는 자연친화적 삶을 실천에 옮길 수 있도록 도덕교육의 내용을 개발하고 구체화하는 데 힘써야 할 것이다.

4장

# 가치명료화를 통한 도덕교육*

우리는 가치관과 관련된 여러 질문을 받곤 한다. 이 경우 자신의 입장을 명확히 밝히는 사람이 있는가 하면 그렇지 못하는 사람도 있다. 전자는 가치관을 형성한 사람이라 할 수 있고 후자는 가치관을 아직 형성하지 못했거나 형성하는 과정에 있는 사람이라 할 수 있다. 초등학생은 대부분 후자에 속한다고 할 수 있다. 그래서 초등학생을 대상으로 한 도덕교육은 가치교육에 세심한 관심을 기울여야 할 것이다.

사실 가치관의 형성은 도덕교육의 주요 과제 중 하나이다. 특히 가치관이 형성되어가는 과정에 있는 초등학생을 대상으로 하는 도덕교육에서는 말할 필요도 없다. 2007년 개정 도덕과 교육과정은 도덕적 주체로서의 개인이 인간관계에서 혹은 사회(국가, 지구공동체 포함)와의 관계에서 발생하는 가치 문제뿐만 아니라 이를 넘어선 자연 · 초월적 존재와의 관계에서 발생하는 가치 문제를 도덕교육의 내용에 포함하고 있다.

그런데 자연 · 초월적인 존재와의 관계 영역(이하 제Ⅳ영역)에서 다

* 이 글은 필자의 논문 「가치명료화 접근방식에 따른 초등학교 도덕 수업」(『초등도덕교육』 제31집, 2009, 87-116)을 수정 · 보완한 것이다.

루어야 할 가치 문제는 한편으로 인지적 발달단계상 구체적 조작기에 해당하는 초등학생에게는 다소 어려운 주제이며, 다른 한편으로 인간과 인간 사이에서 발생하는 가치 문제를 뛰어넘어 자연관이나 신앙심과 같은 더욱 형이상학적 차원의 가치 문제를 다룬다는 점에서 도덕과 교육의 정체성을 강화하는 데는 오히려 장애가 될 수도 있다(김종국 외, 2008, 121-122 참조).

본 장에서는 먼저 가치교육의 필요성과 가치명료화의 교수 전략을 살펴보고, 제Ⅳ영역을 효과적으로 가르치기에 적합하다고 사료되는 가치명료화 접근방식을 기본형과 의사결정형으로 나누어 검토한 후 이 두 가지 접근방식에 따른 초등학교 도덕과 교실 수업의 방향을 제안한다.

## 1. 가치교육의 필요성과 가치명료화 교수 전략

### 가. 통합적 가치교육의 필요성

오늘날 우리 사회는 급속한 물질적 발전보다 도덕적, 정신적 발전이 지체됨에 따라 물질만능주의, 비인간화와 인간소외현상 등의 문제가 급증하고 있다. 다시 말해 우리 사회는 다원화, 정보화 추세에 상응하는 가치관을 발전시키지 못한 채 이념갈등, 가치갈등 등의 문제를 겪고 있는 것이다(교육과학기술부, 2008a 참조).

이와 같은 가치갈등의 상황 속에서 자라나는 학생들을 대상으로 하는 도덕교육은 가치관 교육에 힘을 기울여야 한다. 그렇다고 해서 도덕교육이 학생들에게 특정 가치관을 획일적으로 전수하거나 강요해야 한다는 말은 아니다. 도덕교육에서 가치상대주의도 문제이지만 가치주입이나 교화 역시 문제라 할 수 있다. 도덕교육은 한편으로는 학생의 자유로운 가치 선호와 선택을 존중하고, 다른 한편으로는 사회적 상호 작용을 통한 상호 주관성의 확보 기회를 제공해야 한다. 그렇게 되면 학생들은 통합적 가치관을 형성하여 일관되고 바람직한 삶을 영위할 수 있을 것이다.

## 나. 가치화 과정과 가치명료화 교수 전략

전통적인 가치교육은 특정 가치와 신념을 학생들에게 주입하여 내면화하는 것을 목표로 삼았다. 이를 위해서 교사는 과장된 역사적 사건, 영웅담, 교훈적 이야기 등을 교육 제재로 사용하였다. 그런데 이러한 전통적인 가치교육은 학생들의 자유로운 분석과 선택을 배제하고 교화(indoctrination)시킨다는 점에서 많은 비판을 받아왔다. 콜버그는 이러한 성격의 가치교육을 관습적인 '덕의 보따리'를 주입하는 교육이라고 비판한 바 있다(L. Kohlberg, 김민남 외 역, 2004, 39-40).

관습적 문화유산이나 덕을 일방적으로 주입하는 가치교육을 비판하기는 가치명료화 이론가도 마찬가지이다. 래스(L. E. Raths) 등은 모델링, 설득, 문학 활용, 양심 호소 등의 방법을 통한 전통적인 가치교육은 주입 또는 교화의 위험이 있기 때문에 현대의 다원주의 사회에서는 적합하지 않다고 비판한다. 그들은 학생들이 자신의 가치를 조사하여 명료화하게 드러내도록 도와주는 가치화(valuing) 과정을 강조하는데, 그 기본 과정을 살펴보면 다음과 같다(L. E. Raths, M. Harmin & S. B. Simon, 1978, 28).

〔1. 선택 단계〕 심사숙고하여 행동과 삶의 방향을 결정한다.

① 자유롭게 선택하기

② 여러 대안으로부터 선택하기

③ 각 대안에 따른 결과를 심사숙고하여 선택하기

〔2. 존중 단계〕 선택한 바를 소중히 하면서 기꺼이 실행하고자 한다.

④ 선택한 바를 소중히 하고 기뻐하기

⑤ 선택한 바를 다른 사람에게 기꺼이 확언하기

〔3. 행동 단계〕 선택하고 존중하는 것을 행동으로 옮긴다.

⑥ 선택한 바를 행동으로 옮기기

⑦ 삶의 양식으로서 반복하여 행동하기

앞에서 살펴본 래스(L. E. Raths) 등에 따르면 학생들은 가치화 과정을 통해 목적(단기적인 계획 또는 희망), 포부(장기적인 목적 또는 계획), 태도, 관심, 감정, 신념 및 확신, 활동, 걱정 등과 같은 '잠재적 가치(value indicator)'가 '진정한 가치(value)'로 발전한다. 이와 같이 가치명료화는 기본적으로 전수하고자 하는 가치규범의 내용 그 자체보다는 가치 문제에 대해 사고하는 과정이나 절차(형식)를 강조한다. 도덕적 원리나 덕목 그 자체보다는 가치화의 과정을 중시한다는 것이다.

래스 등의 가치명료화 옹호자에 따르면 어떤 궁극적이고 절대적인 도덕원리란 존재할 수 없으며 다양한 가치원리가 공존할 뿐이다. 그리고 그들은 가치를 개인적 경험의 산물로 보며, 주로 개인적인 관심사나 개인이 선호하는 가치 문제를 다룬다. 여기서 말하는 가치는 개인의 경험을 바탕으로 하며 항상 상황의존적인 속성을 지닌다. 그래서 가치명료화 이론은 가치분석 이론과는 달리 가치선택의 근거나 정당성을 밝히는 논리적 차원에 중점을 두기보다는 심리적 측면에 중점을 둔다고 할 수 있다. 이러한 점에서 가치명료화 이론을 적용하는 초등학교의 도덕 수업은 가치의 문제를 학생 개인의 문제로 바라보게 함으로써 개인의 정체성과 가치관 확립 및 책무성 강화에 도움을 준다(최용규 외, 2005, 256-257).

그러나 래스(L. E. Raths) 등의 가치명료화 접근방식은 개인이 내린 가치선택의 과정이 과연 적절한가를 판단할 수 있는 기본적 가치 또는 보편적 원리를 제시하지 못한다는 점에서 ① 가치 상대주의를 범하고 있으며, 개인의 선호 · 감정에 따른 가치 선택을 강조한다는 점에서 ② 윤리적 불일치나 가치갈등을 해결할 방법이 없고, ③ 사회적 측면이나 객관적 가치를 고려하지 않는다는 한계를 지닌다(정호범, 1997, 153).

커센바움은 이와 같은 래스 등의 가치명료화 접근방식이 지닌 한계를 지적하고 가치화의 과정을 다음과 같이 다섯 가지 단계로 확장하고 있다(H. Kirschenbaum, 1974, 92-110).

〔1. 느낌의 단계〕

① 내적 경험 수용하기 — 자신의 내적 경험 자각하기, 자신의 내적 경험 수용하기, 억압적 감정 제어하기, 긍정적 자기 개념 갖기

〔2. 사고의 단계〕

① 일곱 가지 수준에서 사고하기 — 기억, 치환, 적용, 해석, 분석, 종합, 평가

② 비판적으로 사고하기 — 사실과 의견 구분하기, 근거가 충분한 논증과 충분하지 못한 논증 구분하기, 선전과 상투적 문구 분석하기

③ 논리적 사고하기

④ 창의적 사고하기

⑤ 기초적인 인지기술 활용하기 — 언어 사용, 수학적 기술, 연구 기술

〔3. 의사소통의 단계(언어적, 비언어적)〕

① 명확한 메시지 전달하기

② 공감적으로 경청하기

③ 요점 찾아내기

④ 명료하게 질문하기

⑤ 피드백 주고받기

⑥ 갈등 해결하기

〔4. 선택 단계〕

① 대안을 찾고 고려하기

② 대안의 결과를 심사숙고하기

③ 전략적으로 선택하기 — 목표설정, 자료수집, 문제해결, 계획수립

④ 자유롭게 선택하기

〔5. 행동의 단계〕

① 반복적으로 행동하기

② 일관성 있게 행동하기

③ 기술적으로 능숙하게 행동하기

지금까지 살펴본 커센바움의 가치화 과정은 다음과 같은 특징이 있다. 첫째, 커센바움의 가치화 과정은 사고의 단계, 의사소통의 단계를 설정하고 있다는 점에서 앞에서 살펴본 래스 등의 가치화 과정과는 다르다. 특히 사고의 단계에서 제시된 일곱 가지 수준에서 사고하기, 비판적으로 사고하기, 논리적 사고하기, 창의적 사고하기, 기초적인 인지기술 활용하기 등은 가치명료화 이론의 치명적 약점이라 할 수 있는 가치상대주의, 가치선택에 따른 윤리적 불일치 등의 한계를 극복하는 데 도움을 주고 궁극적으로 문제해결력과 의사결정력을 기르는 데 기여할 수 있다.

둘째, 커센바움이 개인의 내적 감정을 자각하고 수용하는 과정을 가치화의 한 단계로 설정한 것은 개인이 좋아하는 가치를 단순히 선택하고 이를 행동에 옮기는 것을 뛰어넘어 매슬로(A. H. Maslow)가 말하는 자기 실현을 목표로 삼고 있음을 암시하고 있다. 다시 말하면 커센바움은 가치화 과정을 개인이 선호하는 가치를 드러내는 과정으로 보기보다는 자아를 실현하는 과정으로 이해하고 있는 것으로 보인다(諸富祥彦, 2005, 53-54 참조).

셋째, 래스 등의 일곱 가지 가치화 과정은 진정한 가치가 되기 위해 반드시 거쳐야 하는 기준임에 비해 커센바움의 단계는 말 그대로 과정(Process)이라 할 수 있다. 커센바움은 일곱 가지의 외적 기준에 따라 가치를 선택하도록 하는 래스의 권위적 가치명료화 방식을 거부하고 그 대신 자유로운 사고 · 감정에 따라 가치를 선택해야 함을 강조한다. 이와 같이 커센바움의 이론은 어떤 특정 틀에 얽매이지 않고 자유롭게 개인의 사고 · 감정 · 선택의 과정을 권장하고 있다는 점에서 학생의 자율성, 자기결정력 등을 신장시키는 도덕교육의 방법으로 적합하다고 할 수 있다(諸富祥彦, 2005, 54-56 참조). 요컨대 커센바움의 가치명료화 접근방식은 오늘날과 같은 가치다원주의, 지식정보화 시대를 슬기롭게 헤쳐나갈 수 있는 자율성, 자기결정력, 문제해결력, 의사결정력 등을 신장하는 데 안성맞춤이다.

## 2. 가치명료화의 두 가지 접근방식

도덕과는 '자율적이고 통합적인 인격 형성'을 목표로 삼는다(교육과학기술부, 2008a 참조). 여기서 자율이라 함은 옳고 바른 일을 합리적인 판단과 굳은 의지를 바탕으로 스스로 실천해가는 것을 말하며, 통합적이라 함은 인지적 · 정의적 · 행동적 측면을 고르고 조화롭게 갖추면서 성숙해가는 것을 뜻한다. 이러한 목표를 달성하기 위해서 우리의 도덕교육은 ① 도덕적 지식을 단순히 주입하기보다 가치다원주의, 지식정보화 시대를 슬기롭게 헤쳐나갈 수 있도록 자기 실현(혹은 자기 책임감)의 기회를 제공하고, ② 스스로 문제를 발견하고 해결할 수 있는 문제해결력이나 의사결정력을 신장시키는 것이 필요하다. 가치명료화는 바로 이 두 가지의 능력을 신장시키는 데 기여할 수 있다.

## 가. 자기 실현의 기회 제공

### 1) 이론적 배경

가치명료화는 자신을 더욱 자신답게 만들어주는 자기 실현의 이론이라 할 수 있다(諸富祥彦 編著, 2005, 19). 자신의 내면의 목소리에 귀를 기울이고 그 내면의 메시지에 따라 살아갈 수 있도록 도와주는 것이 바로 가치명료화이다. 가치명료화는 다른 사람(부모나 교사)의 기대에 따라 살아가도록 하는 것이 아니라 자신이 살아가고 싶은 삶을 실현하도록 돕는다.

가치가 다양하고 정보가 범람하는 현대사회는 어떻게 살아가야 하는지, 어떻게 사는 것이 좋은 삶인지를 알려주지 않는다. 현대사회에는 너무나 다양한 삶의 방식이 존재한다는 바로 그 이유에서 어떤 삶의 방식에 따라 살아가는 것이 바람직한지 알 수 없을 정도로 복잡하다. 이처럼 다양한 가치와 정보가 넘쳐나는 현대사회를 살아가기 위하여 무엇보다 필요한 것은 자신의 삶의 방식을 선택할 능력, 자신의 인생을 스스로 만들어가는 능력이다(諸富祥彦, 2005, 18).

그런데 여기서 말하는 '선택'이란 단순히 추이에 따라 선택하는 것을 의미하지 않는다. 이는 주체적이고 자각적으로 선택하는 것이다. '나는 이것을 선택했다'라는 실감과 이해가 따르는 선택이다. 가치명료화는 이러한 주체적이고 자각적인 선택에 의한 '자기 형성'의 능력을 길러주는 데 안성맞춤이다. 이러한 자기 형성의 능력은 자신의 문제를 스스로 결정하고 그것에 대한 책임을 자신이 진다는 자주나 자기 책임의 정신과 관련이 있다.

그렇다면 우리는 어떻게 하면 학생의 자기 실현 능력을 신장할 수 있는가? 일차적으로 그것은 무엇이 자기다운 것인지를 인지하도록 돕는 것이다. 즉 자신이 어떠한 삶을 살고 싶고 무슨 가치를 추구하고 싶은지를 자각하도록 돕는 것이야말로 자기 실현 능력을 신장시키는 방법이다. 여기서 자각은 자신이 어떤 가치를 중요하게 생각하는가를 명확히 알고 느낀다는 것을 의미하는 개념이다. 따라서 가치명료화를 활용한 도덕 수업은 가치의 내면화가 아니라 이미 암묵적으로 마음속에 자리잡고 있는 가치를 명료화(자각)하도록 돕는 수업을 말한다. 이러한 점에서 가치명료화는 '자기명료화'라고도 할 수 있다. 여기서 필자는 자기명료화에 중점을 두는 가치명료화 접근방식을 기본형 가치명료화 접근방식으로 명명하고자 한다.

### 2) 수업 절차

초등 도덕교육의 장에서 일반적으로 활용되고 있는 가치명료화 도덕 수업 모형은 래스 등의 7단계 가치화 과정에 기초하고 있다. 7단계 가치화 과정은 개인의 가치 개발과 획득에 초점을 두기 때문에 경청 활동이나 토론 활동을 경시하는 경향이 있다. 본 절에서 다루는 기본형 수업방식은 래스 등이 개발한 '쓰기전략'을 활용하지만 개인의 가치개발과 획득

활동에 그치지 않고, 소집단 경청 활동이나 학급 전체의 공유 활동을 통해 자신의 가치를 자각하도록 한다. 이러한 기본형의 수업 절차를 구체적으로 제시하면 다음과 같다(諸富祥彦, 2005, 22-26 참조).

첫째, 가치 문제 제시 및 파악 단계이다. 이 단계에서는 사진, 그림, 동영상, 통계적 자료, 읽기 자료 등을 제시하여 학생이 각자 개인적 관점에서 가치 문제를 파악해보도록 한다.

둘째, 가치 선택 단계이다. 이 단계에서는 가치지를 작성함으로써 자신이나 자신의 가치에 대한 자각을 심화한다. 학생들은 가치지에 제시한 하나하나의 질문에 대해 곰곰이 생각하고 답한다. 이러한 활동을 통해 학생은 자연스럽게 자기 이해를 심화할 수 있다.

셋째, 상호 경청 단계이다. 이 단계에서는 논쟁보다는 서로의 느낌이나 생각을 잘 이해하도록 하는 것을 목적으로 한다. 수용적이고 공감적인 소집단 활동 분위기를 조성하면 학생들은 '무엇을 말해도 웃음거리가 되지 않는다.' 라는 안도감을 느끼면서 자기 생각을 말할 수 있고, 그러한 분위기 속에서 사고의 깊이를 더할 수 있다. 그리고 각자 선택한 가치를 서로 인정하고 이해하는 기회를 제공하기 위해서는 발표로 끝내지 않고 '질문시간' 을 두어 진행하는 것이 좋다. 서로 질문하거나 확인하는 시간을 통해 학생들은 자신의 생각과 그 이유를 더욱 잘 이해할 수 있게 된다. 여기서 중요한 것은 질문시간이 토론으로 일관하거나 상대에게 상처를 주어서는 안 된다는 점이다. 이러한 위험을 미연에 차단하고 공감적 경청이 이루어지기 위해서는 사전에 다음과 같은 지침을 학생들에게 안내하는 것이 바람직하다.

질문하고자 할 때는 "좀 더 구체적으로 말해 주세요.", "예를 들면 어떠한 것을 말합니까?", "이것에 대해서는 어떻게 생각하십니까?"라고 정중하게 하고, 친구의 의견을 확인하고자 할 경우에는 "~라고 생각하시는군요.", "말하고 싶은 내용이 ~라고 이해해도 좋겠습니까?"라고 말한다. 그리고 소감을 피력할 때는 "친구가 ~라고 말하는 것이 좋았습니다.", "친구가 말을 들으면서 '과연 그렇구나!' 라는 생각이 들었습니다."라고 말해야 한다고 안내한다.

넷째, 공유 단계이다. 이 단계에서는 소집단에서 나온 의견을 학급 전체가 공유한다. 교사는 학생들을 다양한 사고에 직면하도록 함으로써 사고를 자극하고 관점의 폭을 넓히도록 한다. 소집단 활동은 모든 학생이 발언할 수 있다는 장점이 있지만 인원수가 적기 때문에 경청 내용이 한정된다는 단점도 있다. 이러한 단점을 보완하기 위해 학급 전체가 공유하는 과정이 필요하다. 각 소집단에서 어떤 의견이 제시되었는지를 안 다음에는 각각의 의견에 대해서 질문을 하고 답을 한다. 자신이 속한 소집단에서는 나오지 않았던 의견을 접하면서 자극을 받고 사고를 활성화할 수 있다.

다섯째, 최종적 가치 선택 단계이다. 이 단계에서는 소집단 활동이나 전체 활동을 통해 경청한 내용을 생각하면서 자신이 선택한 가치와 선택 이유에 대해 음미한다. 생각에 변화가 생긴 사람은 생각이 어떻게 변하였는지 그 이유를 확실히 할 필요가 있다. 선택한 가치에 변화가 없는 사람도 다시금 자신이 선택한 가치와 그 선택의 이유를 확실히 한다. 이와 같은 반추를 통해 학생들은 자신의 삶의 방식을 명료화한다. 자기의 문제를 스스로 결정하고 그에 따른 책임을 지는 자립과 자기 책임의 정신을 기를 수 있다.

여섯째, 정리 단계이다. 이 단계에서는 수업에서 '깨달은 점', '느낀 점', '배운 점', '새롭게 안 것', '자신이 앞으로 하고자 하는 것' 등을 노트에 기입하도록 한다. 그리고 가능하면 몇 사람에게 발표하게 한 후 수업을 마친다. 수업에서 배운 것의 의미에 대해 생각하고 확언하는 기회를 제공하는 것은 실천을 강화하는 데 도움이 된다. 지금까지 살펴본 것을 정리하면 다음의 〈표 1〉과 같다.

**표 1** 가치명료화 수업모형(기본형)

| 단계 | 내용 | 집단조직 |
|---|---|---|
| 가치 문제 제시와 파악 | · 사진, 그림, 동영상, 읽기 자료 등 제시하기<br>· 개인적 관점에서 가치 문제 파악하기 | · 전체 및 개별 활동 |
| 가치선택 | · 가치지를 작성하고 자신의 가치선택하기<br>· 자문자답을 자극하고 내적 가치화 과정 촉진하기 | · 개별 활동 |
| 상호 경청 | · 선택한 가치를 발표하고 친구의 발표 경청하기<br>· 발표 내용에 대해 질문, 확인, 소감 말하기 | · 소집단 활동 |
| 공유 | · 소집단별로 발표하기<br>· 발표 내용에 대해 질문, 확인, 소감 말하기 | · 전체 활동 |
| 최종적 가치선택 | · 자신이 선택한 가치와 선택한 이유 음미하기<br>· 최종적 가치선택하기 | · 개별 활동 |
| 정리 | · 깨달은 점, 느낀 점, 배운 점, 새롭게 안 것 등을 노트에 쓰기<br>· 발표(확언)하기 | · 전체 및 개별 활동 |

## 나. 문제해결력과 의사결정력의 신장

### 1) 이론적 배경

가치관이 서로 경쟁하며 상충하고 있는 가치 혼돈의 시대를 슬기롭게 헤쳐나가기 위해서는 여러 가지 도덕 문제를 스스로 발견하고 스스로 해결할 수 있는 능력, 즉 문제해결력과 의사결정력이 절실히 요청된다. 현대사회가 드러내고 있는 여러 문제, 이를테면 생명의료 문제, 인권 문제, 환경 문제 등은 매우 복잡한 문제라고 해도 과언이 아니다. 그렇다고 해서 손을 놓고 있을 수는 없다. 현대를 살아가야 할 학생들은 이러한 문제에 대해 스스로 사고하고 스스로 답을 얻어야 한다. 진정 어디에 문제가 있는지 스스로 발견하고 그 해결책을 스스로 찾아내야 하며, 초등학교 도덕 수업은 학생들이 이러한 문제해결력이나 의사결정력을 기르도록 해야 한다.

### 2) 수업 절차

의사결정력을 신장시키는 가치명료화의 수업방식(의사결정형)은 가치지(value sheet)를 사용하지만 쓰기전략보다는 토론전략에 중점을 두는 방식이다. 이는 먼저 학생들에게 가치 문제를 제시한 후 개인적 관점에서 해결책을 선택하도록 하고, 그 선택의 근거와 추론을 바탕으로 의사소통 과정을 거친 후 자신의 최종적인 선택을 일상생활에서 구현하도록 하는 데 초점을 두는 방식이다. 이러한 의사결정형의 수업 절차를 구체적으로 제시하면 다음과 같다(정호범, 1997, 163-167 참조).

첫째, 가치 문제 제시와 파악의 단계이다. 이 단계에서는 가치갈등을 유발할 수 있는 가치 문제(선택 상황)를 제시한다. 가치 문제는 학생들의 새로운 사고를 촉진하고 의문을 불러일으킬 수 있는 자료가 좋다. 학생들의 생활과 밀접한 관련이 있는 자료(그림, 이야기, 사진, 동영상 등)를 제시하고 그 내용을 파악하도록 한다. 이때 교사는 학생들의 인지적 발달이나 도덕성 발달의 수준, 심리적 특성 등을 고려하여 고차적 사고를 자극하는 질문을 한다.

둘째, 대안의 탐색과 잠정적인 대안 선택의 단계이다. 이 단계에서는 문제해결의 실마리를 찾기 위해 가능한 한 많은 대안을 생각해보도록 한다. 그리고 각각 대안이 예상되는 결과를 여러 관점에서 예측해보도록 한다. 예를 들면 각 대안에 대해 긍정적/부정적 관점, 단기적/장기적 관점, 개인적/사회적 관점, 도덕적 관점, 경제적 관점, 법률적 관점에서 예상되는 결과를 고려해보도록 한다. 그리고 자신의 잠정적 입장을 선택할 때는 타당한 근거를 제시하도록 한다.

셋째, 의사소통과 최종적인 대안 선택의 단계이다. 이 단계에서는 자신의 가치관이나 선택의 결과를 공개적으로 확언함으로써 자신의 가치를 명료화하고 확신을 얻는다. 먼저 자신이 맨 처음 선택한 잠정적인 대안을 구체적인 근거와 이유를 들어 발표하도록 한다. 그리고 다른 사람의 대안도 경청함으로써 자기 생각과 다른 사람의 생각을 비교 · 평가하도록 한다. 이러한 비교 · 평가 활동은 주로 소집단 활동을 통해서 이루어지는 것이 바람직하며, 이 과정에서 자신의 선택이나 판단을 변경할 수도 있다. 그리고 이 단계에서는 경청과 토론 활동이 많이 이루어지므로 교사는 자유롭고 개방적인 토론 분위기를 유지하기 위해 노력해야 한다.

넷째, 실천동기 부여와 실천계획 세우기의 단계이다. 이 단계에서는 학생들의 실천의지와 동기를 강화하는 데 초점을 둔다. 각자 자신이 최종적으로 선택한 가치나 입장에 대해 긍지를 갖고 소중히 여기며, 이를 행동으로 옮길 것을 다짐함과 동시에 그 실천계획을 세워본다. 이때 학생들로 하여금 자신의 생활을 깊이 있게 반성하고, 실천하고자 하는 의욕을 고취하며, 실천에 대한 열정을 갖게 하는 것이 무엇보다 중요하다. 학생들은 이러한 과정을 거치면서 자신의 확고한 가치관을 형성하고 생활화할 수 있을 것이다. 지금까지 살펴본 것을 표로 나타내면 다음의 〈표 2〉와 같다(정호범, 1997, 163 참조).

**표 2** 가치명료화 수업모형(의사결정형)

| 단계 | 내용 | 집단조직 및 유의점 |
|---|---|---|
| 가치 문제 제시와 파악 | · 가치갈등을 유발할 수 있는 가치 문제 제시<br>· 학생들의 생활 경험과 밀접한 가치 문제 제시<br>· 사실 요소와 평가 요소 구분하기<br>· 근거가 충분한 주장과 충분하지 못한 주장 구분하기<br>· 개인적 관점에서 가치 문제 파악하기 | · 전체 및 개별 활동<br>· 제시된 자료를 정확하게 파악하도록 유도한다. |
| 대안의 탐색과 잠정적인 대안 선택 | · 다양한 대안 고려하기<br>· 대안과 관련된 사실과 가치의 문제 구분하기<br>· 대안의 결과를 여러 관점에서 예상하기<br>· 타당한 근거나 증거에 입각하여 대안 선택하기<br>· 대안의 결과를 예상하고 잠정적 대안 선택하기 | · 개별 및 소집단 활동<br>· 대안을 검토한 후 잠정적 대안을 선택할 때는 그 근거와 이유를 찾도록 한다. |
| 의사소통과 최종적인 대안 선택 | · 자신이 잠정적으로 선택한 대안 발표하기<br>· 자신이 선택한 대안의 근거와 예상되는 결과 발표하기<br>· 다른 학생의 발표 경청하고 토론하기<br>· 관점 채택, 공감, 역할 교환, 보편화 관점에서 자신의 선택과 타인의 선택 비교 · 평가하기<br>· 최종적인 대안 선택하고 확언하기 | · 소집단 활동 및 전체 활동<br>· 자신이 소중하게 생각하고 자랑스럽게 생각하는 근거를 들어 최종적인 대안을 내리도록 한다. |
| 실천동기 부여와 실천계획 세우기 | · 최종 선택에 긍지를 갖고 소중히 여기기<br>· 실천의지 다지기<br>· 실천상 어려움을 검토하고 해소책 찾기<br>· 발표 내용에 대해 질문, 확인, 소감 말하기 | · 전체 활동 및 개별 활동<br>· 자신의 최종 선택에 대한 실천의욕을 갖도록 한다. |

## 3. 가치명료화를 활용한 도덕 수업

가치명료화 접근방식을 활용하여 초등학교 도덕과의 제Ⅳ영역을 가르치고자 수업을 설계한다면 그것은 어떤 모습을 띠게 될까? 기본형과 의사결정형의 도덕 수업은 과연 큰 차이가 있을까? 도덕과의 궁극적 목표가 '자율적이고 통합적인 인격 형성'(교육과학기술부, 2008a, 263)이라고 할 때 교사는 학생들이 'Ⅳ. 자연 · 초월적인 존재와의 관계' 영역의 학습을 통해 무엇을 달성해야 한다고 볼까? 결론부터 말하면 아마도 교사는 학생들이 자연 · 초월적인 존재와의 관계에서 선(善)이나 완전성(眞, 聖, 美 등)의 도덕적 가치를 실현하고 도덕적 주체로서 사랑, 경외, 감사, 책임, 겸양 등의 도덕적 가치를 형성하기를 바랄 것이다(조난심 외, 2005, 34 참조).

제Ⅳ영역에서 다루고 있는 3학년의 지도 요소는 '인간 생명의 소중함'이다. 여기서 다루는 주요 개념이나 내용 요소는 '생명의 개념, 생명 탄생의 신비와 생명의 소중함, 인간의 생명과 동식물의 생명을 소중히 해야 하는 이유, 생명 경시의 문제점, 생명 존중을 실천한 사례와 본받기, 우리 조상의 생명 존중 사상과 생명보호의 정신, 인간과 동식물의 생명을 사랑하는 마음, 생명의 소중함에 관한 실천 과제 수행, 사라져 가는 동식물에 대한 이해와 생명 존중의 자세, 생활 속에서 생명을 소중히 여기는 일과 실천방법'(초등도덕과 교과용도서 편찬위원회, 2008, 25-26) 등이다. 이 내용 요소의 주요 가치덕목은 생명 존중, 자연애, 사랑이다. 생명 존중과 관련한 단원은 문제해결력이나 의사결정 능력을 기르기에 적합하므로 의사결정형 가치명료화 수업을 전개하는 것이 좋다.

그리고 4학년의 지도 요소는 '올바른 자연관과 환경보호'이다. 여기서 다루는 주요 개념이나 내용 요소는 '나(인간)와 자연의 관계, 인간에 의한 환경파괴와 환경재앙, 환경보호의 중요성, 인간 중심 자연관의 문제점, 인간과 자연의 상호 의존적, 공생적인 관계 이해, 조화와 상생, 공존의 필요성과 방법, 환경을 보호하고 발전하고자 노력한 사례, 환경보호를 적극 실천하려는 자세, 나와 가정, 학급, 학교, 마을에서 할 수 있는 환경보호 활동, 환경보호 생활의 반성과 실천계획 및 실제로 실천하는 생활' 등이다. 그리고 주요 가치덕목은 자연애, 생명 존중, 책임이다. 교사가 이 내용 요소를 가르치고자 할 때는 환경보호와 관련된 문제 사례, 예를 들면 음식물 쓰레기 처리, 폐수 방류 등의 문제가 문제해결력이나 의사결정 능력을 기르기에 적합하므로 의사결정형 가치명료화 접근방식을 적용하는 것이 좋다.

다음으로 5학년의 지도 요소는 '참된 아름다움'이다. 여기서 다루어야 할 주요 개념이나 내용 요소는 아름다운 마음씨의 사례, 아름다운 마음씨의 좋은 점, 아름다운 마음을 기르는 방법 등이다. 그리고 지도 요소의 주요 가치덕목은 감사/배려, 친절, 타인 존중이다. '참된 아름다움'은 다소 형이상학적인 주제로 아름다움에 대한 자신의 가치나 태도를 형성하기에 적합한 내용을 담고 있기 때문에, 교사가 이 내용 요소를 가르치고자 할 때는 자신의 가치를 드러내도록 도와주는 기본형(자기명료화) 접근방식을 활용하는 것이 타당하다고 생각한다. 초등학교 고학년은 사춘기에 접어드는 시기로 자신의 신체적 모습에 관심이 지대하다. 최근 얼짱, 몸짱 등의 신조어가 유행하는데, 이런 유행에 민감한 학생들에게 외면의 아름다움뿐만 아니라 내면의 아름다움도 중요하다는 것을 일깨워줄 필요가 있다(교육과학기술부, 2008a, 267; 교육과학기술부, 2008b, 222-223). 교사는 학생들이 외모를 인물 평가의 중요 요인으로 간주하거나 외모지상주의를 부채질하는 요즘의 그릇된 세태를 비판적으로 바라볼 수 있는 안목을 길러주고, 아름다운 마음씨(내면의 아름다움)의 가치를 깨달을 수 있도록 미적 감수성을 길러주어야 한다. 아름다움을 느끼는 정서작용은 도덕성의 실현에 중요한 역할을 한다.

마지막으로 6학년의 지도 요소는 '사랑과 자비'이다. 여기서는 성인의 가르침의 의미와 근본 정신, 사랑 · 인 · 자비의 다양한 실천 사례, 나의 생활 반성 등을 다룬다. 주요 가치덕목은 감사/배려, 관용, 사랑이다. '사랑과 자비'는 '참된 아름다움'과 마찬가지로 다소 형이상학적인 주제로 신앙에 대한 자신의 가치나 태도를 형성하는 데 초점을 두는 내용이기 때문에, 교사가 이 내용 요소를 가르치고자 할 때는 자신의 가치를 드러내도록 도와주는 기본형(자기명료화) 접근방식을 활용하는 것이 타당하다고 생각한다. 학생들은 초월적 존재와의 관계를 통해 정신적인 고상함과 안정감을 느낄 수 있고, 성인들의 가르침인 사랑 · 인 · 자비의 정신을 몸소 실천할 수 있다. 이때 교사는 특정 종교의 신앙 내용을 직접적으로 가르치는 것을 삼가고, 종교적 태도가 어떤 의미가 있는지 곰곰이 생각해보게 하며 자기와 다른 종교를 믿는 사람에 대해 관용의 정신을 갖도록 지도할 필요가 있다(교육과학기술부, 2008a, 275).

지금까지 가치명료화 접근방식에 따른 초등학교 도덕과 수업의 방안에 대해 탐색하였다. 이를 위해 가치교육의 필요성과 가치명료화의 교수 전략을 먼저 살펴보고, 2007년 개정 도덕과 교육과정에 따른 초등학교 3-6학년의 도덕과의 제Ⅳ영역 내용 요소인 '생명의 소중함', '올바른 자연관과 환경보호', '참된 아름다움', '사랑의 실천' 등을 효과적으로 가르치기에 적합하다고 사료되는 가치명료화 접근방식을 기본형과 의사결정형으로 나누어 검토하였다. 그리고 이를 바탕으로 가치명료화의 두 가지 접근방식에 의거하여 초등학교 도덕과 교수 · 학습과정안을 구안함으로써 바람직한 초등학교 도덕 수업의 방법을 제안하였다.

가치명료화 접근방식은 학생 개개인이 가치선택과 실천의 주체라는 전제 위에서 성립한다. 가치는 학생 개개인의 자율적 선택의 대상이며, 이에 교사는 학생이 암묵적으로 가지고 있는 잠재적 가치를 드러내어 이를 진정한 가치로 정립할 수 있도록 자기 명료화의 기회를 제공하고, 가치와 관련된 여러 문제를 스스로 발견하고 해결해나가는 문제해결력과 의사결정력을 신장할 수 있도록 적극적으로 도움을 주어야 한다. 예를 들면 초등학교 도덕과 제Ⅳ영역의 내용 요소 중에서 5, 6학년의 '참된 아름다움'과 '사랑의 실천'은 미학과 신앙에 대한 학생 나름의 가치를 형성하도록 돕는 것을 목표로 하므로, 교사가 이 지도 요소를 가르치고자 할 때는 자신의 가치를 드러내도록 도와주는 기본형(자기명료화) 접근방식을 활용하는 것이 적합하며, 초등학교 3, 4학년의 '생명의 소중함'과 '올바른 자연관과 환경보호'를 가르치고자 할 때는 생명 존중이나 환경보호와 관련된 문제 사례를 제시하여 학생들로 하여금 어디에 문제가 있는지를 스스로 발견하고 그 해결책을 찾아보게 하는 의사결정형 가치명료화 접근방식을 활용하는 것이 적합하다.

기본형이든 의사결정형이든 가치명료화 접근방식은 학생들에게 특정 행동이나 가치를 주입하는 것은 바람직하지 않다는 것을 전제로 한다. 어떤 것이 좋은 것인가 하는 선택과 판단은 궁극적으로 학생 개인에게 달려 있다. 하지만 학생의 자율적인 가치 선호와 선택을 강조하는 가치명료화 접근방식은 개인주의와 가치상대주의를 조장할 우려가 있다. 따라서 기본적으로 교사의 교화와 주입보다는 학생들의 가치 선호와 선택을 옹호하는 가치명료화 접근방식에 의거하여 도덕 수업을 펼치고자 할 때는 수업의 전개 단계 말미에서 교사가 학생들로 하여금 관점 채택, 공감, 역할 교환, 보편화 등 여러 기법을 적절히 활용하여 최종적인 선택을 내리도록 도움을 주어야 할 것이다.

# 3부

# 평화와 도덕교육

1장

# 미래의 평화와 도덕교육*

학교 폭력이 심각한 문제로 떠오르고 있다. 입시 위주 학교 문화의 구조적 폭력성과 학교 내의 폭력, 폭행, 집단 괴롭힘 등은 학교 평화를 해치고 있다. 이처럼 학교가 일상적인 폭력으로 고통을 당하고 각종 사회문화적 갈등이 증가하고 있는 이 시대에 교사는 학교 폭력의 극복과 평화 문화의 정착에 관심을 기울일 필요가 있다. 다시 말하면 학교 내외의 일상화된 폭력 문화를 극복하고 평화 문화를 창조하기 위해서는 비폭력 교육, 즉 평화교육이 절대적으로 필요하다는 것이다.

평화교육은 갈등 그 자체를 제거하는 데 목적을 두는 것이 아니라 궁극적으로 갈등을 비폭력적으로 해결하는 데 목적을 둔다. 인간은 본질적으로 갈등하는 존재다. 하지만 인간은 갈등을 해결하는 과정을 통해 더욱 성장하고 발전한다. 갈등은 퇴보보다는 발전의 촉매제가 될 수 있다. 인간은 자신이 직면한 갈등을 긍정적으로 이해하고 그 해결방법을 찾는 과정에서 더욱 성숙한 인간으로 성장할 수 있다.

---

* 이 글은 필자의 「미래 세계를 위한 평화교육과 초등도덕교육」(『초등도덕교육』 제40집, 2012, pp. 105-128)을 수정·보완한 것이다.

우리의 삶 속에 존재하는 갈등이 평화적으로 해결되지 않을 때 폭력은 발생한다. 이러한 점을 감안할 때 우리가 폭력의 원인을 찾고 그 문제를 해결하기 위한 노력은 매우 중요하다. 학생들이 갈등을 비폭력적으로 해결하는 법을 제대로 배우지 못한다면 성인이 되어서도 폭력적일 수밖에 없을 것이다. 따라서 우리는 학생들이 갈등을 비폭력적으로 평화롭게 해결할 수 있는 '평화 능력'(peace capacity)을 갖도록 가르쳐야 한다. 특히 평화를 주요 가치덕목으로 제시하고 도덕 교과에서는 학생들에게 비폭력적 평화의 세계에서 살고자 하는 희망을 심어주고 그런 세계를 건설할 수 있는 인지적 능력과 사회적 기술 및 태도를 가르치는 데 초점을 둘 필요가 있다. 도덕 교과의 평화교육은 비폭력 사회건설에 필요한 평화 능력과 이에 수반되는 공감, 연민, 대화, 협력 등의 기술을 가르치는 데 목표를 두어야 한다.

본 장은 초등 도덕 교과에서 평화로운 미래 세계의 건설에 기여할 수 있는 평화 능력의 신장을 위한 평화교육 방안을 모색하는 데 목적을 둔다. 이를 위해서 먼저 평화의 의미에 대해 검토하고, 이를 바탕으로 하여 평화교육의 목적 · 목표 · 영역을 고찰한 다음, 2011 도덕과 교육과정에 제시된 평화 능력 관련 내용을 분석함으로써 평화 능력 신장을 위한 평화교육의 방안을 모색한다.

# 1. 평화의 의미와 평화교육의 유형

## 가. 평화와 평화교육

### 1) 평화의 의미와 유형

평화란 무엇인가? 평화에는 적극적 의미와 소극적 의미가 함축되어 있다. 소극적 평화는 전쟁이나 살인 등 직접적 폭력이 없는 상태를 의미하고 적극적 평화는 간접적, 구조적 폭력이 없는 상태를 의미한다(J. Galtung, 강종일 외 역, 2000, 17-22; 강순원, 2000, 13-15; 구호진, 2004, 9). 다시 말하면 소극적 평화는 직접적 또는 물리적 폭력이 없는 상태로서 폭행, 구타, 고문, 테러 그리고 전쟁 등 직접적인 폭력이 없는 것을 말한다. 언어적인 폭력 역시 신체에 직접적인 해를 끼치는 것과 마찬가지로 직접적 폭력에 해당한다. 이에 반해 적극적 평화란 직접적 폭력만이 아니라 간접적 폭력도 없는 상태로서 구조적, 문화적, 생태적, 심리적 폭력이 없는 것을 말한다(심성보, 2011, 301-303). 여기서 구조적 폭력이란 사람들이 사회, 정치, 경제 체제의 결과로 인해 고통을 받게 되는 것을 말한다. 인종 차별이나 성차별, 인권 유린, 자유와 권리의 억압, 막대한 군비 지출과 같은 구조적 폭력은 직접 살상을 하는 것은 아니지만 간접적으로 죽음에 이르게 하거나 인권 복지의 가능성을 감소시킨다.

그리고 문화적 폭력은 직접적 폭력과 구조적 폭력을 정당화하거나 합법화하는 기능을 한다. 문화적 폭력은 폭력적 미래를 식민지화하는 이미지, 가치, 이데올로기 등 상징적 폭력으로 나타난다. 이와 같이 대중을 미혹시키는 각종 상징적 폭력이 없는 상태가 문화적 평화다. 다음으로 생태적 폭력은 생물 종의 멸종과 생태계 파괴를 초래케 한다. 생태적 평화는 우리 인간이 지구와 관련을 맺는 방식으로서 모든 생명체의 상호 의존을 강조하는 생태중심적인 '전체론적 세계관'을 지지한다. 마지막으로 심리적 폭력은 시기, 질투, 공격성 등 내면의 폭력을 의미한다(심성보, 2011, 303). 우리는 지금까지 살펴본 여러 외부적 폭력을 효율적으로 극복하기 위해서는 심리적 안정과 평온을 유지하기 위해 최선의 노력을 다해야 할 것이다.

### 2) 평화교육의 유형과 평화 문화의 창조

우리가 평화를 소극적 평화와 적극적 평화로 구분할 수 있다면 평화교육 또한 소극적 평화교육과 적극적 평화교육으로 구분할 수 있을 것이다(심성보, 2011, 304-307 참조). 이런 구분방식에 따르면 소극적 평화교육은 평화적 사고와 태도를 길러주는 것으로 폭력적 갈등구조를 견뎌내게 하는 '~에 대한' 교육이며, 적극적 평화교육은 폭력적 갈등 구조를 인식하고 평화 부재의 사회를 평화 체제로 변혁시켜 나가는 '~를 위한' 교육이라 할 수 있다. 다시 말하면 소극적 평화교육이 직접적인 갈등이나 폭력을 예방을 목표하는 교육임에 반해 적극적 평화교육은 구조적, 문화적, 생태적, 심리적 폭력을 극복할 수 있는 능력을 길러주는 교육이라 할 수 있다. 즉 적극적 평화교육은 구조적 평화교육, 문화적 평화교육, 생태적 평화교육, 심리적 평화교육을 의미한다고 할 수 있다.

또한 우리는 평화교육을 폭력에 접근하는 수준에 따라 다음과 같이 세 가지로 구분할 수 있다(I. M. Harris & M. L. Morrison, 박정원 역, 2011, 35-36).

첫째, 평화 유지(peace keeping)의 수준에서 이루어지는 평화교육이다. 이는 폭력이 단계적으로 확대되는 것을 중지시키는 데 중점을 둔다. 예를 들면 학교에서 학습 분위기의 조성을 위해 폭력 예방 활동을 펼치는 것은 이에 해당한다. 이런 예방 활동은 '힘을 통한 평화' 정책을 반영하는 것이다.

둘째, 평화 만들기(peace making)의 수준에서 이루어지는 평화교육이다. 이는 폭력의 사용 없이 갈등을 해결할 기술을 가르치는 것을 목표로 한다. 갈등 해결이 학교 개혁의 가장 중요한 과제 중 하나다. 학교 당국은 학생들이 자신들의 갈등을 건설적으로 관리하는 것을 배우도록 갈등 해결 기술을 가르친다.

셋째, 평화 건설(peace building)의 수준에서 이루어지는 평화교육이다. 이는 폭력을 중지시키는 것을 넘어서서 폭력과 갈등을 예방하고 회피하는 데 초점을 둔다. 이러한 수준의 평화교육은 학생들에게 비폭력이 정의롭고 지속 가능한 미래를 위해 필요하다는 것을 가르치고 건강한 평화의 문화(a culture of peace)를 창조하기 위해 노력한다.

그런데 평화의 문화는 쉽게 창조되지 않는다. 그것은 세계 인권선언, 아동인권협약과 같은 유엔의 문서 속에 담긴 가치와 원리를 가르치는 교사들의 헌신적 노력으로 달성될 수 있다. 이러한 유엔의 문서에 따르면 평화교육은 다음과 같은 교육적 노력을 시도한다(Levine, 2000 참조). ① 아동이 폭력에서 벗어날 수 있는 안전한 '평화 구역'을 개발하고 지원한다. ② 아동권리협약에 명시된 아동의 기본권을 지지한다. ③ 학습공동체의 모든 구성원이 공손하고 평화로운 행동을 본받을 수 있는 환경을 조성한다. ④ 행정과 실제에서 평등과 차별 반대의 원리를 보여준다. ⑤ 지역 문화에 뿌리를 둔 갈등 해결을 위해 최선을 다하는 평화 연구에 몰두한다. ⑥ 모든 관련 당사자의 권리와 존엄성을 존중하는 방식으로 갈등을 해결한다. ⑦ 교육과정을 통하여 평화, 인권, 사회정의, 그리고 지구촌 문제를 통합한다. ⑧ 평화와 사회정의의 가치에 관한 명백한 대화를 권장하는 기초를 제공한다.

## 나. 평화교육의 학습목표

적극적 의미의 평화교육 혹은 건강한 평화의 문화를 창조하기 위한 평화교육은 구체적인 학습의 장면에서 어떤 목표를 추구하는가? 해리슨과 모리슨에 따르면 평화교육은 다음과 같은 목표를 추구한다(I. M. Harris & M. L. Morrison, 박정원 역, 2011, 300). 첫째, 평화교육은 평화의 개념을 분명히 하고 학생들의 마음속에 평화의 역동적인 비전을 심어주는 것을 목표로 한다. 둘째, 평화교육은 폭력에 대한 관심을 제고한다. 셋째, 평화교육은 '힘을 통한 평화'와 안보 확보의 방법에 대한 판단 능력을 함양한다. 평화교육은 안보에 관한 새로운 패러다임을 소개하고 인간의 기본적 필요, 경청의 자세, 갈등 해결의 태도 등에 대해 관심을 기울인다. 넷째, 평화교육은 폭력과 전쟁의 주요 원인에 대해 가르친다. 다섯째, 평화교육은 타 문화의 존중과 인간 공동체의 다양성 인정을 강조한다. 여섯째, 평화교육은 미래에 대한 긍정적 이미지와 희망을 제공한다. 일곱째, 평화교육은 평화 건설을 위한 지식뿐만 아니라 기술을 가르친다. 여덟째, 평화교육은 인권과 정의에 관해 가르친다. 평화교육은 국가안보, 사회정의, 인권, 발전, 여성주의, 인종주의, 비폭력, 사회변동 전략과 같은 문제를 다룬다. 아홉째, 평화교육은 인간화와 생명체 존중에 대해 가르친다. 평화교육은 자존감과 자신감, 신념, 의사소통 기술, 윤리적 자각, 타인에 대한 공감, 건강한 자연환경의 배려 등의 태도를 길러준다. 열째, 평화교육은 궁극적으로 갈등의 평화적 해결방법과 평화를 위한 다양한 전략을 가르친다. 평화교육은 사람들이 각종 범죄, 전쟁, 가정 폭력, 인종 갈등, 빈곤 등으로부터 벗어날 수 있는 능력을 길러준다.

지금까지 살펴본 해리슨과 모리슨의 평화교육 목표 속에는 적극적 평화의 의미가 그대로 함축되어 있다. 우리가 추구해야 할 평화교육은 직접적 폭력만이 아니라 구조적 폭력 등이 없는 미래 세계의 건설을 위해 자존감과 자신감, 신념, 비폭력, 사랑, 공감, 생명 존중의 철학을 가르치고 경청, 성찰, 문제해결, 협력, 의사소통, 갈등 해결 등의 기술을 가르치는 것이다. 다시 말하면 평화교육은 학생들에게 직접적 폭력만이 아니라 구조적 폭력을 예방하고 중지시킬 수 있는 지적 안목, 방법적 기술, 태도를 가르치는 것이라 할 수 있다. 이러한 평화로운 미래 세계의 건설을 위한 지적 안목, 방법적 기술, 태도가 바로 평화교육의 학습목표라 할 수 있다. 힉스에 따르면 평화교육의 학습목표는 다음의 〈그림 1〉과 같이 지식, 기술, 태도라는 세 가지 영역으로 분류할 수 있다(D. Hicks, 고병헌 역, 1994, 49).

**그림 1** 평화교육의 학습목표

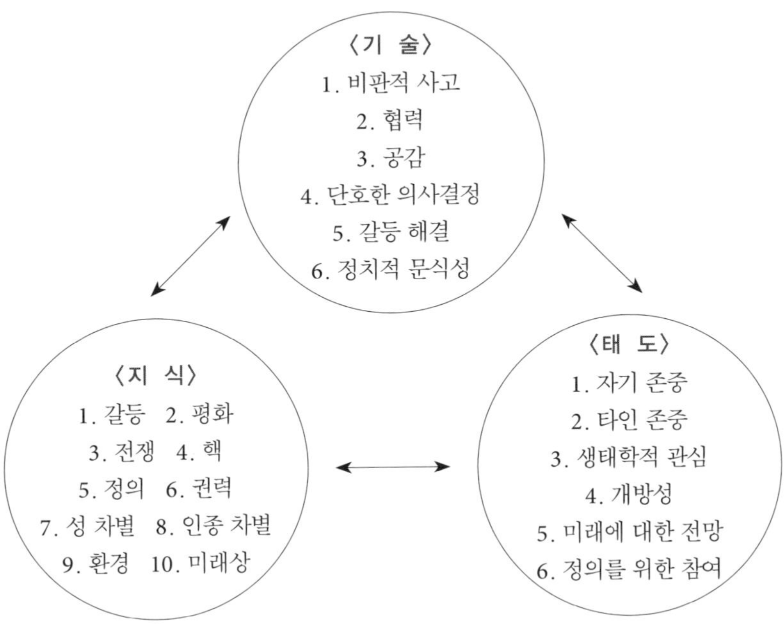

앞의 〈그림 1〉에서 알 수 있듯이 먼저 지식 영역 속에는 갈등, 권력, 평화, 성 차별, 인종 차별, 전쟁, 핵, 환경, 정의, 미래상의 문제가 포함되며 기술 영역 속에는 비판적 사고, 협력, 공감, 단호한 의사결정, 갈등 해결, 정치적 문식성(political literacy) 등이 포함되고, 태도 속에는 자기 존중, 타인 존중, 생태학적 관심, 개방성, 미래에 대한 전망, 정의를 위한 참여 등이 포함된다. 여기서 우리가 알 수 있는 것은 힉스가 분류한 지식의 영역과 기술의 영역은 인지적 능력과 관련이 있으며, 태도의 영역은 정의적 능력과 관련이 있다는 점이다. 우리가 종종 평화교육의 유형으로 제시하는 인권교육, 환경교육, 국제이해교육, 다문화교육 등은 힉스가 분류한 지식, 기술, 태도 등의 학습목표가 강조되는 교육이라 할 수 있다. 이러한 교육은 학생들이 당면한 현재 세계의 미래뿐만 아니라 미래 세계의 문제를 이해하고 예견하게 하기 위한 교육이다(고병헌, 1994, 54). 이러한 점에서 본다면 평화교육은 사회의 제반 현실 문제, 더 나아가 미래 세계의 문제를 읽고 쓸 수 있는 문식성을 목적으로 한다는 점에서 정치교육적 성격을 띤다고 할 수 있다.

지금까지 살펴본 평화교육은 학생들로 하여금 평화에 대한 근본적인 이해와 더불어 세계의 비평화적인 문제와 그 원인에 대해서 비판적으로 인식하도록 돕고, 학생 스스로가 좀 더 평화로운 미래 세계를 건설하기 위해 노력하도록 하는 데 그 목표를 둔다고 할 수 있다. 다시 말하면 평화교육은 더욱 정의롭고 평화로운 미래의 지역사회, 국가, 더 나아가 지구촌을 건설하는 데 초점을 두고 있다고 할 수 있다.

## 2. 평화교육의 다양한 접근방식

21세기 평화교육은 직접적 폭력만이 아니라 가정 폭력, 인종 차별, 성범죄 그리고 환경파괴 등 구조적, 문화적, 생태적 폭력의 문제 등에 대해 관심을 기울이고 있으며 이것이 평화교육의 척도가 되고 있다. 본 장에서는 평화교육의 다양한 접근방식에 대해 검토함으로써 평화로운 미래세계 건설을 위한 평화 능력 신장 교육의 기본 틀로 삼고자 한다.

### 가. 비폭력 교육

평화교육은 폭력을 반대한다. 폭력은 희생자에게 너무나 큰 해악을 끼치는 행위다. 폭력은 창의성과 사회 통합성을 가로막아 공동체를 파괴하고 형제애를 불가능하게 만든다. 평화교육의 제1의 목표는 바로 이러한 폭력에 대해 반대하는 사랑의 교육이다. 교실에서 비폭력은 폭력의 고통을 치유하는 데 도움이 될 수 있다. 비폭력과 사랑은 진정한 교실 공동체를 창조한다(고병헌, 2006, 181). 비폭력의 사랑교육을 통해 학생들은 폭력의 위험과 평화의 가능성에 대해 배우고 비폭력적으로 사는 기술도 습득하게 된다. 그리고 교사는 스스로 모델이 되어 학생들과 상호 작용함으로써 건강한 교실 공동체를 건설하는 데 이바지한다. 이것이 바로 평화 건설의 전략에 해당한다.

그래서 비폭력적 사랑은 진정한 의미에서의 평화 건설이다. 교사는 비폭력적 사랑을 통해 경청, 배려, 관용, 협력, 분노 관리, 문제해결 기술을 가르쳐야 한다. 또한 교사는 성별, 종교적 신념, 피부색 등에 따라 사람을 차별하는 것이 잘못된 것임을 학생 스스로 깨우치도록 도와야 한다. 어떤 의미에서 사랑은 가르칠 수 있는 것이 아니다. 사랑은 학생에게 지속적인 관심을 보일 때 학생 스스로 깨우치는 것이다.

## 나. 갈등 해결 교육

평화교육은 일종의 갈등 해결 교육이다. 다시 말하면 평화교육이란 학생들이 갈등을 평화적으로 해결하도록 갈등 해결 기술을 가르치는 교육이라고도 할 수 있다(I. M. Harris & M. L. Morrison, 박정원 역, 2011, 114-116 참조). 갈등 해결의 기술은 다음의 세 가지 유형으로 분류할 수 있다.

첫째, 갈등의 회피다. 학생들이 적대적 행위를 누그러뜨릴 수 있는 분노 관리 기법을 배울 때 그들은 실제 생활에서 갈등을 회피할 수 있을 것이다. 하지만 이는 반감이 커지고 감정이 증폭됨으로써 문제를 더 악화시킬 수 있는 단점이 있다.

둘째, 갈등의 희석이다. 이는 기본적으로 갈등 상황을 냉각시키거나 이슈를 불명확한 것으로 만들어 갈등을 피하는 것이다. 사람들이 이견을 드러내기 두려워 갈등을 희석하는 것은 갈등을 해결하는 데 역효과를 가져올 수 있다.

셋째, 갈등 마주하기다. 우리가 진정으로 갈등을 해결하고자 한다면 갈등과 마주하여 적극적으로 타협하고 협상해야 한다. 갈등 해결 교육으로서의 평화교육은 학생들이 자신의 분노를 관리하고, 다양성을 인정하며, 경청과 효과적인 의사소통의 능력을 개발할 수 있도록 해야 한다.

## 다. 인권교육

평화교육은 인권의 신장교육이다. 일반적으로 인권교육은 개개인의 존엄성을 신장시키는 교육이며 보편적인 인권 문화를 건설하기 위한 훈련과 지식을 전수하는 교육이다(M. Print, et als, 2008, 117~118). 다시 말하면 인권교육이란 인권과 관련된 지식이나 기술뿐만 아니라 인권을 존중하는 태도와 가치, 인권을 침해하는 제반 현실에 대해 비판적으로 바라보는 안목과 인권 감수성을 신장시키는 교육이라 할 수 있다(박효정 외, 2006, 23).

인권은 인권의식의 발달사를 기준으로 할 때 크게 3세대의 인권으로 분류할 수 있다(박병도, 2006, 164; 노희정, 2009b, 179-190). 먼저 제1세대의 인권은 자유권 중심의 '~로부터의 자유'라는 인권으로서 여기에는 투표권, 언론 · 집회 · 종교의 자유권, 법 앞의 평등권, 사적인 생활에 대한 권리, 생명권, 재산권 등을 포함하며, 제2세대의 인권은 평등 중심의 인권으로서 여기에는 취업할 권리, 적정 임금을 받을 권리, 적절한 의식주의 권리, 교육받을 권리, 사회보장의 권리, 여가의 권리 등을 포함한다. 마지막으로 제3세대의 인권은 박애와 연대의 권리로서 여기에는 평화권, 인류 공동 유산의 향유권, 인도적 구원 요청의 권리, 범세계적 교신권, 그리고 쾌적한 환경에서 살 권리 등이 포함된다(안옥선, 2008, 23). 평화교육으로서 인권교육은 제3세대 인권에 속하는 평화권의 향유와 관련이 있다. 이제 평화교육은 지역적 차원에서의 억압, 고통, 불행, 편견의 예방뿐만 아니라 내면의 평화와 세계 평화의 건설에 관심을 기울일 필요가 있다.

## 라. 환경교육

평화교육은 환경에 대한 권리를 넘어선 생태 인권의 신장을 도모하는 교육이다. 제3세대 인권으로서 환경권은 쾌적한 환경에서 살 권리를 의미하는데, 이는 범세계적인 연대를 필요로 하는 권리로서 인류의 행복한 삶을 지향한다. 그런데 이러한 환경권 개념에는 지구상의 모든 존재가 서로 연결되어 있다는 생태학적 인식이 결여되어 있다. 우리가 인간과 자연의 모든 존재의 상호 의존성을 인정한다면 인간만을 도덕적 고려대상으로 간주하는 제3세대 인권 개념으로서 환경권은 생태 인권으로 대체되어야 한다(안옥선, 2008, 331; 노희정, 2009b, 188-190).

생태인권은 심층 생태주의의 '큰 자기 실현(Self-realization)'으로 설명할 수 있다. 심층 생태주의에 따르면 '작은 자기(self)'는 자신을 다른 존재와 일체화함으로써 '큰 자기(Self)'로 거듭난다. 그리고 여기서 말하는 일체화는 두 가지 의미를 내포한다.

첫째, 일체화는 자신과 타자, 인간과 자연의 조화를 의미한다. 타자인 자연을 위하는 것이 곧 인간을 위하고 자신을 위하는 것이 된다. 하지만 일체화가 반드시 인간을 여타 자연적 존재와 동일하게 대우해야 한다는 것을 의미하지는 않는다. 일체화는 인간이 다른 생명체나 여타 존재를 해칠 때 인간 스스로 자신을 해치는 것과 같다고 보는 것이다.

둘째, 일체화 과정에서 보여주는 자연 존중과 배려는 강제적인 것이 아니라 자발적이다. 존중은 명령이나 의무에 의한 것이 아니라 자신의 자연적인 성품에서 비롯된 것이다. 우리는 의무감에서 자신을 존중하거나 배려하지는 않는다. 심층 생태주의에서 자연을 존중하고 배려하는 행위 역시 도덕적 의무감에서 한 행위는 아니다.

지구 온난화, 심각한 환경오염, 생물 종의 멸종 등 인류의 생존 자체가 위협받는 상황에서 우리는 생태계에 관심을 둬야 한다. 평화에 관심이 있는 사람이라면 생태계 보전을 위해 노력해야 하고 학교는 생태학적 지식과 배려에 대한 교육을 해야 한다(D. Orr, 1992 참조). 환경 교육으로서 평화교육은 단순한 환경권의 향유라는 인간중심주의적 입장에서 벗어나 모든 생명체의 존중하는 생태인권의 신장에 관심을 기울일 필요가 있다.

## 마. 국제이해교육

제2차 세계대전 이후 세계 평화와 협력을 강조해온 유네스코가 중심되어 시작한 것이 국제 이해 교육이다. 유네스코는 1974년 제18차 총회에서 '국제 이해, 협력, 평화를 위한 교육과 인권 및 기본적 자유에 관한 교육 권고'를 채택하고 이를 국제 이해 교육의 기본 방침으로 제시한다. 이 권고문은 특히 전 지구적 문제를 해결하려면 국가 간의 협력 차원을 넘어 세계 공동체 의식이 중요함을 강조하고 있다(김현덕, 2009, 129-131).

국제 이해 교육은 한편으로 국경을 초월하여 전 세계인이 하나의 공동체적 시각을 갖도록 돕는 교육이지만, 다른 한편으로 다른 나라의 국민, 문화, 가치, 생활방식을 이해하고 존중할 것을 권장하는 교육이다. 후자의 관점에 중점을 둘 때 국제이해교육은 문화 간 의사소통의 능력을 증진하고 사회집단 사이의 편견과 적대감을 줄이는 것을 목표로 하는 다문화교육과 관련이 깊다. 리어든에 따르면(B. Reardon, 1997, 27) 다문화교육은 문화 간의 무지와 적대감을 해소한다는 점에서 평화교육의 필수적 요소다.

그러나 다문화교육은 국제 이해 교육과는 다소 차이가 있다. 국경을 초월한 세계 문제에 좀 더 초점을 두는 것이 국제이해교육이라면, 다문화교육은 기본적으로 특정 지역에서 인종의 다양성을 긍정적으로 수용하고 여러 문화권 사람들을 존중하는 데 초점을 둔다. 따라서 국제 이해 교육으로서 평화교육은 어떤 지역에서든 국경을 초월해서든 인종적, 종교적 혐오를 해소하고 서로 이해와 협력을 다할 수 있는 능력의 신장에 관심을 기울일 필요가 있다.

## 3. 도덕교육과 평화 능력의 신장

평화교육을 체계적으로 할 수 있는 가장 효율적인 공간은 교실이며 더욱 적합한 교과는 도덕 교과다. 특히 초등학교 도덕 교과에서 가르칠 수 있는 평화교육은 개인적, 대인 관계적, 사회 · 국가 · 지구공동체적, 자연 · 초월적 차원에서 시행할 수 있다. 본 절에서는 2011 도덕과 교육과정에 제시된 도덕과 내용 영역의 분석을 토대로 하여 평화 능력의 신장 방안을 모색한다.

### 가. 도덕교육과 평화 능력

사람들은 평화로운 삶을 영위하기 위하여 자신과 타인, 사회, 국가, 지구공동체, 더 나아가 자연환경과의 평화로운 관계를 유지하고자 한다. 지구상의 모든 갈등, 편견, 적대의식 등 폭력적인 상황을 평화적으로 해결하고자 하는 것이다. 이처럼 우리가 지향하는 평화교육은 바로 평화를 만들어낼 수 있는 '평화 능력' (peace capacity)의 신장에 그 목적을 둔다고 할 수 있다(고병헌, 1994 참조). 따라서 평화 능력은 단순한 성품의 문제가 아니라 자신의 삶의 조건 속에서 발생하는 제반 갈등 요소들을 파악하고 이를 평화적으로 해결할 수 있는 후천적이고 사회적인 능력이라 할 수 있다.

그러면 도덕 교과에서 우리가 기를 수 있는 평화 능력이란 구체적으로 무엇인가? 2011 도덕과 교육과정은 도덕적 주체를 둘러싸고 있는 제반 관계, 즉 가치관계의 확장법에 의거하여 내용의 영역을 크게 네 가지로 분류하고 있다.

첫째, '도덕적 주체로서의 나' 영역은 도덕적 가치의 주체적 기반으로서 도덕적 자아를 확립하는 데 주안점을 둔다. 초등 5-6학년의 경우 평화 능력과 관련된 대표적 내용 요소는 '감정 조절과 표현' 및 '절제하는 생활'이다. 여기서는 상황과 상대를 고려한 감정 조절과 표현 능력을 기르고, 개인의 분노가 타인, 자기가 사는 주변에 미치는 사례를 조사함으로써 갈등을 평화적으로 해결할 수 있는 능력을 기른다. 이에 해당하는 평화 능력은 분노 관리 능력, 자존감, 자율성, 성찰, 평화적 감수성, 비판적 사고 등이다.

둘째, '우리 · 타인과의 관계'는 도덕적 자아와 우리 · 타인과의 인간관계 측면에서 인격적인 가치를 추구하는 데 주안점을 둔다. 평화 능력과 관련된 대표적 내용 요소는 초등 3-4학년의 경우 '이웃 간의 도리와 예절', '인터넷 예절', '서로 돕는 생활'이며, 초등 5-6학년의 경우 '정보사회에서의 올바른 생활', '대화와 갈등 해결'이다. 여기서는 친구나 이웃 간의 다툼과 갈등을 예방하고 해결하는 방안을 탐구하고, 사이버상의 따돌림이나 괴롭힘에 대응하는 방법을 탐구하며, 다른 사람과 공감하고 소통하는 방법과 협력하는 방법을 배우고, 대화를 통한 평화적인 갈등 해결의 방법과 과정 및 절차를 배운다. 이에 해당하는 평화 능력은 타인 존중, 배려, 편견 극복, 공감, 관용, 의사소통, 협력, 비폭력 등이다.

셋째, '사회 · 국가 · 지구공동체와의 관계'는 도덕적 자아와 사회 · 국가 · 지구공동체와의 관계에서 책임 및 의무와 사회적 정의의 가치를 추구하는 데 주안점을 둔다. 평화 능력과 관련된 대표적 내용 요소는 초등 3-4학년의 경우 '통일의 필요성과 통일 노력', '다문화 사회에서의 바람직한 삶'이며, 초등 5-6학년의 경우 '공동체 의식과 시민의 역할', '우리가 추구하는 통일의 모습', '지구촌 시대의 인류애'다. 여기서는 공익과 사익 간의 올바른 관계를 파악하고, 다양한 문화에 속한 사람들의 인권을 존중하며 관용과 배려의 자세로 타인과 조화를 이루며 살아가는 태도를 기르며, 우리 민족과 동북아시아 전체의 평화를 위해 노력해야 할 일을 찾아보고, 인류애와 평화의 실현을 위해 노력한다. 이에 해당하는 평화 능력은 관용, 인권 존중, 개인의 선과 공동선의 조화, 평화통일, 다문화 존중, 비폭력 세계 평화, 국제 이해 등이다.

넷째, '자연 · 초월적 존재와의 관계'는 도덕적 자아와 자연 · 초월적인 존재와의 관계에서 도덕적 가치의 고양을 추구하는 데 주안점을 둔다. 평화 능력과 관련된 대표적 내용 요소는 초등 3-4학년의 경우 '생명의 소중함', '자연 사랑과 환경보호'다. 여기서는 인간 생명뿐만 아니라 동식물의 생명까지도 소중히 여기며 일상생활에서 환경보호 및 녹색성장을 위해 실천할 수 있는 능력을 기른다. 이에 해당하는 평화 능력은 검소하고 소박한 생활태도, 생태적 감수성, 생명 존중 등이다.

지금까지 살펴본 영역별 평화 능력은 명확히 구분되는 것이 아니며 상호 보완적으로 연결된다. 이러한 평화 능력은 우리가 살아가는 과정에서 반드시 필요한 기본적인 능력이라 할 수 있다. 다음의 〈표 1〉은 2011 도덕과 교육과정에서 평화 능력과 관련된 내용을 직접적으로 다루고 있는 대표적인 내용 요소를 학년군별, 영역별로 분석한 것이다.

**표 1** 2011 도덕과 교육과정의 '평화 능력' 관련 영역과 내용 요소

| 학년군별 | 영역 | 내용 요소 | 평화 능력과의 관련성 |
|---|---|---|---|
| 초등 3-4학년 | 우리 · 타인과의 관계 | 친구 간의 우정과 예절<br>이웃 간의 도리와 예절<br>인터넷 예절<br>서로 돕는 생활 | 타인 존중, 배려, 봉사, 편견 극복, 공감, 의사소통, 협력, 비폭력 |
| | 사회 · 국가 · 지구공동체와의 관계 | 통일의 필요성과 통일 노력<br>다문화 사회에서의 바람직한 삶 | 평화적인 남북통일, 다문화 사회에서 평화 공존을 위한 문화상대주의적 인식과 태도 |
| | 자연 · 초월적 존재와의 관계 | 생명의 소중함<br>자연 사랑과 환경보호 | 검소하고 소박한 생활태도, 생태적 감수성, 생명 존중 |
| 초등 5-6학년 | 도덕적 주체로서의 나 | 감정 조절과 표현<br>절제하는 생활 | 분노 관리 능력, 자존감, 자율성, 성찰, 평화적 감수성, 비판적 사고 |
| | 우리 · 타인과의 관계 | 정보사회에서의 올바른 생활<br>대화와 갈등 해결 | 배려, 관용, 개인의 선과 공동선의 조화를 통한 공동체 생활 |
| | 사회 · 국가 · 지구공동체와의 관계 | 공동체 의식과 시민의 역할<br>우리가 추구하는 통일의 모습<br>지구촌 시대의 인류애 | 인권 존중과 정의 실현을 통한 평화적 공존, 지구촌의 갈등 해결을 통한 평화적 공존과 문화적 다양성 인정, 비폭력 세계 평화, 국제 이해, 다문화 존중 |

## 나. 평화적 교실 공동체 구축을 통한 평화 능력의 신장

### 1) 평화적 교실 공동체 구축의 필요성

평화 능력을 효과적으로 신장할 수 있는 도덕 수업을 위해 교사가 가장 먼저 해야 할 일은 무엇인가? 결론부터 말하면 그것은 바로 학생들이

몸담고 있는 교실을 민주적인 교실로 만드는 것이다. 민주적인 교실에서 학생들은 서로 존중하고 협력하는 능력을 배양할 수 있다. 교실에서의 민주적 경험이야말로 민주시민으로서의 지식, 기술, 태도를 갖추는 데 결정적인 기여를 할 수 있다.

우리의 전통적인 교실은 권위적인 교실이다. 권위적인 교실은 경쟁을 강요하기 때문에 승자와 패자가 있기 마련이고, 패배에 익숙한 학생은 자신을 무가치하고 무능한 존재로 인식하게 한다(I. M. Harris & M. L. Morrison, 박정원 역, 2011, 307-308). 그래서 권위적인 교실에서는 학생들이 교실 규범과 규칙을 제정하는 데 건설적으로 참여할 수 없다. 이런 교실에서는 옳고 그름에 대한 교사의 판단이 지배하게 된다. 교사가 학습의 권위자로서 강압적 방식으로 주입식 교육을 하기 때문에 학생들은 평화에 대해 자율적으로 판단하는 능력을 기를 수 없고 구조적 폭력에 의해 희생당할 우려가 있다. 반면 민주적인 평화 교실은 각 학생이 평등한 기회를 가지며 각 학생의 복지가 극대화되는 열린 환경이다. 여기서 교사와 학생은 건설적 방식으로 상호 작용하는 방법을 배우며 서로 자신의 관점을 피력한다. 또한 교사와 학생은 함께 행동의 한계를 설정하고, 상호 존중하는 태도를 가지며, 가치 있는 것을 공유한다. 그리고 교사와 학생은 진리 탐구의 과정에서 반성적 성찰을 통해 자신의 잘못된 입장을 수정할 수 있는 환경을 만든다(I. M. Harris & M. L. Morrison, 박정원 역, 2011, 308-309 참조). 이러한 평화적 교실을 구축할 때 교사는 진리 발견의 과정에서 학생을 소중한 인간, 동료 학습자로 대우할 수 있게 된다.

### 2) 평화 능력 신장을 위한 교수법

평화교육의 교수법(pedagogy)은 일차적으로 평화에 장애가 되고 있는 다양한 지구촌 문제를 비판적으로 사고하고 성찰할 수 있는 능력을 기르는 데 관심을 두기 때문에 학생 참여를 강조하고 차이를 존중한다(F. C. Power, et als. eds., 2008, 330). 그래서 학생들은 평화교육 매뉴얼(교육과정)에 따라 교실, 학교, 지역사회에서 몸소 갈등 해결 학습을 할 기회를 제공받는다.

교사가 교실에서 평화 능력을 신장할 수 있는 교수법에는 다음과 같은 것이 있다(I. M. Harris & M. L. Morrison, 박정원 역, 2011, 310-326 참조).

첫째, 평화 공동체의 구성이다. 학생들에게 평화 능력을 길러주기 위해서는 교실을 민주적이고 탐구적인 평화 공동체로 만들어야 한다. 학생들은 공동체 속에서 다른 사람과 더불어 살아가는 법을 배우면서 평화 능력을 기르게 된다. 공동체에 대한 인식이나 소속감이 없이는 타인을 존중할 수 없으면 미래 세계의 평화를 건설하는 데 기여할 수 없다.

둘째, 자존감(self-esteem)의 제고이다. 개인은 가족과 환경 내에서 자신의 자아 개념, 정신건강, 리더십, 인간관계 유지 기술을 결정하게 되는 일련의 사건을 경험하게 된다. 긍정적 자존감은 행동으로부터 나온다. 평화교육 학생들은 어떻게 세계에 평화를 가져올 것인가에 대한 자신의 육감과 아이디어를 실제 상황에서 시도해볼 필요가 있다. 고만(M. Gorman)에 따르면(1983, 166) 자존감은 중요한 타자로부터 그리고 어떤 종류의 성과로부터 도출된다. 중요한 타자는 주로 부모, 교사, 존경하는 사람 등이며, 이들에게서 자존감을 얻을 수 있다. 그러나 봉사 프로그램에 종사해온 학생 역시 자신의 봉사 경험이 자존감을 키우는 데 큰 도움이 되었다고 계속해서 보고하고 있다. 궁극적으로 건강한 자존감은 자신을 둘러싼 세계에 대한 봉사에 기초한 자기 자신의 성취감에서 우러나온다고 할 수 있다. 교사가 학생들에게 자존감을 심어줄 때 평화 능력 또한 제고할 수 있을 것이다.

셋째, 협력의 기회 제공이다. 평화 능력을 갖춘 사람은 타인과 협력할 줄 안다. 사회는 인간을 다른 인간과 접촉하도록 하는 곳으로서 근본적으로 그리고 본질적으로 협력이 필수적인 곳이다. 구성원의 협력이 없이는 사회는 생존할 수 없으며, 사회가 생존해온 것은 구성원의 협력성이 발휘되었기 때문이다. 협력 학습은 학생들 사이에 높은 수준의 성과를 가능하게 하며, 개인주의적 학습 환경이나 경쟁적 학습 환경에서는 확보할 수 없는 또래 도움을 제공한다. 또한 학생들은 협력적 교실을 통해 중요한 감정적 이익을 얻을 수 있다. 협력 학습 상황은 학생들로 하여금 다른 구성원을 배려하도록 가르치고, 일생을 통해 유지할 수 있는 인간관계를 형성할 생존기술을 제공한다.

넷째, 평화적 감수성의 신장이다. 도덕의 기초는 타인에 대한 도덕적 감수성이라 할 수 있다. 민주적 평화 교실은 바로 이러한 타인에 대한 감수성과 그것의 연장선에 있는 평화적 감수성을 신장하는 훌륭한 수련장이 될 수 있다. 모든 구성원의 이익, 관심, 필요를 존중하는 민주적 평화 교실이 비폭력적 행위를 장려하고 평화를 사랑하고 실천하는 평화적 감수성을 신장하는 데 기여하는 것은 너무나 자명하다.

다섯째, 비판적 사고의 신장이다. 비판적 사고는 흔히 수직적 사고, 성찰적 사고, 논리적 사고, 추론, 추리 능력, 분석적 사고라고 한다. 비판적 사고 능력은 갈등을 초래할 수 있는 다양한 상황에 대해 합리적으로 해결할 수 있는 능력을 가능하게 한다. 일상생활 속에 존재하는 폭력적 요소에 대한 비폭력적 해결은 평화 문화 정착의 전제 조건이다. 비판적 사고는 다음과 같은 절차를 거쳐 신장된다. ① 문제사태를 제시하고 명료화하며, ② 그 문제를 탐구할 가설을 제기하고, ③ 가설을 규정하며, ④ 가설의 가정, 함의, 논리적 타당성을 탐색하고, ⑤ 가설을 지지할 사실과 증거를 수집하며, ⑥ 해결책을 도출한다. 이와 같은 절차를 통해 학생들은 갈등을 해결하고 폭력을 예방할 수 있는 평화 능력을 기를 수 있을 것이다.

지금까지 살펴본 바와 같이 평화교육은 학생들에게 갈등을 평화적으로 해결하고자 하는 의지와 평화를 사랑하는 마음을 길러주는 교육이라 할 수 있다. 교사는 폭력의 문제를 해결할 수 있는 평화 전략을 가르치고 학생은 갈등을 비폭력적으로 해결할 수 있는 능력을 함양한다.

초등학교 도덕 교과에서의 평화교육은 미래 세계의 건설과 관련하여 다음과 같은 의미가 있다고 할 수 있다.

첫째, 평화교육은 자존감과 자신감, 신념, 의사소통 기술, 윤리적 자각, 타인에 대한 공감 등의 능력을 강조함으로써 학생들이 건강한 미래 세계를 건설할 수 있는 평화 능력의 신장에 기여를 하게 된다.

둘째, 평화교육은 학생들에게 신뢰, 배려, 공감 그리고 사랑의 가치를 가르침으로써 평화로운 미래 세계의 건설에 이바지할 수 있다. 학생들은 이와 같은 가치를 바탕으로 문제해결 기술, 남의 말에 대한 경청 기술, 대화 기술, 상호 유익한 해결책을 찾을 수 있는 기술을 습득함으로써 미래 세계 건설에 이바지할 수 있는 평화 능력을 기르게 된다.

셋째, 평화교육은 기존 사회를 지배하는 간접적, 구조적, 문화적 폭력에 대응할 수 있도록 학생들의 마음속에 평화에 대한 역동적인 비전을 제공한다. 특히 학생들은 인간 공동체의 다양성을 인정하고 다른 문화에 대한 관용과 존중의 자세를 가지며 인간이 서로 협력하며 살아간다는 것을 배움으로써 정의로운 사회의 시민으로 성장하게 된다.

넷째, 평화교육은 학생들이 자신에 대한 사랑을 넘어서서 모든 형태의 생명체를 존중하고 사랑하는 생태 감수성을 갖도록 한다. 다시 말하면 학생들은 긍정적인 자아상, 자신과 타인에 대한 책임감과 신뢰, 자연 환경에 대한 배려 등의 태도를 배움으로써 평화로운 미래 세계의 건설에 이바지할 수 있는 평화 능력을 기르게 된다.

이와 같이 초등 도덕 교과에서의 평화교육은 개인적 차원에서는 자존감을 향상하고, 대인관계적 차원에서는 의사소통 능력과 갈등 해결의 기술을 함양하며, 국가 · 사회적 차원에서는 관용과 정의의 덕을 신장시키고, 자연 · 초월적 차원에서는 생태 감수성과 생명 존중의 정신을 고양함으로써 학생들이 평화 능력을 신장하는 데 크게 기여할 수 있다. 따라서 초등 도덕 교과는 학생들이 직면하는 직접적, 구조적, 문화적 폭력 문제에 대한 합리적 이해뿐만 아니라 대화, 타협, 협상, 공존, 비폭력, 배려 등 평화 건설의 기술, 더 나아가 자기 존중, 타인 존중, 개방성, 참여, 생명 존중 등 평화 건설의 태도를 갖추도록 하는 데 중점을 두어야 할 것이다.

2장

# 가치갈등의 해결과 도덕교육*

우리의 삶은 갈등의 연속이고 선택의 연속이다. 다원주의 사회에서 수많은 갈등을 극복하고 자신이 선택한 대안 혹은 목표를 성취하기 위해 노력하는 과정이 우리의 삶인지도 모른다. 그 과정 속에서 우리는 고통을 느끼기도 하고 숱한 난관을 헤쳐나갈 용기를 얻기도 한다. 하지만 우리가 겪는 가치의 갈등은 용기보다는 심한 좌절감을 안겨줄 수 있다. 이는 가치갈등의 해결이 그리 만만치 않다는 것을 의미한다.

개인 내적 갈등은 자신의 가치를 스스로 재정립하면 해결될 수 있지만 개인 간에 발생하는 갈등은 개인적 차원의 가치뿐만 아니라 사회적 차원의 가치 충돌로 발생하기 때문에 쉽게 해결되지 않는다. 예를 들면 자율이나 성실 등 개인적 차원의 가치로 인해 갈등이 발생할 경우는 대다수 사람이 보편적으로 합의하고 있는 사회적 가치를 개인적 가치에 우선함으로써 해결할 수 있다. 하지만 뇌사, 사형, 안락사, 임신 중절 등과 같은 공적 문제에서 발생하는 사회적 차원의 가치갈등은 그 나름의

---

* 이 글은 필자의 논문 「가치갈등 해결 수업모형의 한계와 그 개선방안」(『도덕교육연구』 제24권, 2호, 2012, 111-133)을 수정·보완한 것이다.

'정당한 근거'를 기초로 하여 전개되기 때문에 쉽게 해결되지 않는다. 그리고 모든 사람이 자유, 평등, 정의 등 사회적 차원의 가치를 동일한 방식으로 이해하지도 않으며 이런 가치를 절대적 가치라고 인정하지도 않는다. 또한 사람들은 확고한 가치의 위계가 존재한다는 것을 인정하지도 않는다. 이것이 바로 가치갈등의 해결을 어렵게 하는 요인이라 할 수 있다.

그렇다면 다원주의 사회에서는 절대적, 보편적 가치가 존재할 수 없는가? 절대적이고 보편적인 가치를 근거로 하여 가치갈등의 문제를 근본적으로 해결할 수 있는 길은 없는가? 본 논문은 바로 이러한 문제의식에서 출발하여 가치갈등의 분석과 해결을 위한 도덕 수업의 절차와 방향에 대해 논의한다. 2007 개정 도덕과 교육과정에 따라 개발된 도덕과 교사용 지도서에서는 가치갈등 해결 수업모형의 절차를 도덕적 문제사태 제시하기 → 관련 규범 확인과 의미 파악하기 → 문제사태의 성격 분석하기 → 자기 입장을 선택하고 정당화하기 → 자기 입장의 수정과 대안 찾기의 단계 순으로 제시하고 있다(교육과학기술부, 2010a, 47-48). 서로 대화하는 가운데 갈등을 합리적으로 해결할 수 있는 능력을 신장하는 데 목표를 두는 이러한 절차는 올리버(D. W. Oliver)와 셰이버(J. P. Shaver)의 법리적 접근방식에 그 이론적 기초를 두고 있다. 하지만 그 절차와 운영방법은 그들이 논의하는 불일치에 대한 합리적인 분석능력이나 합리적인 가치 해결 능력을 제대로 신장하기에는 여러 약점을 안고 있다고 할 수 있다.

이에 본 장에서는 가치갈등 해결 수업모형이 이론적 토대로 삼고 있는 올리버와 셰이버의 법리적 접근방식의 기본 특징을 자세히 살펴본 후에 이를 토대로 하여 현행 가치갈등 해결 수업모형의 단계와 운영방법을 비판적으로 검토함으로써 가치갈등 해결 수업모형의 한계를 밝히고 그 개선방안을 탐색한다.

## 1. 다원주의 사회와 가치갈등

올리버(D. W. Oliver)와 셰이버(J. P. Shaver)는 현대사회의 가장 큰 특징을 가치 다원주의에서 찾고 있다. 그들은 한편으로 일반적 가치와 인간의 존엄성이라는 궁극적인 가치를 인정하고 있지만 다른 한편으로 특정 집단이나 특정 상황에 적용되는 특수한 가치가 존재한다는 것 또한 인정하고 있다(1966, 23-24, 59-60). 이러한 특수한 가치가 작동하는 현대사회는 분명 다원주의 사회다.

키케스(J. Kekes)에 따르면 다원주의 사회에서는 좋은 삶(good life)에 대한 합당한 개념이 다수 존재하고 그 좋은 삶의 영위와 관련을 맺을 수밖에 없는 가치가 다수 존재한다(2000, 168). 그리고 그 가치는 양립불가능성(incompatibility)과 공약불가능성(incommensurability) 때문에 종종 갈등을 일으킨다. 여기서 말하는 가치의 양립불가능성이란 부분적으로 갈등하는 가치가 내재적으로 지니고 있는 특성이다. 가치는 이런 특성이 있기 때문에 우리가 어떤 하나의 가치를 선택하면 전체적으로 혹은 비율적으로 다른 가치의 실현이 방해를 받는다. 전국 곳곳을 다니면서 여러 음식을 두루 맛보고 즐기는 일과 음식을 절제하는 일은 전체적으로 양립하기 어렵다. 그리고 평생 정치적으로 능동적인 활동을 하는 것과 한적한 삶을 누리는 것은 비율적으로 양립하기 어렵다. 그러므로 가치의 양립불가능성은 적어도 우리가 가치에 대해 취하는 태도에서 연유하기보다는 가치의 본질에서 연유한다고 할 수 있다.

그리고 공약불가능성이란 각자의 장단점을 평가할 수 있는 공약수

(common measure)가 없다는 것을 의미한다. 제곱근과 모욕감, 냄새와 익살 등은 동일한 잣대로 비교할 수 있는 것이 아니다. 제곱근과 냄새는 자연과학적 영역의 개념이고 모욕감과 익살은 인문학적 영역의 개념이다. 이런 개념은 동일한 척도에 의해 그 가치의 경중을 평가할 수 없다. 그 개념을 비교하고 평가할 수 있는 척도는 다르다.

다원주의자는 다음과 같은 이유를 제시하며 가치가 공약불가능하다고 주장한다(J. Kekes, 2000, 169). 첫째, 여타 모든 가치보다 중시되고 권위 있게 높은 서열을 차지할 수 있는, 행복과 같은 최고의 가치(a highest value)란 존재하지 않는다. 둘째, 모든 이성적인 사람이 수용할 수 있고 모든 가치가 비교될 수 있는, 돈과 같은 매개물이 존재하지 않는다. 셋째, 정언명령처럼 어떤 단일한 원리나 몇몇 규준이 되는 원리가 존재하지 않는다는 것이다.

만일 우리가 어떤 가치를 추구할 때 그것이 공약불가능하지만 양립가능하다면 그 가치를 조화시키는 것은 어렵지 않을 수 있다. 하지만 공약불가능하면서 양립불가능한 가치를 실현하고자 할 때는 문제가 발생한다. 그러면 이러한 경우 우리는 어떻게 해야 할 것인가? 다원주의자는 이러한 문제를 정면으로 돌파하기 위해 모든 가치란 조건부적인(conditional) 가치라는 입장을 취한다. 그들은 최우선적(overriding) 가치란 존재하지 않는다고 주장하는 것이다. 물론 다원주의자가 상당수의 가치 갈등이 해당 가치의 합당한 서열에 따라 해결될 수 있다는 것을 부정하지는 않는다. 그들은 유일무이의 최고 가치란 존재하지 않지만 다수의 가치 서열이 존재한다는 것을 인정하는 것이다.

이와 같이 다원주의자는 최고 가치를 인정하지 않지만 다수의 가치 서열을 인정한다는 점에서 일원론(monism)과 상대주의(relativism) 사이의 중간 입장을 견지한다고 할 수 있다. 한편으로 다원주의자는 최우선적 가치가 존재한다는 일원론을 반대한다. 그들은 최우선적 가치의 존재 자체를 부정한다(J. Kekes, 2000, 170–171). 다른 한편으로 그들은 모든 조건부적 가치가 관습적이라고 주장하는 상대주의에 반대한다. 상대주의는 모든 가치가 특정 전통에서 발달한 관습, 관행 그리고 신념의 산물이라고 보기 때문이다. 상대주의자는 그 가치가 전통적 맥락에서만 도덕적 권리가 있다고 주장한다. 상대주의자는 이성(reason)이 가치갈등을 해결하는 데 주요한 역할을 한다고 보지만 그 역할이 특정 전통 내에 국한된다고 주장한다. 이에 반해 다원주의자는 가치갈등이 상이한 전통의 맥락에서 발생하더라도 가치 사이에서 발생하는 갈등을 해결해줄 상황 독립적인 근거가 존재한다고 믿는다.

결국 다원주의자는 조건부적 가치의 갈등을 해결할 상황 독립적인 근거가 존재하며, 그 근거는 좋은 삶의 최소 요건들(minimum requirements)로 구성된다고 주장한다. 그리고 이런 최소 요건들은 인간 본성에 따른 필요에 의해 설정된다고 본다. 예컨대 생리적 필요는 의식주와 관련이 있고, 심리적 필요는 희망이나 동료의식 등과 관련이 있으며, 사회적 필요는 질서나 안전이나 존중 등과 관련이 있다. 이러한 인간의 생리적 · 심리적 · 사회적 필요를 충족시키는 것이 바로 일차적 가치(primary value)다. 그리고 이차적 가치는 좋은 삶의 전통이나 개념에 따라 변화하는 필요를 만족하게 하는 것과 관련이 있다. 사람들이 일차적인 가치를 추구하는 데 도움을 주는 규칙, 관습, 원리는 '뿌리내린 관습' (deep convention)이라 할 수 있다(J. Kekes, 2000, 172). 그래서 도덕적으로 수용할 수 있는 전통이란 공동체의 구성원을 뿌리내린 관습에 따라 보호하는 것임이 틀림없다.

올리버(D. W. Oliver)와 셰이버(J. P. Shaver)는 상대주의자와 마찬가지로 특정 집단이나 특정 상황에 적용되는 특수한 가치의 존재를 인정하고 있다. 그리고 일원론자와 유사하게 모든 사람과 모든 시기에 적용되는 일반적 가치와 인간의 존엄성이라는 궁극적인 가치의 존재를 인정하고 있다(1966, 23–24, 59–60). 올리버와 셰이버는 특수한 가치란 인간 존엄성의 가치를 증진하는 데 기여하며, 좀 더 기본적인 일반적 가치로 이끄는 가교 역할을 한다고 주장한다. 여기서 특수한 가치란 자신의 양심과 개인적 체험이 지시하는 대로 생각하고 믿고 말하며 숭배할 권리, 신체를 보전할 권리, 타인과 협정을 맺을 권리, 사적 재산을 지킬 권리 등을 가리킨다. 그리고 일반적인 가치에는 자유, 평등, 정의, 복지, 평화 등이 해당된다. 만약 우리가 특수한 가치와 일반적 가치 중에서 어떤 하나를 선택해야 할 때는 일반적 가치를 선택함으로써 그 가치갈등의 문제를 해결할 수 있다. 특수한 가치와 일반적 가치가 가치갈등 해결에 기여하지만 해결의 궁극적인 지침은 어디까지나 인간 존엄성(human dignity)의 가치다(R. H. Hersh, et al, 이석호 외 역, 1989, 46–49). 아마도 그들은 특수한 가치가 일반적 가치를 뒷받침하고 일반적 가치는 궁극적 가치를 뒷받침해야 한다는 것을 강조하는 것으로 보인다.

우리가 키케스의 가치 논의와 올리버와 셰이버의 가치 논의를 비교하면, 키케스의 최우선적 가치는 올리버와 셰이버의 궁극적 가치(인간 존중의 가치)와 유사하며, 일차적 가치 혹은 조건부적인 가치는 일반적 가치와 유사하다고 할 수 있다. 특히 올리버와 셰이버가 인간의 존엄성이라는 궁극적 가치를 인정하는 것은 최우선적 가치를 인정하는 단일론과 맥을 같이하고 있으며, 자유 · 평등 · 정의 · 일반 복지 · 평화 등의 일반적인 기본적 가치를 인정한다는 점에서는 조건부적 가치를 인정하는 상대주의와 유사한 입장이 있다고 할 수 있다. 하지만 그들이 상대주의와 맥을 같이하고 있다고 하더라도 일반적인 기본적 가치를 관습의 산물로 인정하지 않는다는 점에서 그들이 상대주의를 수용하고 있다고는 결코 말할 수 없다. 그들은 인간 존엄성이라는 궁극적 가치를 추구하면서 전통적 맥락 외부에서 서로 갈등하는 일반적 가치 간의 갈등을 합리적 합의를 통해 해결하고자 노력하고 있기 때문에, 그들은 궁극적으로 인간 존엄성의 가치실현을 목표로 삼는 다원주의자라고 할 수 있다.

이와 같은 맥락에서 볼 때 올리버와 셰이버는 공적 쟁점을 둘러싸고 일반적 가치 사이에서 갈등이 발생할 경우 그 갈등을 하나의 스펙트럼 차원에서 파악하고 정당한 근거에 따라 그것을 합리적으로 해결할 것을 권장하고 있다. 이에 대한 좀 더 구체적인 논의는 교수전략 부분에서 하기로 한다.

## 2. 공적 쟁점에 대한 법리적 접근

### 가. 가치갈등의 발생원인

일선 현장 교사가 도덕 수업을 할 때 활용하고 있는 가치갈등 수업모형은 올리버와 셰이버의 법리적 모델(jurisprudential model)에 이론적 토대를 두고 있다(1966, 114-115). 법리적 모델은 기본적으로 논리적 사고방식에 의거하여 가치갈등의 원인을 파악하여 그 해결책을 탐색하는 접근방식이다. 한마디로 말해서 합리적 해결을 위한 정당한 근거를 탐색하는 논리적 탐구방식을 취한다고 할 수 있다.

법리적 모형은 공적 논쟁이나 쟁점에 내포되어 있는 세 가지 불일치, 즉 개념 정의(definition)의 불일치, 사실의 불일치, 가치의 불일치를 밝히는 데 초점을 맞추고 있다. 올리버와 셰이버는 공적 논쟁은 ① 쟁점과 관련된 용어나 상징이 명확하지 않거나, ② 가치 주장을 뒷받침하는 사실적 근거가 서로 다르거나, ③ 기본적인 가치가 서로 충돌하거나 대립하기 때문에 발생한다고 주장하며, 이런 불일치 문제를 해결하면 가치 갈등이 합리적으로 해결된다고 확신한다. 이를 좀 더 자세히 살펴보면 다음과 같다.

첫째, 개념 정의의 불일치란 논쟁에서 모호한 용어나 상징을 사용할 때 발생한다. 이러한 문제를 풀어나가기 위해서는 용어나 개념을 분명히 규정하고, 그 실제적 의미와 공통의 의미를 만들어가는 과정이 중요하다. 일반적으로 개념을 정의하는 방식은 두 가지 유형으로 나뉜다. 하나는 모범적인 예(example)를 통해 개념을 정의하는 것이고, 다른 하나는 일반적 준거(general criteria)를 통해 개념을 정의하는 것이다. 만약 개념 정의에서 불일치가 발생하면 이 두 가지를 구별하고 그 기반 위에서 어떤 개념을 정의할 수 있는지 결정하고, 서로 다른 개념 정의를 이루고 있는 부분 사이에 공통적인 의미를 구성하는 방안을 찾을 필요가 있다. 우리는 보통 관례(convention)에 따르거나 사전적 개념 정의에 의존하거나 약정된 개념 정의에 따름으로써 이러한 문제를 해결한다. 우리는 이 세 가지 중에서 약정된 개념 정의에 따르는 방식을 가장 많이 사용한다(D. W. Oliver & J. P. Shaver, 1966, 92–95).

그런데 개념을 규정하는 과정에서 개인의 가치가 개입될 우려가 있다. 그래서 우리는 가치 영역의 준거를 설정하고 사고를 구체화하며 사실적 부분을 기술적으로 탐구할 필요가 있다. 예를 들면 체벌의 의미를 명확히 규정하기 위해서는 사고를 구체화하고 그와 관련된 사실을 구체적으로 기술할 필요가 있다. 예컨대 체벌의 개념을 "문제 행동의 교정이나 예방을 위해 회초리로 종아리 등 신체의 일부에 고통을 가하는 벌"로 정의하거나 혹은 "손이나 각목 등으로 때리는 벌" 등으로 정의함으로써 갈등이 개념 규정의 차이에서 생긴 것인지 분명히 할 필요가 있다(조성민, 2007, 136-137 참조). 이 두 가지 개념 규정을 각기 가진 사람들 간의 충돌은 피할 수 없다. 하지만 두 부류의 사람이 어느 하나의 체벌 개념에 동의한다면 그 갈등은 쉽게 해결될 수 있을 것이다.

둘째, 사실의 불일치란 논쟁에서 가치 입장을 뒷받침하는 근거로 제시된 사실이 서로 다를 때 발생한다. 이는 구체적인 사실의 진위를 따지고 일반화의 타당성을 검토하는 과정을 통해 해결할 수 있으며, 여기서 중요한 것은 사실 정보의 타당성이나 정확성을 검증하는 것이다. 우리는 사실 주장, 일반화 혹은 통계가 의문시될 때 정보의 원천(source)을 확인함으로써 신뢰성을 검증한다. 올리버와 셰이버는 사실에 대한 증거의 원천으로 직관과 권위, 개인적 관찰이나 비유, 유추 등을 제시한다(1966, 102-112). 그렇지만 우리가 근거를 통해 사실을 명료하게 검증하였더라도 사실을 말하는 언어 속에는 선호나 가치가 개입될 수 있기 때문에 항상 사실을 비판적으로 검토할 필요가 있다. 예컨대 우리가 사용하는 노동자나 근로자라는 언어 속에는 개인의 선호나 가치가 개입될 수 있기 때문에 사용할 때 유의해야 한다는 것이다.

체벌에 대한 입장 차이 또한 사실에 대한 믿음의 차이 때문에 생길 수 있다. 이 경우 상반된 사실적 믿음 중에서 어느 것이 참인지를 가려낼 수 있다면 그 논쟁을 해결할 수 있다. 예를 들어 체벌을 반대하는 사람이나 찬성하는 사람 모두 직관과 권위, 관찰이나 유추 등을 통해 자존심 상하지 않게 체벌을 할 수 있고 체벌이 문제 행동의 교정과 예방에 기여할 수 있다는 믿음이 생기면 체벌을 허용할 수 있을 것이다. 그리고 그들은 체벌의 부작용이 심각하다는 믿음이 생기면 체벌을 원천적으로 허용하지 않을 것이다.

셋째, 가치 불일치는 일반적 가치가 서로 충돌하거나 대립하기 때문에 발생하는 것으로 공적 논쟁에서 핵심적이다. 여기서 말하는 일반적 가치란 개인적 자유, 평등, 정의, 복지, 평화 등이다. 이러한 가치는 공적 정책이나 토론을 정당화하기 위해 사용하는 핵심 개념이기 때문에 학교 토론 주제로 사용하기에 적합하다. 올리버와 셰이버에 따르면 진정한 딜레마는 일반적 가치와 특수한 가치의 갈등이 아니라 일반적 가치 간의 갈등이라고 말한다. 그들은 이러한 난제를 극복하기 위해 모종의 새로운 가치 위계를 설정하는데, 그것이 바로 최종적인 문제해결의 기준이 되는 인간 존엄성의 가치다(1966, 101). 예컨대 어떤 사람은 체벌해서라도 나쁜 습관을 교정해야 한다고 주장하고, 또 다른 사람은 학생의 인격을 침해하므로 체벌해서는 안 된다고 주상하변 서로 갈등이 생긴다. 전자는 "학생의 미래를 위해 나쁜 습관을 교정해야 한다."는 가치판단을 전제하고 있고, 후자는 "학생의 인격을 존중해야 한다."는 가치판단을 전제하고 있기 때문에 서로 갈등하게 된다.

이와 같이 서로 다른 가치판단(가치원리) 때문에 갈등이 발생할 경우 우리는 좀 더 상위의 도덕원리라고 할 수 있는 '인격 존중의 원리'에 동의하여 가치갈등을 해결하든지, 아니면 '인간 존엄성'이라는 궁극적 가치를 존중하는 선에서 앞의 두 가치판단의 장점을 살려 "인격을 침해하지 않는 범위 내에서 나쁜 습관을 교정해야 한다."는 수정원리에 동의함으로써 가치갈등을 해결할 수 있다.

지금까지 살펴본 바와 같이 올리버와 셰이버는 공적 논쟁이나 쟁점에서 불일치가 발생하는 가장 큰 원인을 일반적 가치 사이의 불일치에서 찾고 있다. 물론 이 세 가지 불일치 논의는 모두 가치갈등의 분석 틀로서 매우 유효하다. 하지만 우리가 가치의 문제를 중심으로 개념 정의의 문제와 사실의 문제를 심도 있게 논리적으로 분석할 때 가치갈등의 문제를 정당한 근거에 따라 합리적으로 해결할 수 있을 것이다.

## 나. 합리적 합의를 통한 가치갈등의 해결

올리버와 셰이버는 공적 논쟁의 해결 과정에서 개방적 토론이 절실히 필요하고, 우리 사회에서 서로 갈등을 일으키고 있는 신념이나 가치도 개방적 토론을 통해 수용하게 된다고 역설하고 있다(1966, 23–24). 그들에 따르면 우리가 인간 존엄성의 가치를 구현하면서 공적 논쟁을 평화적으로 해결하는 길은 합리적 합의(rational consent)를 추구하는 것뿐이다(1966, 60). 전통적으로 지배자는 갈등이 발생하면 힘으로 억압하고 사고를 통제하는 길을 택했다. 그러나 이러한 힘에 의한 억압은 우리의 정의감과 인간 존엄성을 침해하고 사고의 통제는 우리의 사고력과 추론 능력을 거부한다는 점에서 배척되어야 마땅하다.

올리버와 셰이버는 논쟁적 쟁점에 대해 개방적인 분위기 속에서 자유롭게 토론할 때 합리적 합의가 이루어진다고 보고 있다. 그들에 따르면 토론의 목적은 갈등에 처한 개인과 집단이 각자의 입장에 대해 이해하도록 격려하며, 행위의 공동 과정에 동의하도록 격려하는 데 있다(1966, 61). 그렇다고 해서 우리가 남을 격려하고 설득하기 위해 사기치고 기만하며 정보를 왜곡해도 된다는 것은 아니다.

합리적인 설득은 선동과는 다르다. 합리적인 설득은 다음의 세 가지 측면에서 선동과 다르다. 합리적인 설득은 ① 화자의 의도, 동기가 선하며 진정성이 있으며, ② 화자의 메시지가 진실하고, ③ 그 메시지가 청자의 비합리적 공포를 야기하지 않는다는 측면에서 선동과는 명백히 구분된다. 우리가 합리적 합의에 도달하기 위해서는 합리적 설득이 필요한 것이지 선동이 필요한 것은 아니다.

우리가 지향해야 할 합리적 합의는 억압과 사고의 통제에 대해 반대하는 것이며 자유로운 토론을 통해 인간 존엄성의 가치에 동의하는 것이다. 그렇다고 해서 모든 당사자가 완전한 합의에 이를 때까지 토론을 계속해야 할 필요는 없다. 우리는 보통 논쟁 중인 사람들의 과반수가 어떤 한 대안이 최선이라고 동의할 때 결정을 내린다. 그래서 우리는 다수가 정한 절차나 과정에 따라 내린 결정을 수용해야 한다. 만일 어떤 사람이 그 과정을 수용하지 않는다면, 그는 집단 구성원으로서 자격을 상실하게 될 것이다.

우리는 합의의 관념을 다음의 두 가지 방식으로 설명할 수 있다(D. W. Oliver & J. P. Shaver, 1966, 63). 하나는 특정 결정 내용에 합의하는 방식이고, 다른 하나는 일련의 특정 합의 절차에 의거하여 이루어진 결정을 따르는 데 합의하는 방식이다. 대다수 사람은 갈등 해결의 수단으로 작용하는 합리적 합의 과정에 따라 행동한다. 따라서 교사는 논쟁적 쟁점을 다루는 수업 과정에서 학생들이 자신의 가치 입장만을 강하게 주장하기보다는 합리적 합의의 정신을 발휘하여 자신의 잠정적인 가치 입장을 수정하고 그 대안을 모색할 수도 있는 개방적인 태도를 갖도록 지도할 필요가 있다.

## 다. 가치갈등의 분석과 해결을 위한 교수 전략

올리버와 셰이버가 구안한 가치갈등 분석 학습의 일반적 절차는 가치갈등 해결 수업모형의 이론적 토대가 되고 있다(교육과학기술부, 2010a, 47-48). 본 절에서는 그들이 구안한 교수 전략을 검토함으로써 가치갈등 해결 수업모형의 절차상의 한계를 밝히고 그 대안을 모색하는 데 있어서 근거로 삼고자 한다.

올리버와 셰이버는 가치갈등을 분석하고 해결하는 데 지침이 되는 8단계의 교수 전략을 제시한다.

그들이 제시한 첫 번째 단계는 구체적인 가치갈등 사태에서 일반적인 가치를 추출하는 단계다. 이 단계에서 학생들은 구체적인 가치갈등 사태에 내포된 일반적인 가치 개념을 이해해야 한다. 그리고 이런 일반적인 가치 개념을 당면한 문제사태에 적용하여 어떤 가치를 주장하고 있으며, 어떤 가치를 침해하고 있는지를 분석한다. 다음의 예화를 살펴보자(1966, 89-90 요약 발췌).

> 어느 날 슈워츠(Barry Schwartz)라는 열성적인 학생이 뉴욕 흑인가 쇼핑 구역에서 연설하고 있었다. 연설의 주요 내용은 그날 저녁 개최하는 미국 청년 진보당 대회에 대한 홍보와 흑인의 평등권 수호에 관한 것이었다. 슈워츠의 말에 귀를 기울이고 있는 사람은 80명 정도로 차도에까지 번져 나가기 시작했다. 길가의 상점 주인이 경찰에 신고를 하는 바람에 경찰 두 명이 왔다. 사람들이 웅성거리자 경찰들은 슈워츠에게 연설을 중단하라고 말했다. 슈워츠는 경찰의 말을 듣지 않았다. 그러자 슈워츠를 끌어내리라고 충동질하는 사람이 나타나기 시작했다. 이에 경찰은 슈워츠의 안전을 명분 삼아 체포했다. 슈워츠는 재판정에서 구류 30일 형을 받게 되자 자신이 미국 헌법에 보장된 기본권을 박탈당했다고 상소했다.

학생들은 첫 번째 단계에서 앞의 예화를 접하면 어렵지 않게 '언론의 자유'와 '공공질서의 유지'라는 두 개의 가치 개념을 추출할 수 있을 것이다.

둘째, 일반적 가치 개념을 차원화하는 단계다. 사람들은 보통 일반적 가치를 범주적 개념으로 이해한다. 하지만 그들은 우리가 서로 갈등하는 가치를 하나의 문제사태에서 추출하고 그 갈등을 해결하고자 할 때 가치를 '전부 아니면 전무'의 범주로 사용하지는 않는다. 셰이버 역시 가치란 절대적 범주가 아니라 차원적 범주에 속한다고 주장한다(R. H. Hersh, et al, 이석호 외 역, 1989, 41-42). 그에 따르면 가치는 좋고 나쁨, 옳고 그름 또는 칭찬과 비난 등의 정도를 판단하는 것이지 그러한 특질이 있느냐 없느냐를 따지는 것이 아니다. 예컨대 언론의 자유라는 가치는 언론의 자유가 '있는 것'과 '없는 것'의 두 가지만으로 구분되는 것이 아니다. 언론 자유의 보장 정도는 무제한적 언론의 자유로부터 언론 자유의 부재에 이르기까지 하나의 연속선상에서 차원으로 구성된다. 공공질서의 유지라는 가치 또한 공공질서가 '유지되는 것'과 '전혀 유지되지 않는 것'의 두 가지로만 구분되는 것이 아니다. 완전한 공공질서의 유지 상태로부터 완전한 무질서 상태에 이르기까지 공공질서의 유지 정도는 하나의 연속선을 이룬다. 이러한 입장은 키케스(J. Kekes)의 입장과 유사해 보인다. 키케스는 최우선적 가치(overriding value)라는 절대적 가치를 강조하는 단일론도 반대하지만 모든 가치를 관습적이라고 주장하는 상대주의적 가치에도 반대한다. 그는 조건부적인 가치의 갈등을 해결할 수 있는 상황 독립적 근거가 존재한다는 가정 아래 인간의 생리적, 심리적, 사회적인 기본 필요를 충족시키는 일차적인 가치(primary value)가 중요하고 이와 함께 뿌리내린 관습(deep convention)도 중요하다는 것을 인정하고 있다(J. Kekes, 2000, 172). 그가 인정하는 일차적 가치 역시 우리가 좋은 삶을 살기 위해 선택해야 할 가치로서 차원적 범주의 성격을 띠는 것이라 할 수 있다. 만약 우리가 '전부 아니면 전무'라는 절대적 범주를 가치갈등에 적용한다거나 일원론자나 상대주의자처럼 최우선적 가치라는 절대적 가치만을 주장하거나 관습이라는 상대주의적 가치만을 주장한다면 가치갈등에서의 타협이란 불가능할 것이다.

이와 같은 맥락에서 볼 때 올리버와 셰이버가 사회적 가치를 '차원적 구성물' (dimensional construct)로 이해하는 것은 설득력이 있다(1966, 127 참조). 우리는 가치를 구성물로 다룸으로써 고차적 가치인 인간 존엄성을 가치의 조화나 융합으로 개념화할 수 있다. 특정 가치갈등 속에서 우리는 모든 사람을 만족시킬 수는 없지만 인간 존엄성의 가치를 훼손하지 않으면서 다수를 만족시키는 타협을 시도할 수 있다.

셋째, 가치 간의 갈등을 확인하는 단계다. 이 단계에서 학생들은 갈등하고 있는 둘 이상의 가치를 추론할 수 있으며 이런 가치가 서로 충돌하고 있다는 것을 확인한다. 학생들은 어떤 하나의 가치를 고양하는 결정이 다른 하나나 그 이상의 가치를 손상할 수 있다는 것을 이해하게 된다. 예컨대 어떤 결정이 공공질서의 유지라는 가치를 지지하게 되면 그것은 동시에 언론 자유라는 다른 가치를 훼손할 수 있음을 알게 되는 것이다.

넷째, 가치갈등 사태의 유형을 확인하는 단계다. 학생들은 어떤 가치갈등이 일어나는 사태를 일반적인 유형의 가치갈등의 사례로 이해한다. 예컨대 슈워츠가 연설을 중단하게 되는 사태는 언론 자유라는 일반적인 가치가 침해되는 가치갈등 사태의 한 유형이라 할 수 있다. 그러나 청중이 소란을 일으키는 사태가 발생하면 이는 공공질서 유지라는 일반적인 가치를 침해하는 가치갈등의 한 유형이 될 수 있다. 이처럼 학생들로 하여금 가치갈등 사태의 유형을 확인하도록 하는 가장 큰 이유는 학생들이 그 가치갈등 사태의 성격을 명확히 파악하여 합리적 해결책을 찾도록 하는 데 있다(김헌규, 1976, 121).

다섯째, 검토 중인 문제와 유사한 가치갈등 사태를 찾거나 만드는 단계다. 이 단계에서 학생은 자신이 옹호하는 가치 입장이 여러 유사한 다른 가치갈등 사태에도 일관성 있게 적용되고 있는지 비교해본다. 그 비교가 유용한 것이 되기 위해서는 그 사태 속에 자신이 지지하는 가치가 포함되어 있어야 한다. 이러한 유추 활동을 통해 학생들은 자신의 입장이 일관성을 유지하고 있는지 검토하게 된다. 예컨대 학생들이 슈워츠의 연설 중단 사태가 언론의 자유라는 일반적인 가치 침해 사태라고 생각한다면 이와 유사한 언론 자유 침해 사태를 찾거나 만들어본다. 만약 자신의 입장에서 비일관성이 발견된다면 그 입장을 바꾸거나 유사한 사례 두 가지를 구별할 수 있는 새로운 준거를 찾음으로써 비일관성을 정당화해야 한다.

여섯째, 자신의 잠정적인 가치 입장(a general qualified value position)을 결정하는 단계다. 이 단계에서 학생들은 일련의 논리적 탐구 활동을 통해 잠정적인 결정을 내린다. 학생들은 어떤 사태에 대해서는 '좋은 것' 으로 판단하고, 다른 사태에 대해서는 '좋지 못한 것' 으로 판단하는 일반적인 진술을 하게 된다. 예컨대 학생들은 '공공질서의 유지를 위해 슈워츠를 처벌하는 것이 타당하다.' 든가, '슈워츠를 처벌하는 것은 언론 자유를 침해하는 것이다.' 든가 하는 결정을 내린다.

일곱째, 잠정적인 가치 입장을 지지하고 있는 사실 가정(factual assumption)을 검증하는 단계다. 어떤 가치 입장의 진술은 어느 정도 우리의 비일관성을 해명하거나 논쟁에서 우리의 추론을 명확히 하는 데 기여할 것이다. 갈등 당사자가 비록 유사한 윤리적 언명을 사용하더라도 그 진술은 어떤 반대 입장을 보여줄 수 있다. 이러한 입장 차이는 서로 갈등하는 가치 중에서 어떤 하나의 가치에 가중치를 부여하기 때문에 발생하는 것이고, 이런 상반된 가치 입장은 지지하는 사실 가정이 다르기 때문에 발생하는 것이다. 따라서 이 단계에서는 자신의 잠정적 가치 입장을 지지하기 위해 제시한 사실 가정이 그 가치 입장과 적합한 관련성이 있다는 것을 증명해야 한다. 예컨대 처벌해야 한다고 주장하는 사람은 슈워츠가 교통을 심각하게 방해하고 소란을 야기했다는 사실을 제시할 것이고, 처벌해서는 안 된다고 주장하는 사람은 결코 공공질서를 파괴하지 않았다는 사실을 제시할 것이다. 만약 사실 가정이 그 잠정적 가치 입장을 적절히 지지하고 있다는 것이 검증되면, 그 잠정적 가치 입장은 타당성을 확보하게 될 것이다.

여덟째, 진술의 적합성(relevance)을 검증하는 단계다. 자기가 결정한 가치 입장을 정당화하기 위해 사용한 여러 진술이 그 최종적인 가치 입장의 타당성과 적합성을 보증하는지를 검증한다. 어떤 사실이 사실로서 타당하다는 것과 어떤 사실이 어떤 가치 입장을 정당화하는 데 적합한 근거가 된다는 것은 별개의 문제다. 이 타당성과 적합성의 문제는 가치 입장 자체에 대해서도 제기된다. 예컨대 가치 입장은 특수한 경우만 타당할 수 있고, 대부분의 경우에 모두 타당할 수 있다. 또한 적합성의 준거를 설정하는 문제는 가치 입장을 정당화하는 데 필요한 논리적 타당성의 문제와 연결된다.

요컨대 올리버와 셰이버가 가치갈등을 분석하기 위해 제시한 8단계의 일반적 교수 전략은 어떤 가치를 신봉하거나 채택하도록 강요하는 것이 아니다. 그것은 갈등을 일으키고 있는 가치의 개념을 추출하여 차원화하고 가치 간의 갈등 사태를 확인하여 자신의 잠정적 가치 입장을 결정하고 그 입장을 지지하는 사실 가정을 검증함으로써 최종적인 가치 결정을 내리도록 돕는 데 역점을 두고 있다.

## 3. 가치갈등 해결 수업 절차에 대한 검토

### 가. 가치갈등 해결 수업모형의 절차와 운영방법에 대한 검토

가치갈등 해결 수업모형은 법리적 모형에서 비롯된 것으로서 ① 개념의 의미를 명확히 하거나 합의를 도출하는 일, ② 부딪히는 관점과 주장이 사실적 증거에 입각하여 그 타당성을 확보하는 일, ③ 각각의 가치 입장을 지지하는 사회적 가치규범이나 도덕원리가 무엇이며 어떤 가치 입장이 더 근원적인 원리로부터 지지를 받고 있고, 또 어떤 것을 우선해야 하는지, 아니면 그것의 조화를 모색해야 하는지를 검토하는 일 등을 중심으로 하여 가치판단을 내리고 의사결정을 한다(교육과학기술부, 2010, 47). 다시 말하면 가치갈등 해결 수업모형은 개념, 사실 그리고 가치의 불일치 문제를 해결하고, 합리적 합의를 도출하는 데 적합하다는 것이다.

그렇다면 과연 이러한 설명은 타당한가? 교사용 지도서에 제시된 가치갈등 해결 수업모형은 세 가지 불일치의 해결 능력 또는 합리적 합의를 도출하는 능력을 신장하는 데 적합하게끔 구안되어 있는가? 여기서는 교사용 지도서에서 제시하고 있는 가치갈등 해결 수업모형의 구체적 단계와 운영방법을 올리버와 셰이버의 8단계 교수 전략과 비교 검토해봄으로써(교육과학기술부, 2010a, 47-48; Oliver & Shaver, 1966, 92-95), 가치갈등 해결 수업모형의 한계를 논의하고자 한다. 그리고 이런 논의를 토대로 하여 합리적 합의에 따라 가치갈등을 원만히 해결할 수 있는 가치갈등 해결 수업모형의 단계와 운영방법을 제안하고자 한다.

교사용 지도서에 제시된 첫 번째 단계는 '도덕적 문제사태' 제시하기 단계다. 이 문제사태에는 '규범' 간의 갈등이 내포되어 있어야 한다. 하지만 여기서 우리가 지적할 수 있는 것은 '도덕적 문제사태'와 '규범'이다. 규범의 문제에 대해서는 둘째 단계에서 검토하기로 하고 먼저 도덕적 문제사태를 검토해보자. '도덕적 문제사태'를 '도덕적 가치갈등 사태'로 이해한다면 이는 큰 문제가 아닐 수 있다. 하지만 가치갈등 해결 수업모형에서는 '도덕'에 비해 상대적으로 그 범위가 좁은 '가치'에 초점을 맞추는 것이 필요하다. 가치가 종(species)의 개념이라면 도덕은 유(genus)의 개념에 해당한다. 가치는 도덕 속에 포함되는 개념이라고 할 수 있다.

셰이버는 도덕적 가치를 개인적 선호로부터 일반적 가치까지의 연속선상으로 파악하고 있다(R. H. Hersh et al., 이석호 외 역, 1996, 45). 예컨대 도덕적 가치 중에서 고독과 청결과 같은 가치는 개인적 선호에 속한다. 반면 언론 자유, 생명 존중, 법 앞의 평등 등은 일반적인 가치다. 개인적 선호와 일반적 가치의 양극단 사이에는 정직, 협동, 애국심 등의 중간 수준의 도덕적 가치가 존재한다. 이와 같은 셰이버의 가치 역시 폭넓은 의미의 도덕적 가치보다는 일반적인 가치에 초점을 맞춘 것으로 봐야 하기 때문에 도덕적 문제사태의 제시는 가치갈등 사태의 제시로 수정되는 것이 타당하다.

둘째, 관련 규범의 확인과 의미 파악하기 단계다. 이 단계에서는 갈등 사태에 관련된 가치 용어(개념)의 의미를 명백히 할 필요가 있고, 가치규범의 합리적 이해를 통한 내면화를 도모하는 일이 중요하다. 이 단계는 위에서 제시한 '① 개념의 의미를 명확히 하는 단계'에 해당한다고 할 수 있다. 그런데 여기서 문제가 되는 것은 '규범(norm)'이다. 통상적으로 규범이란 옳고 그름의 판단, 평가 등의 기준이 되는 것으로 행위를 규율하는 규칙을 의미한다. 규범이라는 개념은 가치라는 개념보다는 더 추상적인 원리에 해당한다고 할 수 있다. 교사용 지도서에서는 이 규범을 다시 '가치규범'으로 한정하고는 있지만, 규범이라는 개념이 '가치' 개념의 내연과 외연을 확장할 소지가 있다는 점에서 '관련 규범'을 '관련 가치'로 수정하는 것이 타당하다.

셋째, 문제사태의 성격 분석하기 단계다. 이 단계에서는 "여러 가지 사실 관계와 상황적 특성"을 분석하는 것이 중요하며, 이러한 분석은

"가치규범 간의 관련성에서 판단의 증거를 세우고 해결을 위한 다양한 방안을 강구하는 데 긴요한 요건"이 된다. 이는 이 단계에서 수행하는 사실 탐구가 사실의 불일치를 해결하는 데 직접적으로 기여하며 더 나아가서는 가치 탐구의 밑바탕이 된다는 것을 강조하는 것이라 할 수 있다. 올리버와 셰이버의 주장처럼 이러한 사실 탐구는 구체적인 사실의 진위를 검토하는 것이며 사실 주장의 근거를 찾는 것이다. 그래서 우리는 사실 근거의 정확성이나 타당성을 검증하기 위해 사실 근거의 원천을 확인할 필요가 있다. 따라서 이 세 번째 단계가 "② 부딪히는 관점과 주장이 사실적 증거에 입각하여 그 타당성을 확보"하고 있는지를 검토하는 단계라면, '문제사태의 성격 분석하기' 라는 명칭은 '사실 근거의 타당성 검토하기' 로 수정되는 것이 적합하다.

넷째, 자기 입장을 선택하고 정당화하기 단계다. 이 단계에서는 갈등을 일으키는 가치 사이에서 자기가 어떤 가치를 따를 것인지 결정하고, 타당한 근거나 이유를 제시하여 입장을 정당화한다. 그 정당화하는 방식에는 상위의 도덕원리로부터 논리적으로 추론하여 자기 입장을 정당화하는 연역적 방식이 있고 구체적인 경험적 사실을 예로 들어 자기 입장을 정당화하는 귀납적 방식이 있다. 그리고 사람에 따라서는 선택한 입장과 정당화 방식이 동일하더라도 그 선택의 근거나 이유는 다를 수 있다. 이 단계에서 수행하는 활동은 앞의 "③ 각각의 가치 입장을 지지하는 사회적 가치규범이나 도덕원리가 무엇이며 어떤 가치 입장이 더 근원적인 원리로부터 지지를 받고 있고 또 어떤 것을 우선해야 하는지, 아니면 조화를 모색해야 하는지 검토하는 일"과 관련이 있다. 하지만 이러한 자기 입장은 최종적인 입장이 아니라는 점에서 '자기 입장을 선택하고 정당화하기' 단계의 명칭을 '잠정적 가치 입장의 선택과 정당화하기' 로 수정하는 것이 타당하다.

다섯째, 자기 입장의 수정과 대안 찾기 단계다. 교사용 지도서는 이 단계에서 학생들은 여러 논의 과정을 통해 "자기 입장이 도덕원리와 사실적 근거에 비추어볼 때 타당한 것인지"를 생각해보게 된다고 설명하고 있다. 이 단계의 핵심은 앞의 넷째 단계에서 선택하고 정당화한 가치 입장을 여러 논의 혹은 합리적 합의 과정을 통해 수정하고 검토하는 것이라 할 수 있다. 그렇다면 이 단계는 올리버와 셰이버가 교수 전략의 여섯 번째 단계로 제시한 '잠정적 가치 입장을 지지하는 사실 가정 검증하기' 단계로 수정하는 것이 타당하다고 생각한다. 학생들은 자신이 선택한 잠정적 가치 입장이 어떤 사실 가정에 근거하고 있는지 밝히고, 그 사실 가정이 과연 잠정적 가치 입장을 지지하고 있는지를 검증함으로써 자신의 잠정적 가치 입장이 그 어떤 입장보다도 타당하다는 것을 주장할 수 있어야 한다. 만일 사실적 근거와 잠정적 가치 입장과의 관련성이 부족할 경우에는 그 잠정적 가치 입장을 지지하는 새로운 사실 가정이나 이유를 다시 제시하거나 잠정적 가치 입장 자체를 수정할 수 있을 것이다.

결국 이 다섯 번째 단계는 잠정적 가치 입장을 지지하는 사실 가정을 검증하는 과정에서 자연스럽게 개념, 사실 그리고 가치의 불일치 문제의 해결을 시도하고 더 나아가서는 조화와 타협을 통해 학생들의 다양한 가치 입장을 조율하여 합리적인 합의를 도출하는 데 목적이 있다고 할 수 있다. 여기서는 상당수의 가치갈등이 가치의 우선성에 따라 해결되기보다 가치의 다차원성을 고려한 가치의 조화 내지 타협에 의해 해결될 수 있다는 점을 고려해야 할 것이다.

여섯째, 이는 교사용 지도서에 제시되지 않은 단계다. 필자는 이 단계를 '최종적인 가치 입장의 선택과 정당화하기' 단계로 설정한다. 이 단계에서는 갈등을 일으키는 가치 사이에서 자기가 어떤 가치를 옹호할 것인지를 최종적으로 결정하고, 그 결정의 타당한 근거나 이유를 제시하여 자기의 최종적인 가치 입장을 정당화한다. 특히 교사는 이 단계에서 학생들이 대화와 타협을 통해 합리적인 합의를 도출할 수 있도록 교사들은 세심한 주의를 기울여야 한다.

지금까지 올리버와 셰이버의 법리적 모형과 교사용 지도서에 제시한 가치갈등 해결 수업모형을 비교 검토함으로써 가치갈등 해결 수업모형의 한계를 논의하였다. 그리고 새롭게 가치갈등 해결 수업모형의 6단계를 제안하였다. 이러한 논의와 제안을 토대로 정리한 가치갈등 해결 수업모형의 단계는 다음의 〈표 1〉과 같다.

## 나. 소크라테스 식 탐구 수업을 통한 가치갈등의 해결

현대사회는 가치 다원주의의 사회요 다문화의 사회다. 다른 각도에서 말하면 현대사회는 복잡한 가치체계를 인식하고 그 가치의 우열을 명쾌히 가리기에는 너무나 복잡한 다문화 사회이기도 하다. 그러나 아무리 사회의 가치가 다양하고 시민이 그 가치의 우열을 명쾌히 선별하지 못할지라도 가치갈등을 합리적으로 해결하려는 자세를 가져야 사회가 유지될 수 있다. 그래서 오늘날과 같은 가치 다원주의 사회 속에서 생활하는 시민은 가치갈등을 분석하고 해결하는 인지적 능력뿐만 아니라 대화와 타협, 중재와 관용의 태도를 가져야 할 것이다(G. Haydon, 1997, 50-59; 노희정, 2011, 142-143). 올리버와 셰이버의 법리적 모형 또한 이러한 인지적 능력과 정의적 태도를 중요하게 고려하고 있다. 이는 그들이 합리적인 합의를 강조한다는 점에서 잘 알 수 있다. 학생들이 그들의 모형에서 제시하는 절차에 따라 학습을 하게 되면 분명 합리적인 문제해결 능력, 비판적인 사고력, 리더십, 협동심 그리고 타인을 배려하는

**표 1** 가치갈등 해결 수업모형의 단계 비교

| 올리버와 셰이버 | 교사용 지도서 | 본 논문 (제안) |
| --- | --- | --- |
| ①구체적인 가치갈등 사태에서 일반적인 가치 추출하기<br>②일반적 가치 개념 차원화하기<br>③가치 간의 갈등 확인하기<br>④가치갈등 사태의 유형 확인하기<br>⑤검토 중인 문제와 유사한 가치갈등 사태를 찾거나 만들기<br>⑥자신의 잠정적인 가치 입장 결정하기<br>⑦잠정적인 가치 입장을 지지하는 사실 가정 검증하기<br>⑧진술의 적합성 검증하기 | ①도덕적 문제사태 제시하기<br>②관련 규범의 확인과 의미 파악하기<br>③문제사태의 성격 분석하기<br>④자기 입장을 선택하고 정당화하기<br>⑤자기 입장의 수정과 대안 찾기 | ①가치갈등 사태 제시하기<br>②관련 가치의 확인과 의미 파악하기<br>③사실 근거의 타당성 검토하기<br>④잠정적 가치 입장의 선택과 정당화하기<br>⑤잠정적 가치 입장을 지지하는 사실 가정 검증하기<br>⑥최종적인 가치 입장의 선택과 정당화하기 |

능력 등을 갖추게 될 것이다.

올리버와 셰이버의 모형에 근거한 가치갈등 해결 수업은 교사가 중심이 되어 가치의 개념을 설파하거나 가치갈등을 해결할 수 있는 합리적인 방안만을 안내하는 설명식 수업이 아니다. 가치갈등 해결 수업모형은 학생들로 하여금 사실 근거를 직접 검증하고, 자기가 선택한 가치 입장을 정당화하도록 함으로써 합리적인 의사결정력과 정의적 태도를 길러주는 탐구식 수업이다.

올리버와 셰이버에 따르면 교사의 수업방식은 크게 설명식 수업(recitation teaching)과 소크라테스 식 수업(socratic teaching)으로 나뉜다(Oliver & Shaver, 1966, 176-177). 설명식 수업은 교사가 교재를 읽거나 설명하면서 학생들에게 지식을 전수한다. 학생들은 교사가 전달하는 지식에 반응하면 된다. 이런 수업은 이전에 배운 자료를 재조직하거나 새로운 상황에 적용하는 활동을 할지라도 주로 개인적 경험을 말하거나 교사가 말하는 내용을 암기하는 수준에 머무를 것이다. 설명식 수업은 문자 그대로 교사가 제시한 정보와 관련하여 질문을 던지면 학생이 반응하는 수업이라 할 수 있다. 이에 반해 소크라테스 식 수업은 교사가 학생으로 하여금 어떤 논쟁적 쟁점에 대해 자신의 입장을 선택하게 하고 그것을 정당화하도록 요구한다. 이와 같이 소크라테스 식 수업은 교사가 학생들로 하여금 입장을 취하게 하고 그 입장이 부적절함을 깨닫게 하며 그리고 스스로 곤란감에서 벗어나도록 이끈다. 소크라테스 식 수업에는 곤란감이 탐구를 위한 동기가 된다는 가정이 들어 있다(김헌규, 1976, 116). 이와 같이 소크라테스 식 수업은 학생들이 합리적인 능력을 활용하여 곤란감을 느끼는 문제를 탐구하는 과정 자체를 강조한다는 점에서 탐구 수업이다.

올리버와 셰이버는 공적 쟁점을 다루는 수업에서는 그 어떤 수업방식보다도 소크라테스 식 탐구 수업방식이 적합하다고 주장하며, 소크라테스 식 탐구 수업의 특징을 다음과 같이 정리하고 있다(Oliver & Shaver, 1966, 177-179).

첫째, 소크라테스 식 탐구 수업은 설명하는 태도(statement posture)에서 설명과 질의응답보다는 탐구나 의문 제기에 강조점을 둔다.

둘째, 소크라테스 식 탐구 수업은 토론하는 태도(discussion posture)의 측면에서 정보를 명료화하거나 정보를 분석하는 데 초점을 두기보다는 논쟁적인 쟁점을 검토하기에 적합한 대화식 토론을 선호한다.

셋째, 소크라테스 식 탐구 수업은 사실 주장(factual claim)보다는 가치판단이나 의사결정에 관심을 둔다. 사실 주장은 주로 쟁점의 배경 지식과 가치판단의 지지 근거로서 기능할 뿐이다. 이와 같은 관점에서 공적 쟁점을 다루는 가치갈등 해결 수업모형은 탐구를 강조하고 대화식 토론이나 가치판단의 과정에 초점을 두어야 한다. 교사는 학생들로 하여금 공적 쟁점과 관련된 여러 사실 가정과 가치원리를 검토해보도록 권장하고 자신이 선택한 가치 입장을 정당화해보도록 격려함으로써 그들이 관용과 화합의 정신, 탐구의 정신 그리고 개방적인 토론의 자세를 갖출 수 있도록 지도해야 한다.

지금까지 살펴본 바와 같이 올리버와 셰이버의 법리적 모형은 현대 가치 다원주의 사회에서 발생하는 개념의 불일치, 사실 근거의 불일치, 가치판단의 불일치라는 소위 세 가지의 불일치로부터 갈등이 야기된다고 보고 이를 해결할 수 있는 여덟 가지 교수 전략을 개발하고 있다. 다시 말하면 그들의 법리적 모형은 학생들로 하여금 공적 쟁점에 대한 자신의 입장을 먼저 선택하게 하고, 선택한 입장을 논리적으로 정당화하도록 함으로써 그들 사이에서 발생하는 가치갈등을 직접 합리적으로 해결할 기회를 제공하는 데 목적을 두고 있다.

올리버와 셰이버는 가치의 불일치를 해결하기 위한 궁극인 준거로 인간 존엄성의 가치를 설정한다. 그들은 자유 · 평등 · 정의 · 일반 복지 · 평화 등의 가치를 일반적인 기본적 가치로 설정하고, 자신의 양심과 개인적 체험에 따라 생각하고 숭배할 권리 · 신체 보전의 권리 · 타인과 협정을 맺을 권리 · 사적 재산권 등을 특수한 가치로 설정한 다음, 특수한 가치와 일반적 가치가 갈등할 때는 일반적 가치를 선택함으로써 갈등을 해결하고 일반적 가치 사이에서 갈등이 발생할 경우 인간 존엄성의 가치를 추구함으로써 그 갈등에서 벗어날 수 있다고 주장한다. 여기서 중요한 것은 갈등을 일으키고 있는 일반적 가치를 차원화하여 이해하는 것이다. 일반적 가치 사이에서 발생하는 갈등은 양자택일의 방식으로 해결할 수 없다. 다시 말하면 갈등하는 가치 중에서 어떤 한 가치를 배타적으로 선호하거나 선택함으로써 그 갈등을 해결할 수 없다는 것이다. 진정한 가치갈등의 해결은 합리적 합의로 갈등하는 가치를 조화시킬 때 가능한 것이다.

학생들은 수업 장면에서 당면한 가치갈등의 사태를 해결하기 위해 잠정적 가치 입장을 정하고 이를 검증하는 과정을 거쳐 최종적인 가치를 결정해봄으로써 가치갈등의 해결 능력을 기를 수 있다. 특히 잠정적인 가치 입장의 결정으로부터 최종적인 가치 결정을 내리는 과정을 직접 경험해봄으로써 소크라테스 식 탐구정신을 기를 수 있다. 하지만 2007년 개정 교육과정에 따라 개발된 초등학교 도덕과 교사용 지도서에 제시한 '가치갈등 해결 수업모형'은 이러한 탐구정신을 신장시키는 데 한계가 있다. 가치의 문제에 초점을 맞추지 않고 더 폭넓은 도덕 또는 규범의 문제에 초점을 맞추고 있으며 토론과 탐구 과정을 충실하게 구현하지 못하고 있다. 학생들이 잠정적으로 결정한 가치 입장이 과연 타당한 것인지를 밝히기 위해 필요한 사실 가정의 검증 단계가 생략되어 있고, 잠정적 가치 입장의 정당화 단계와 최종적인 가치 입장의 정당화 단계에서 요청되는 합리적 토론의 필요성이 제대로 설명되어 있지 않다. 따라서 현행 가치갈등 해결 수업모형은 ① 가치갈등 사태 제시하기, ② 관련 가치의 확인과 의미 파악하기, ③ 사실 근거의 타당성 검토하기, ④ 잠정적 가치 입장의 선택과 정당화하기, ⑤ 잠정적 가치 입장을 지지하는 사실 가정 검증하기, ⑥ 최종적인 가치 입장의 선택과 정당화하기 순으로 수정 보완되어야 한다.

3장

# 가치갈등 해결을 위한 대화식 교육*

가치갈등 혹은 가치선택의 문제를 인지적 측면에서 다루는 도덕 교과의 교수법은 개념 분석, 가치 분석, 가치갈등 해결, 합리적 의사결정 수업 모형 등이다. 이 수업모형은 대체로 가치규범의 정의와 명료화, 사실(혹은 개념)과 가치(혹은 규범)의 분리와 타당성 검토, 자기 입장의 선택, 일상적 언어생활에서 가치규범의 수용성 검토나 가치원리 검사 혹은 대화와 토론 등을 통한 입장의 수정과 의사결정 등의 순서로 구성되어 있다. 여기서 가치규범의 개념 정의나 사실의 타당성을 둘러싸고 발생하는 갈등의 문제는 그와 관련된 자료와 정보를 면밀히 분석하면 쉽게 풀릴 수 있다. 그러나 가치입장의 선택이나 가치판단의 문제와 관련된 갈등은 쉽사리 해결되지 않는다. 가치의 문제는 서로 다른 가치 사이에서 우열을 가리기 힘들고 어렵다. 가상적 사례를 중심으로 전개되는 도덕 수업에서든 일상생활에서든 가치갈등은 그것이 발생하는 차원과 맥락이 매우 다양하기 때문에 완전히 해결하기란 그리 쉽지가 않다.

---

* 이 글은 필자의 논문「대화식 교수법을 활용한 가치갈등 해결 능력의 신장」(『한국초등교육』 제21권, 3호, 2011, 141-156)을 수정·보완한 것이다.

가치갈등이란 개인 내 · 외부에서 존재한다. 친구 간의 의리와 자신의 양심 사이에서 고민하는 직장인이 있다면, 그는 개인 내적 가치갈등을 겪고 있는 것이다. 이러한 내적 가치갈등은 자신의 가치를 명확히 하고 더욱 근본적이고 보편적인 가치를 선택하여 정당화함으로써 해결될 수 있다. 그러나 개인 간이나 집단 간에 발생하는 가치갈등은 그리 간단한 문제가 아니다. 가치갈등의 한복판에 서 있는 관련 당사자가 자신 나름의 다양한 가치관뿐만 아니라 이해관계에 얽매여 있기 때문에 대화와 타협을 통해 합의점을 찾기란 매우 어렵다. 하지만 공동체 속에서 서로 다른 가치를 선택한 개인이나 집단이 더불어 살아가기 위해서는 비폭력적 대화와 타협을 통해 합의를 이끌어내는 길밖에 달리 방법이 없다. 현대의 다원주의 사회는 그 어떤 사회보다도 가치갈등의 해결 능력을 지닌 민주시민을 요구하고 있다.

2007년 개정 도덕과 교육과정에서는 다른 사람과 더불어 조화롭게 살아갈 수 있는 도덕적 능력과 태도의 신장에 초등학교 도덕교육의 목표를 두고 있다. 다시 말하면 초등학교 도덕교육은 학생들에게 공동체 속에서 다른 사람과 어울려 조화롭고 바람직하게 살아갈 수 있는 도덕적 자질과 품성을 길러줌으로써 궁극적으로 유덕한 인격의 기초를 형성하고자 한다. 이러한 관점에서 볼 때 다른 사람과 더불어 살아가는 도덕적 인간 양성을 목표로 하는 도덕 교과에서 가치갈등 해결 능력을 신장하려는 노력은 너무나 당연하다.

이에 본 글에서는 도덕 교과에서 대화식 교수법을 활용해 가치갈등 해결 능력을 키우는 방안에 대해 탐색하고자 한다. 가치갈등 해결을 위한 도덕교육의 필요성을 검토하고 가치갈등 해결능력의 신장에 기여할 수 있는 소크라테스 식 교수법과 탐구공동체 식 교수법을 비교 분석한 후, 이를 토대로 가치갈등 해결을 위한 교수 전략을 제안한다.

# 1. 가치갈등의 해결과 도덕교육

## 가. 가치갈등의 의미와 원천

갈등은 불일치와 불화를 의미하며, 갈등은 두 사람 이상이 같은 목적을 추구하거나 상호 배타적인 목적을 동시에 추구하려고 할 때 또는 양립할 수 없는 역할을 하거나 양립할 수 없는 수단을 동원할 때 발생한다(주은옥, 2001, 34-35). 이러한 관점에서 갈등은 인간생활의 여러 측면에서 배태되며 그 원천은 매우 다양하다고 할 수 있다. 사회학적 측면에서 갈등은 소득, 지위, 권력, 영토 등과 같은 다양한 희소 자원의 분배를 둘러싼 과도한 경쟁과 분쟁 상황에서 발생한다. 이러한 상황은 적개심, 공격 성향, 분노, 증오 등과 같은 인간의 성향이나 태도와는 다르게 취급되어야 한다. 또한 이러한 갈등은 한 개인의 마음속에서 일어나기도 하지만 개인이나 집단 사이에서 일어날 수 있는데, 이러한 사회적 갈등은 심각한 갈등 양상을 띠게 되기도 한다.

그런데 우리가 가치갈등을 문제 삼을 때 그 대상은 개인 간 혹은 집단 간의 가치관 차이에서 벌어지는 다툼을 의미한다. 가치관은 성격이나 취향, 태도, 인생관, 세계관 등을 통틀어 가리키는 것으로 이는 이해관계보다 훨씬 중요하고 뿌리가 깊다. 그래서 가치갈등은 대체로 심각하고 해결하기 아주 힘들다(강영진, 2009, 58). 한 개인의 내부에서 일어나는 내적 갈등은 양립 불가능하거나 상호 배타적인 가치를 선택하고자 할 때 생긴다. 이런 갈등은 상충하는 가치 중에서 어느 하나의 가치를 선택함으로써 해결할 수 있다. 가치갈등의 상황에서 일관성 있게 더욱 일반적이고 보편적인 가치를 선택할 수 있는 가치판단 능력이나 의사결정 능력을 키워주면 원만히 해결될 수 있다. 하지만 개인과 개인이나 집단과 집단 사이에 발생하는 가치갈등은 이해관계까지 내재해 있기 때문에 가치판단 능력이나 의사결정 능력뿐만 아니라 대화와 타협의 능력 또한 신장시켜주어야 한다.

대화와 타협을 통한 가치갈등의 해결은 갈등의 당사자 간에 합의할 수 있는 가치의 공통분모를 찾고 자신의 이익뿐만 아니라 전체의 이익을 달성할 수 있는 공리(utility)를 확보해야 가능하다. 그리고 일방적인 설득이나 교화보다는 당사자의 의견을 존중하고 배려할 때 가치갈등을 원만히 해결할 수 있다.

## 나. 가치갈등의 해결과 의사소통 능력

도덕적 문제에 대한 우리의 결정은 자아와 타인이라는 이중의 측면을 가진다. 도덕적 사고 혹은 도덕적 판단력의 발달은 자기 중심으로부터 타인 중심으로 옮겨간다(R. Fisher, 2008, 52). 이는 도덕적 판단력 혹은 가치갈등의 해결 능력이 자기의 이익관심이라는 단순한 개념으로부터 타인의 이익관심을 고려하는 복합적인 관점으로 옮겨가는 것과 함께 도덕적 상상력과 공감 능력을 적극 활용한다는 것을 의미한다. 도덕관념은 나 자신만의 이익관심을 생각하는 것이 아니라 타인의 이익관심을 포괄적으로 고려한다는 것을 의미한다. 이러한 공감이나 타인에 대한 이해는 동정심이나 배려와 같은 정서적 요소를 가질 뿐만 아니라 사람들이 어떤 상황에서 왜 그렇게 생각하고 느끼며 행동하는지에 대한 이유를 밝히는 인지적 측면을 갖기도 한다. 도덕 지능의 발달이 바로 이러한 각성과 이해의 결과라고 할 수 있다.

도덕교육은 도덕적 지식에 대한 이해력이나 도덕적 사고력 그리고 정당한 근거에 기초한 도덕적 판단력을 토대로 타인의 감정과 욕구를 고려하여 가치갈등의 해결 능력을 신장하는 데 크게 기여할 수 있다(R. Fisher, 2008, 53 참조). 그런데 우리가 학생들에게 가치갈등의 해결 능력을 키워주기 위해서는 공정성과 배려의 원리에 기초한 이상적 의사소통의 상황을 만들 필요가 있다. 그 의사소통은 원만한 가치갈등을 위한 기회를 제공할 수 있다. 하버마스는 도덕적 판단은 '이상적인 담화'(idealized conversation)를 통해 가장 잘 발달한다고 주장한다(J. Habermas, 1990, 66). 그는 도덕적인 담화의 독특한 관념은 보편적인 법칙을 찾는 것이 아니라 공동체의 구성원이 동의할 수 있는 일반적인 법칙을 찾는 것이라고 주장한다. 이런 주장은 주어진 규칙을 무의식적으로 수용하는 것을 피할 수 있고 도덕적 기준이란 존재하지 않는다는 상대주의도 피할 수 있다는 점에서 강점을 지닌다. 하버마스는 타당하다고 주장할 수 있는 유일한 규범이란 실제적인 담화의 참여자에게 영향을 끼친 모든 사람의 인정을 받는 규범이라고 말한다.

지금까지 살펴본 바와 같이 의사소통은 대화 참여자가 이상을 발휘하여 가치갈등의 문제를 해결하도록 돕는 역할을 한다. 다시 말하면 우리는 학생들에게 합리적 의사소통 능력을 키워줌으로써 가치갈등 사태에 직면할 경우 정당한 근거나 자신의 도덕적 신념에 따라 사태를 해결할 수 있도록 할 수 있다.

## 다. 가치갈등 해결을 위한 대화식 교수법

인간의 삶의 영역에서 발생하는 가치갈등은 도덕과 무관한 가치의 갈등과 도덕적 가치의 갈등으로 구분할 수 있다. 그리고 도덕적 가치는 다시 개인적 차원의 도덕적 가치와 사회적 차원의 도덕적 가치로 구분할 수 있다(정호범, 1997, 30). 여기서 개인적 차원의 도덕적 가치는 개인적 행위가 타인이나 사회에 영향을 미치는 도덕적 가치의 문제이다. 개인이 선택한 가치 행위, 이를테면 시험 중에 하는 부정 행위, 쓰레기 무단투기, 양보 등이 이에 속한다. 이러한 개인적인 도덕적 가치의 갈등 문제는 대부분의 사람이 보편적으로 합의하고 있는 사회규범, 즉 사회적 가치를 개인적 가치에 우선함으로써 극복할 수 있다. 개인이 선호하는 가치와 사회적 가치가 충돌하였을 경우 사회적 가치를 수용함으로써 가치갈등의 문제를 해결할 수 있다는 것이다.

그러나 사형, 안락사, 낙태, 인간복제, 전자주민카드, 체벌, 환경보전 등과 같은 공공 문제에서 발생하는 사회적 차원의 도덕적 가치갈등은 그 나름의 '정당한 근거(good reason)'를 갖추고 있는 사회적 가치의 대립과 충돌로 인해 발생하기 때문에 쉽게 해결되지 않는다. 사회적 가치는 가치갈등의 해결에 기여할 수 있는 중요한 요소임에도 불구하고 사회적 차원에서 발생하는 도덕적인 가치갈등의 문제를 해결하는 데 다음과 같은 난점을 지닌다(박상흠, 1998, 147-148 참조).

첫째, 모든 사람이 인간의 존엄성, 자유, 평등, 정의 등과 같은 사회적 가치를 동일한 방식이나 의미로 이해하지 않는다. 즉 구체적인 상황에서 사회적 가치를 어떻게 적용하고 해석할 것인가에 대한 합의를 도출하기 어렵다는 것이다. 이는 다시 말하면 동일한 가치라 하더라도 시대에 따라 개인과 집단에 따라 해석이 다를 수 있다는 것이다.

둘째, 사회적 가치는 절대적 가치가 아닐 수 있다. 모든 사회적 가치는 의사결정 상황에서 그 적절성에 대해 평가받고 일정한 제약을 받을 수 있다는 것이다.

셋째, 현실적으로 사회적 가치 사이의 갈등으로 인한 문제가 많이 존재한다. 예를 들어 문학작품의 외설 시비는 건전한 사회유지와 표현의 자유가 갈등한다. 이러한 가치가 갈등할 경우 사람들은 이 중에서 하나를 자신의 정당화 가치로 주장하기 때문에 쉽게 해결되지 않는다.

넷째, 사회적 가치 사이에 확고한 가치의 위계가 존재하기 어렵다(D. W. Oliver & J. P. Shaver, 1966, 35). 예를 들어 자유와 평등의 문제와 관련지어 살펴볼 때 한편에서 자유를 지상의 가치로 강조하고, 다른 쪽에서 평등을 지상의 가치로 강조할 때 갈등을 해결하기 무척 어렵다. 이 두 개의 가치는 상황에 따라 중요성을 달리 해석할 수 있다.

이와 같이 어느 하나의 보편적 사회적 가치로는 우리가 흔히 접하는 가치갈등의 문제를 근본적으로 해결하기란 쉽지 않다. 그러면 어떻게 할 것인가?

교사는 가치갈등 해결 그 자체에 초점을 맞추기보다는 대화와 타협을 통한 가치갈등 해결의 과정에 초점을 맞추는 교수법을 개발할 필요성이 있다. 교사는 학생들로 하여금 일상생활에서 겪는 가치갈등을 원만히 해결하는 과정에서 타인과 어울려 조화롭고 바람직하게 살아갈 수 있도록 도움을 주는 것이 중요하다.

## 2. 탐구공동체 활동과 대화식 교수법

### 가. 전통적 교수법과 소크라테스 식 교수법

소크라테스 식 교수법은 플라톤 식 교수법이라고 할 수 있는 전통적 교수법과는 다음의 〈표 1〉과 같이 철학의 관점에서 질적인 차이가 있다(G. M. Ross, 1993, 9–22 참조).

**표 1** 전통적 교수법과 소크라테스 식 교수법의 비교

| 전통적 교수법 | 소크라테스 식 교수법 |
|---|---|
| · 철학은 학습된 교수체계이다. | · 철학은 활동적인 과정이다. |
| · 철학은 교조적이다. | · 철학은 물음이다. |
| · 철학은 연역적이다. | · 철학은 귀납적이다. |
| · 철학은 개념적이다. | · 철학은 언어적이다. |
| · 철학은 소수만 할 수 있다. | · 철학은 모든 사람이 할 수 있다. |
| · 철학은 문자로 된 텍스트이다. | · 철학은 대화(말의 대화)이다. |
| · 철학은 추상적인 진리를 다룬다. | · 철학은 삶에 적용 가능하다. |

첫째, 소크라테스에게 철학이란 배워야 할 일련의 철학적 진리라기보다는 우리가 해야 할 활동적 과정이다. 철학자가 되기 위해서는 철학적인 기술을 습득할 필요가 있고, 철학 하는 방법을 알 필요가 있다. 이 기술을 습득하기 위해 자신보다 더 능숙한 누군가와 연습할 필요가 있다. 초기의 대화편에서 소크라테스는 전쟁기술의 유비를 사용한다. 교사와 승강이하면서 시작하고 나중에는 교사의 철학적 기술과 동등한 상태에 이르게 된다. 또한 그것은 무지를 고백하는 교사가 배우는 과정이다. 이와 같이 소크라테스의 철학이 교사와 학습자에게 모두 도움을 주는 인지적 도제(apprenticeship)의 최고 형태라면, 플라톤 철학은 우리가 학습하고 이해해야 할 진리의 체계이다. 플라톤 철학에서 교사는 지식을 제공하는 전문가이고, 학생은 학습 과정의 수동적인 학습자다.

둘째, 플라톤의 진리는 지식의 객관적인 체계이고 소크라테스의 지식은 획득 가능하지만 실제로 항상 질문의 대상이다.

셋째, 소크라테스 식 방법은 귀납적 논쟁을 사용한다. 소크라테스는 사람들이 철학적 개념을 전수받거나 학문적인 지식을 배움으로써 철학자가 되는 것을 배우는 것이 아니라 그들이 믿었던 바와 신념을 표현했던 단어에 대해 질문을 던지고 반성적으로 인식함으로써 철학자가 되는

것을 배운다.

넷째, 소크라테스의 철학은 언어적이고, 말로 실재를 표현하고자 한다. 그는 사람들이 자신이 말한 바의 의미를 발견하기를 원한다. 참된 정의(definition)를 위한 탐구를 통해 진리를 찾고자 한다. 이 때문에 소크라테스 식 대화는 대체로 결론 없이 끝나게 된다.

다섯째, 소크라테스는 모든 사람이 철학을 할 수 있다고 믿고, 말할 능력을 갖춘 사람이면 누구나 철학적인 기술을 개발할 수 있다고 믿는다. 반면 플라톤은 변증법(철학)을 수년 동안 배운 후에 서른 살이 된 사람들이 할 수 있는 학문 주제로 인식했다. 오늘날 전문 철학자 중에서 철학이 학교에서 공부할 주제로는 적합하지 않다고 논하는 사람은 바로 이 관점을 되풀이하고 있는 것이다(M. Warnock, 1988, 57). 플라톤의 학문 세계에서 어린이 철학은 없지만 소크라테스는 철학이 어린이를 포함하여 모든 사람에게 이익이 된다고 본다.

여섯째, 소크라테스 식 방법은 글보다 말을 더 우선시한다. 대화는 상호적이며 참여자에게 사고와 개인적 이해를 분명하게 밝힐 기회를 제공한다. 소크라테스 식 토의에 참여하는 경험은 글을 읽는 것과 동일하지 않다. 플라톤 학파가 추진한 최고의 변화는 열린 토론을 강의와 활자화된 텍스트로 바꾸고, 말하기 능력을 쓰기 능력으로 전환한 것이다. 이런 전통적 교수법은 오늘날 교육의 실제에서 지필평가와 학습과제를 강조하고 개별 학습과 개인적인 공부에 강조점을 둔다. 아카데믹한 전통이 인정한 것은 활자화된 글이 사고의 수단으로 가치 있으며 개인적 쓰기가 학생들로 하여금 의미를 구성하고 이해를 표현하도록 고무하는 강력한 수단으로 사용된다는 것이다.

일곱째, 소크라테스의 대화는 추상적 진리보다 생생한 탐구 과정을 강조한다. 소크라테스의 교수법에서는 자신이 아는 것에 대해 비판적,

반성적으로 사고하는 사람을 원한다. 이러한 사람은 다른 사람과 협력할 수 있고, 다른 시각에서 사물을 볼 수 있으며 기꺼이 자신의 생각을 수정할 수 있다.

## 나. 소크라테스 식 교수법과 탐구공동체 식 교수법

### 1) 탐구공동체 활동과 대화학습

기본적으로 대화식 교수학습방법을 채택하고 있는 탐구공동체 활동이란 듀이(J. Dewy)의 실용주의를 이론적 토대로 개발된 것이다. 미국에서 리프먼(M. Lipman), 샤프(A. sharp) 등이 개발한 탐구공동체 방식은 소크라테스, 듀이, 퍼스(C. S. Peirce)의 영향을 받았다. 특히 듀이는 교실이 탐구하는 공동체가 되어야 한다는 것을 강조했다. 교실에서 탐구공동체 활동을 통해 아이들에게 민주 시민의 기본 자질을 길러주어야 한다는 것이다. 탐구공동체는 탐구와 공동체 개념이 결합된 조합어로서 탐구는 사려 깊고 신중한 토론 활동을 통해 합리적 사고력과 문제해결 능력을 기르는 것을 의미하고, 공동체는 공동체 활동을 통해 타인의 존중과 협동심 같은 공동체 의식을 함양하는 것을 뜻한다.

탐구공동체는 탐구 활동을 통해 애매하거나 불확실한 것을 분명하고 확실한 것으로 이끌어가면서 '자기 수정적 사고'와 '다차원적 실천적 지혜'를 촉진하고 협동심이나 믿음, 안정성과 공동의 목표감을 불러일으키도록 고무하는 전략으로서 아동 중심의 대화와 토론으로 이루어진다. 여기서 말하는 자기 수정적 사고란 어떤 절대적인 지식을 찾기 위해 노력하기보다는 자신의 '오류 가능성'을 인정하면서 자신의 불균형적 인식 부분을 끊임없이 수정해가는 것을 의미한다(박진환 외 역, 2005, 257). 이 때문에 우리는 탐구공동체의 기본적 특성을 자기 수정(selfcorrect)으로 규정하기도 한다.

그리고 다차원적 실천적 지혜란 합당성(reasonableness)의 개념으로 파악할 때 그 의미가 생생히 전달된다(T. Sprod, 박재주 외 역, 2007, 22). 다차원적 실천지혜로서의 합당성이란 맥락적 측면에서 이루어지는 비판적, 창의적, 배려적 사고라는 다차원적 사고 능력을 의미한다. 이러한 합당성의 개념은 '실천적 지혜'를 언급함으로써 근대의 보편적 합리성의 한계를 극복할 수 있고, '다차원적 사고'를 통해 도구적 합리성의 한계를 보완할 수 있다.

자기 수정적 사고와 다차원적 실천지혜의 촉진을 목표로 하는 탐구공동체 활동의 기본 절차를 간단히 살펴보면 다음과 같다(R. Fisher, 2000, 169-201).

첫째, 원형으로 자리잡는 단계이다. 참여자가 원 모양이나 말굽 모양으로 자리를 잡는 것은 서로 평등한 입장에서 자유롭게 토의를 하는 분위기를 조성할 수 있다. 교실의 탐구공동체 활동을 활성화하기 위해서는 일차적으로 자리배치가 중요하다. 탐구공동체 활동의 핵심 요소는 원활한 의사소통이다.

둘째, 학생들의 사고를 자극하고 촉진해주는 '사고 자극물'의 선정 단계이다. 탐구공동체 활동의 성패는 자극물에 달려 있다. 자극은 탐구의 출발점이다. 자극물은 충분한 호기심을 끌 수 있어야 하고 사고와 토의를 이끌어낼 수 있어야 한다. 그래서 탐구공동체 수업에서는 학생들의 창의적, 비판적, 배려적인 사고를 가장 잘 자극할 수 있는 것을 활용하는 것이 무엇보다 필요하다. 자극물의 예로는 동화(이야기), 시, 예술작품, 응답을 유도하는 경험이나 열린 질문 등을 들 수 있다.

셋째, 학생들이 자극물의 내용을 돌아가면서 접하는 단계이다. 만약 자극물이 동화(이야기)인 경우는 학생들이 그것을 돌아가며 읽으면서

의문을 품고 다양한 생각을 떠올리게 할 필요가 있다. 가능한 한 생각할 수 있는 시간을 충분히 주어 자극물의 주제에 대해 흥미로운 것, 혼란스러운 것, 의아한 것을 곰곰이 생각할 수 있도록 한다. 그리고 이 단계에서는 각자 모둠별 토의나 전체 토의에서 다루었으면 하는 질문(토의할 주제)을 노트에 적고 발표하게 한다. 학생들이 함께 생각하고 질문을 만드는 것은 탐구공동체의 특징이다. 이제 각자 만들어 제시한 질문 중에서 모둠별 혹은 전체 토의 시간에 다룰 질문을 고르는 것이 필요하다. 제시된 질문 중에 한두 질문을 고르는 방법은 여러 가지가 있을 수 있다. 제비뽑기나 교사의 선택, 학생들의 선택, 투표하기 등 다양하지만 가능하면 학생들 스스로 고르는 것이 좋을 듯하다. 질문 고르기의 과정은 토의의 목적에 부합해야 하고 합리적으로 진행되어야 한다. 학생들이 만든 여러 질문 중에서 함께 토의할 주제(질문)를 고르는 주된 목적은 고르는 과정을 통해서 학생들이 다수 의견을 존중하는 등의 민주적 절차를 몸소 경험하는 기회를 제공하는 데 있다.

넷째, 토의를 촉진하는 단계이다. 이 단계에서는 리더가 필요하다. 리더는 학생일 수도 있고 교사일 수도 있다. 교실의 탐구공동체에서 교사도 구성원으로서 리더 역할을 한다. 리더가 할 일은 모둠 토의나 전체 토의에서 가능한 한 진솔하고 다양한 생각을 표현할 수 있도록 촉진하고 다른 관점에서 생각해보도록 장려하는 것이다. 탐구공동체 토의는 단순한 담론이 아니라 대화이다. 성공적인 대화를 위해서 교사는 판단의 중립자이면서도 수업 방법의 권위자가 되어야 한다. 교사의 판단을 학생들에게 강요해서도 안 되지만 학생들의 무의미한 토의 활동을 무작정 방관해서도 안 된다. 교사는 토의의 방향을 안내하고 학생들의 도덕적 사고력을 신장시키는 것이 무엇보다 필요하다.

다섯째, 선택된 토의 주제(질문)를 토대로 토의하는 단계이다. 이 단계에서는 학생들이 합의하여 토의 주제로 선택한 쟁점에 대해 자신의 의견이나 느낌을 발표하고 다른 학생의 의견이나 느낌을 경청하면서 자신이 원래 가졌던 것을 검토해본다. 여기서 중요한 것은 경청의 자세이다. 남의 말을 잘 들어야 자신의 의견을 잘 표현할 수 있다. 학생들은 남의 의견을 들으면서 자신의 의견을 분명히 알게 된다. 그리고 남의 말을 열심히 들어줄 때 대화는 더욱더 효과적으로 이루어질 수 있다. 남의 의견에 반응하면서 듣는 것은 기술일 뿐만 아니라 태도이다. 학생들은 더 잘 듣기 위해 훈련할 필요가 있다.

여섯째, 탐구의 확장 단계이다. 이때 교사는 학생들이 창의적 활동이나 연습 활동에 적극 참여함으로써 사고를 확장하도록 탐구 과정을 확장할 필요가 있다. 창의적 활동이나 연습 활동으로는 글쓰기, 역할극, 모형 만들기 등을 들 수 있다. 그리고 교사는 토의 주제에 대한 학생 자신의 관점을 기록하도록 한 후 이에 대해 더욱 확장된 토의를 진행할 수 있다.

이와 같이 다차원적 실천지혜의 신장을 목표로 하는 탐구공동체 활동은 학생들이 교화를 피하고 스스로 판단하는 능력을 장려하며, 이와 아울러 합당한 방식으로 자신의 도덕적인 관점을 정당화하도록 돕는다. 그리고 탐구공동체 활동에 참여하는 학생들은 서로의 사고를 활용해 이해력을 증진하도록 권장 받는 대화를 경험하게 된다(R. Fisher, 2008, 62). 학생들은 탐구공동체 활동을 통해 도덕적 문제에 대해 검토하고 추론하는 대화학습을 경험할 수 있다. 그들은 탐구공동체를 통해 자유, 공정성, 우정과 같은 기초적인 도덕적 이슈 그리고 법, 질서, 정부의 본질과 같은 사회적 이슈에 대해 토의하면서 가치갈등의 해결 능력을 기를 수 있다.

### 2) 소크라테스 식 교수법과 탐구공동체 식 교수법의 비교

탐구공동체 교수법은 기본적으로 소크라테스의 교수법에서 연유한 것이다. 사실 소크라테스 식 교수법은 끊임없이 자신의 의견을 말하고 모든 반대 질문에 답하며 모든 주장의 근거를 제시하도록 한다. 소크라테스 교수법의 옹호자인 넬슨(L. Nelson)에 따르면 교육의 목적은 합리적인 자기 결단력이다(M. Lipman, 1993, 437-443에서 재인용). 이것은 추상적인 논리의 규칙을 배움으로써 습득되는 것이 아니라 학습자가 판단기능을 연습함으로써 습득된다. 단순히 묻고 답하는 것은 판단기능을 연습하는 데 충분하지 않다. 교육은 학생들이 대화를 통해 자신의 생각을 명확히 표현하도록 하며, 판단을 체계화하고, 다른 사람의 논증과 견해에 반하는 자신의 신념을 검토하도록 하는 것이라 할 수 있다. 이러한 점에서 소크라테스 식 교수법은 탐구공동체 식 교수법과 마찬가지로 가치갈등의 문제를 해결하는 데 도움을 줄 수 있다.

탐구공동체 식 교수법은 소크라테스 식 교수법과 유사한 특징을 공유한다. 하지만 탐구공동체 식 교수법과 유럽 전통의 소크라테스 식 교수법은 다음의 〈표 2〉에서 보는 바와 같이 여러 차이점이 있다(R. Fisher, 2008, 118-119).

첫째, 소크라테스 식 교수법은 어떤 특별한 교육적 자료를 사용하지 않지만, 탐구공동체 교수법은 활자화된 철학 소설을 사용하여 탐구한다. 소크라테스 교수법은 토의를 진행하는 촉진자가 철학적 질문을 선택하며, 이때 대화의 주요 요소는 메타 담론(meta-dicourse)이다. 토의의 촉진자와 참가자는 토의의 진행방법에 관해 생각해야 하며, 다른 사람의 행동에 대해 만족이나 불만족을 표현할 수 있고 문제를 다루는 방법에 관해 말할 수 있다. 토의의 내용에 영향을 주지 않는 선에서 토의 중에 감정과 욕구불만을 표출할 수 있다.

**표 2** 소크라테스 식 교수법과 탐구공동체 식 교수법의 비교

| 소크라테스 식 교수법 | 탐구공동체 식 교수법 |
|---|---|
| · 출발점으로서의 철학적 질문 | · 출발점으로서의 철학적 이야기 |
| · 메타 담론(meta-discourse)을 포함한 대화 | · 대화를 통한 탐구 |
| · 하나의 질문이나 문제에 대한 토의 | · 자유로운 범위의 토의 |
| · 의견의 합의가 목적 | · 대안적 관점의 표현 |
| · 토의하는 도중에 질문/진술 작성 | · 토의하기 전에 질문 작성 |
| · 글을 통한 토의 검토 | · 말(대화)을 통한 토의 검토 |
| · 대화의 진전 | · 추수(follow-up) 활동과 연습 |

둘째, 소크라테스 식 교수법에서 질문과 진술은 개관을 제공하고 경과를 모니터하기 위해 토의하는 도중에 부가되지만, 탐구공동체 식 교수법에서 질문은 토의를 시작할 때 안건으로 채택된다.

셋째, 소크라테스 식 교수의 목적이 합의를 성취하는 것이라면, 토의 중에 주제에 대한 의견 일치에 집중하기 위해서 촉진자와 참가자가 이전에 말했던 것을 다시 공식화하고 다른 사람의 의견을 자기 말 속에 포함하도록 격려한다. 이에 반해 탐구공동체는 '차이를 넘어선 대화'를 강조하는 경향이 있다. 소크라테스 식 교수는 더 지시적(직접적)이다. 토의의 촉진자는 토의하고 있는 문제에 주의를 집중하는 반면, 탐구공동체 식 교수는 간접적으로 진행하고 마침내 광범위한 논점에 대해 토의하면서 끝날 수 있다.

우리는 소크라테스 식 교수법과 탐구공동체 식 교수법을 통합할 필요가 있다. 무엇보다도 교사는 학생들의 동기를 유발하고 사고를 촉진하기 위해 의식적 무지의 입장을 취하며 끊임없는 질문을 제기하는 역할을 할 필요가 있다(R. Fisher, 2008, 115–116). 교사가 지속적으로 질문을 제기하는 것은 답을 찾는 것만큼 중요한 과정이다. 확신은 탐구와 탐색의 의지를 중단시킨다. 진리탐구는 당연하게 받아들인 용어나 생각의

의미를 재발견하는 것이다. 이는 단순한 의미의 문제가 아니라 정의(justice)나 이성(reason)과 같은 개념에 관한 무지와 혼란스러운 사고를 극복하는 방법이다. 우리가 사고하는 방법을 개선하는 것은 도덕적 임무이고, 인간의 선과 행복을 증진시키는 목적이다. 특히 가치갈등을 해결할 수 있는 능력은 바로 이러한 소크라테스 식이나 탐구공동체 식 교수법을 통해 효과적으로 신장될 수 있을 것이다.

## 3. 대화식 교수법을 활용한 가치갈등의 해결

### 가. 가치갈등 해결을 위한 대화학습

가치갈등의 해결 과정은 곧 대화의 과정이기도 하다. 대화를 통해서 서로 진정으로 이해하고, 문제가 무엇인지 파악하여 함께 해결책을 모색할 때 가치갈등은 쉽게 해결될 수 있다. 그런데 대화가 원하는 대로 이루어지지 않는 경우가 많다. 이때 절실히 요청되는 것이 대화의 규칙이다. 대화의 기본 규칙을 예로 들면 다음과 같다(강영진, 2009, 73). ① 진정한 대화를 하고, ② 자기의 주장만을 강변하지 말고 ③ 각자의 의견을 교환하고 함께 발전시키며, ④ 타인의 말을 자르거나 끼어들어 반박하지 않고, ⑤ 다른 사람이 말할 때 주의 깊게 경청하며, ⑥ 말할 때는 자기 생각을 명료하고 솔직하게 제시하라는 것이다. 우리는 가치갈등 해결을 위한 대화식 수업을 운영할 경우에는 수업 초반부에 이러한 규칙을 학생들에게 이해시키고 동의하도록 하는 것이 바람직하다.

대화의 규칙 중에서 가장 중요한 것은 경청과 반응이라 할 수 있다. 우리는 다른 사람의 말을 경청하거나 자신의 경험을 말하고 있다고 느낄 때 자신이 말한 것의 가치를 확신한다. 그것은 단지 우리가 현재 확신하는 지각을 할 때만 우리는 더 넓은 지각과 관점에 반응할 준비를 하게 된다(R. Fisher, 2008, 145). 그래서 청자로서 우리는 좀더 화자의 지각을 알고 있을수록 의사소통이 더 효과적으로 이루어질 수 있다.

진정한 대화는 서로 경청하는 것이다. 특히 가치갈등이 존재할 경우 가장 필요한 것은 경청이다. 상대방이 말하는 내용에 관심과 이해를 표시하거나 때로는 적절한 질문을 하면서 상대방의 말뜻을 정확하게 이해해야 한다(강영진, 2009, 73). 중요한 대목에서는 자신의 표현으로 간추려 다시 말함으로써 상대방이 말하고자 하는 내용을 제대로 알아듣고 있음을 확인해줄 필요가 있다. 이러한 경청을 적극적 경청 혹은 반응적 경청이라고 할 수 있다.

적극적 경청 혹은 반응적 경청은 태도일 뿐만 아니라 기술이다. 가치갈등을 해결하기 위해서는 진정한 수용과 공감을 소통하는 방식인 경청의 기술을 부단히 연습할 필요가 있다. 교사는 학생들이 다른 사람의 말에 주의 깊게 반응하고 다른 사람의 생각에 예민한 관심을 갖도록 가르칠 필요가 있다. 그리고 학생들이 대화나 토의를 통해 가치갈등을 원만히 해결하지 못할 때는 교사가 다음과 같은 갈등 해결의 중재자 역할을 할 필요가 있다(R. Fisher, 2008, 143). 첫째, 주의집중의 역할이다. 교사는 학생들에게 토의 주제나 중요한 요소 그리고 질문에 관심을 기울이도록 한다. 둘째, 도전의식을 부여하는 역할이다. 교사는 학생들에게 관념의 근거, 설명 혹은 명료화를 요구한다. 셋째, 확장하는 역할이다. 교사는 학생들에게 관념 사이의 관련성을 보여주며, 토의를 위한 새로운 관념을 제안한다. 넷째, 좌절시키는 역할이다. 교사는 다른 사람의 생각에 호응하고 그것을 토대로 구조화하기는커녕 토의를 지배하려고 하는 학생들이 있을 경우 그들을 제재한다. 다섯째, 보상의 역할이다.

교사는 토의에 긍정적인 기여를 하는 학생들에게 언어적 혹은 비언어적으로 긍정적인 반응을 보인다.

## 나. 가치갈등 해결을 위한 발문 요령

가치갈등 해결을 위한 대화식 교수학습의 과정에서 교사가 학생들에게 제기할 수 있는 가장 일반적인 발문은 개방적인 발문이다(R. Fisher, 2005, 16-31 참조). 교사는 보통 폐쇄적이고 사실에 근거한 발문을 많이 사용한다(E. R. Wragg and G. Brown, 2001). 이런 발문은 교사가 옳은 답을 알고 있고 지식을 상기시키는 데 의미가 있으나 가치갈등을 해결하는 데 크게 영향을 끼치지는 못한다. 이에 반해 개방적인 발문은 학생들에게 다양한 해결책을 모색하게 한다는 점에서 가치갈등의 해결에 도움을 주는 진정한 발문이라 할 수 있다. 예를 들어 '이 문제를 어떻게 해결하면 좋을까'와 같은 개방적 발문은 가치갈등의 해결책을 모색하는 데 자극제가 될 수 있다.

특히 소크라테스 식 개방적 발문은 우리로 하여금 사고의 근본적인 요소인 관념과 개념에 초점을 맞출 수 있도록 도와준다. 발문을 통해 도출된 모든 관념은 진리의 잠재적인 원천으로 간주될 수 있다. 그러한 발문을 통해 우리는 친숙한 일상의 경험에 참여하고, 우리의 사고를 구성하는 개념에 대해 명확히 사고하게 된다.

소크라테스 식 발문은 엄격한 토의가 될 수 있게 함과 동시에 일화나 단편적 지식에 근거한 토의가 아니라 목적과 방향이 분명한 토의가 되도록 하는 데 기여한다. 소크라테스 식 발문의 궁극적인 목적은 학생들 스스로 물음을 제기하는 내면화된 발문을 하는 것이다. 소크라테스 식 발문이라 해서 어떤 고정된 발문이 존재하는 것은 없지만, 〈표 3〉은 개방적이고 더 좋은 사고를 이끌어내는 발문을 요약한 것이다(A. M. Sharp and L. Splitter, 1995).

교사가 가치갈등 해결을 위한 교수 학습 과정을 운영할 때 유념해야 할 것은 학생들의 가치관이 두 종류의 신념에 근거한다는 사실이다(R. Fisher, 2005, 123). 첫째 신념은 타인으로부터 얻은 신념으로 학생들은 자신이 들은 것을 믿는다는 것이다. 둘째 신념은 자신들이 형성한 신념으로 이것은 개인적인 경험, 사고, 그들의 친구를 포함한 환경과의 상호작용의 결과로 형성된다는 것이다. 앞의 첫 번째 종류의 신념의 근원은 실재에 대한 다른 사람의 해석이다. 학생들은 해야 하는 것 또는 해서는 안 되는 것을 말로 표현함으로써 배운다. 그러나 학생들은 이것을 반드시 일련의 조작적인 신념으로 받아들이지는 않는다. 학생들이 해야만 한다고 말한 것을 항상 실천으로 옮기는 것은 아니다. 첫 번째 신념체계는 그들의 말을 통제하고 두 번째 신념체계는 행동을 통제한다. 첫 번째는 남 때문에 학생들이 하는 것으로부터 도출된다. 두 번째는 학생들이 스스로 하는 것이다. 그들은 두 가지 신념체계에 따라 살게 되고, 종종 이 체계 사이의 모순을 인정하지 않을 것이다. 그들의 신념은 직관적 수준에 머물러 있으며 아직 형성되지 않은 상태이다.

신념의 내적 근원은 어린이가 진실로 세계를 어떻게 생각하는지 정의한다. 그것은 어린이가 세계를 지각하고 그들 자신의 느낌과 이익관심에 비추어 세계에 반응한 결과이다. 가끔 무반성적이고 명확하지 않은 이런 자기 중심적인 신념은 어린이의 행동과 반응의 기초가 된다. 그리고 어떤 신념은 교사와 부모의 신념과 일치하지 않을 수도 있으며, 학습과 충실한 삶을 방해할 수 있다.

이와 같은 신념의 문제와 관련하여 교사는 학생들이 자신의 신념을 발견하고 탐구할 수 있는 환경을 제공해야 한다. 학생들에게 사려 깊은 토의 기회를 제공하고 자신이 형성한 신념에 따라 가치갈등의 문제를 해결할 수 있는 조건을 만들어주기 위해 노력해야 한다.

**표 3** 소크라테스 식 발문의 유형과 내용

| 유형 | 내용 | 예시 |
|---|---|---|
| 명료함 추구 | 설명 | ~을 설명할 수 있는가? |
| | 정의 | ~는 무엇을 의미하는가? |
| | 예 제시 | 예를 제시할 수 있는가? |
| | 지지 | 그것은 무엇을 지지하는가? |
| | 탐구 | 질문이 있는 사람은? |
| 이유와 증거 증명 | 논증의 형성 | 왜 그렇게 생각하는가? |
| | 가정 | 그것을 어떻게 알 수 있는가? |
| | 이유 | 제시하는 이유는 무엇인가? |
| | 증거 | ~에 대한 증거를 가지고 있는가? |
| | 반례 제시 | 예나 반례를 들 수 있는가? |
| 대안적인 관점 탐색 | 관점의 재진술 | 또 다른 방식으로 말할 수 있는가? |
| | 심사숙고 | 다른 관점이 존재하는가? |
| | 대안적인 관점 | 만약 누가 ~를 제시한다면? |
| | 반증 | 당신과 다른 견해를 가진 사람이 말하는 것은 무엇인가? |
| | 구별 | 그 관점/아이디어의 차이는 무엇인가? |
| 함의와 결론 검증 | 함축 | 당신이 말한 것에서 추론할 수 있는 것은? |
| | 일관성 | 이전에 말한 내용과 일치하는가? |
| | 결론 | 그것의 결론은 무엇인가? |
| | 일반화 규칙 | 그것에 관한 일반적인 규칙이 있는가? |
| | 진리 검증 | 그것이 진리인지 어떻게 검증할 수 있는가? |
| 질문과 토의 | 질문 | 그것에 관해 질문할 것이 있는가? |
| | 분석 | 그것은 어떤 질문인가? |
| | 연결 | 말한 내용/질문은 우리에게 어떤 도움을 주는가? |
| | 요약 | 우리는 어디서 얻을 수 있는가/누가 요약할 수 있는가? |
| | 결론 도출 | 질문이나 문제의 답에 한층 가까워졌는가? |

## 다. 가치갈등 해결을 위한 교수 전략

우리는 본질적으로 갈등의 문제를 안고 살아간다. 우리의 삶은 가치갈등의 과정이자 문제해결의 과정이다(R. Paul, 1993 참조). 우리는 살아가면서 혹은 가치갈등 해결을 위한 대화식 수업을 하면서 다음과 같은 물음을 제기할 수 있다. "문제가 무엇인가?", "왜 가치갈등이 생겼는가?", "그 문제를 어떻게 풀 것인가?" 가치갈등의 문제는 한 가지 이상의 해결책이 있다. 가치갈등의 문제를 해결하는 것은 도덕적 판단력과 합리적 의사결정력을 신장시키는 문제이기도 하다.

그러면 도덕적 판단력과 합리적 의사결정력을 신장시켜 가치갈등의 문제를 원만히 해결해 나가기 위해서는 어떤 교수 전략을 펼쳐야 하는가? 이와 관련된 교수전략은 다음과 같다(R. Fisher, 2008, 125-127 참조).

첫째, 교사는 가치갈등의 해결책을 모색할 때 대화(혹은 토의) 과정에 참여한 학생이 충분히 사고하도록 시간을 부여하는 것이다. 가치갈등의 주제에 대해 깊이 있게 생각하도록 시간을 부여하는 것이 좋다. 그리고 그 주제에 관한 짝(pairs)과 사고를 공유하는 것을 권장할 필요가 있다.

둘째, 교사는 대화의 질뿐만 아니라 대화의 기회를 균등하게 보장하는 것이다. 토의를 중단시키거나 토의에 관심을 기울이지 않는 학생이 없도록 한다. 교사가 학생에게 자신이 말하고자 하는 바를 적을 수 있는 종이를 주는 것은 도움이 될 수 있다. 즉 쓰기 과제는 토의하는 도중에 주의 집중의 수단으로 사용될 수 있다. 그리고 구성원의 절반 정도를 대화 참여자가 아닌 관찰자로서의 역할을 하도록 하는 전략을 사용할 수도 있다. 관찰자는 진행되는 대화(혹은 토의)의 장단점을 기록하여 보고하도록 한다.

셋째, 교사는 대화가 결론 없이 좌충우돌할 경우 계속 추가 발문을 제공하고, 학생이 말한 것을 요약하여 발표하도록 요구함으로써 다양한 가치갈등의 해결책을 모색해보도록 권장하는 것이다. 교사는 학생의 사고에 도전하는 질문을 던짐으로써 그가 말한 것을 확장하거나 명료화하도록 도울 수 있으며, 학생에게 말한 것을 다시 요약하라고 요청함으로써 가치갈등 해결 능력의 신장에 기여할 수 있다.

넷째, 교사는 '악마의 옹호자 놀이'를 장려함으로써 가치갈등의 근원을 파악하도록 도움을 제공하는 것이다. 교사는 학생에게 자신의 관점에 반대되는 관점을 제시하거나, 반증 사례를 제시하도록 요청함으로써 상대방의 관점을 이해할 수 있게 할 필요가 있다. 퀸(V. Quinn, 1997 참조)은 '악마의 옹호자' 교수 전략을 강조한다. 그는 다음과 같은 주제를 통해 자신이 옹호하지 않는 입장을 옹호해보도록 한다. "당신이 언론의 자유를 믿는다면 학교에서 나치당(Nazi Party)에게 자신의 입장을 설명할 기회를 주어야 하는가?" 과연 교사는 모든 도덕적 관점과 가치를 표현하도록 권장해야 하는가? 아니면 무엇이 옳은지 그른지에 대한 자신의 관점을 분명히 피력해야 하는가? 여기서 분명한 것은 교사가 학생의 가치관 형성에 도움을 주는 다양한 교수 전략을 투입해야 한다는 것이다.

다섯째, 교사는 가치갈등 해결을 위한 대화식 수업의 정착 단계에서 학생에게 '최후 발언'이나 '최종 논평'을 할 기회를 제공하는 것이다. 이는 학생이 토의와 관련해서 이전에 말하지 못했거나 말했던 것을 말하는 기회를 제공하는 것이다. 그들은 이 기회를 통과시키거나 생각한 바를 몇 개의 간단한 문장으로 선택하여 말할 것이다. 여기서 어느 누구도 이를 중단하거나 대신 반응해서는 안 된다. 토의가 끝나기 전에 각각한 번씩 기회를 제공할 필요가 있다. 이때 학생은 매우 흥미 있는 가치갈등의 해결책이나 독창적인 해결책을 제안할 수 있고, 수업 중에 미처 제기하지 못했던 질문이나 논평을 할 수도 있다.

여섯째, 교사는 학생에게 가치갈등과 관련된 모든 대화의 과정을 재검토할 기회를 제공하는 것이다. 대화의 과정에서 이러한 기회 제공은 매우 중요하기 때문에 독립적이고 핵심적인 단계로 간주할 만하다. 학생은 이 단계에서 자신의 견해를 검토하고 자기 수정을 시도할 수 있다. 대화 과정을 거치면서 학생의 생각이 바뀌는 것은 당연하다. 수업의 정착 단계에서 교사는 누구의 의견이 바뀌었는지, 또는 어느 누가 주제에 대해 새로운 생각을 하게 되었는지 물을 수도 있다.

대화 과정의 검토는 대화의 내용과 개인의 반응에 대한 초인지적 인식을 발전시키는 것을 목적으로 하기 때문에 매우 중요하다. 검토는 학생이 토의 경험에서 무엇을 배웠으며, 그와 다른 사람이 어느 부분에서 성공했는지, 그리고 그 혹은 집단이 어떤 방식으로 미래에 개선할 수 있는지를 확인할 수 있도록 돕는 것을 목적으로 삼는다. 다음의 〈표 4〉는 토의가 어느 정도 향상되었는지를 분석할 때 그 판단의 준거로 사용할 수 있는 질문을 다룬 것이다(R. Fisher, 2008, 147).

지금까지 어떻게 하면 도덕 교과에서 학생에게 가치갈등 해결 능력을 효과적으로 신장시킬 수 있을지 소크라테스와 탐구공동체의 대화식 교수법을 중심으로 탐색하였다.

흔히 갈등은 불일치와 불화를 의미하는 것으로 간주한다. 하지만 갈등은 부정적인 의미만 있는 것이 아니라 발전과 기회라는 긍정적인 의미도 제공한다. 특히 가치갈등의 경우는 가치가 기본적으로 개인이나 집단의 취향과 태도, 세계관까지를 포괄하는 개념이므로 그 해결이 그리 쉽지만은 않지만 대화와 타협을 통해 갈등 당사자의 의견을 최대한

**표 4** 검토와 평가를 위한 질문

| 검토, 평가, 자기 평가를 돕기 위한 질문 |
|---|
| · 많은 질문을 했는가? 우리는 어떤 좋은 질문을 했는가? 그 질문이 왜 좋았는가? |
| · 잘 경청했는가? 모든 사람이 다른 사람의 말에 귀를 기울였는가? 누가 잘 경청했는가? |
| · 잘 말하였는가? 우리는 잘 설명했는가? 누가 잘 말했는가? |
| · 차례를 준수하며 말했는가? 우리는 서로 말하도록 도왔는가? 우리는 그들의 생각을 도왔는가? |
| · 무슨 근거를 제시했는가? 우리는 상이한 근거에 대해서 생각했는가? 그것은 좋은 근거였는가? |
| · 무슨 생각을 했는가? 우리의 생각 중 어떤 것이 바뀌었는가? 우리는 어떤 생각을 개선했는가? |
| · 토의에서 무엇을 배웠는가? 토의는 우리가 어떤 것을 좀 더 잘 이해하도록 도움을 주었는가? 내가 전에는 알지 못했던 무엇을 배웠는가? |
| · 좋은 토의였는가? 왜 그렇게 생각하는가? |
| · 토의가 철학적이었는가? 어떤 측면에서 그런가? |
| · 우리는 토의를 향상시켰는가? 우리는 어떻게 하면 다음에 더 잘할 수 있을까? |

존중하고 배려할 때 가치갈등 또한 원만히 해결될 수 있다.

학생에게 가치갈등을 원만히 해결할 수 있는 능력을 길러주기 위해서는 주입식 혹은 설득식 교수법을 활용하기보다는 대화식 교수법을 활용하는 것이 바람직하다. 교사는 학생이 가치갈등이라는 문제사태에 직면할 경우 이를 원만히 해결할 수 있는 능력을 도덕교육을 통해 길러줄 필요가 있다. 이를 위해 교사는 다양한 발문 요령을 익히고 가치갈등 해결 능력 신장에 도움이 되는 다양한 교수 전략의 개발과 효율적 활용을 위해 노력할 필요가 있다.

가치갈등의 해결 능력을 신장시키는 데 적합한 대화식 교수법으로 대표적인 것이 소크라테스 식 교수법이다. 그리고 이 소크라테스 식 교수법을 충실히 이어받아 발전된 교수법이 바로 탐구공동체 식 교수법이다. 이 두 종류의 교수법의 강점을 비교 분석해볼 때 그것이 자기 수정적 사고와 다차원적 실천지혜를 촉진한다는 점에서 학생의 가치갈등 해결 능력 신장에 큰 도움을 줄 수 있을 것으로 판단된다.

이에 교사는 가치갈등 해결 능력의 신장을 위해 소크라테스 식, 탐구공동체 식 교수법에서 강조하는 대화의 기본 규칙을 학생과 함께 제정하여 효과적인 대화식 수업을 전개할 필요가 있으며, 이를 위해 발산적 사고를 촉진할 수 있는 다양한 발문 요령을 익힐 필요가 있다.

개방적 발문을 중심으로 하는 소크라테스 식 교수법과 탐구공동체 식 교수법은 지적 호기심, 질문하는 성향, 도덕적 상상력 그리고 공감 능력뿐만 아니라 의사소통 능력, 문제해결 능력, 가치갈등 해결 능력과 같은 고차적 사고력을 촉진하는 데 절대적인 영향을 끼친다. 미래 사회의 주역이 될 학생은 이러한 고차적 사고력을 반드시 길러야 한다. 따라서 교사는 가치갈등 해결 능력을 포함한 고차적 사고력 신장을 위한 다양한 교수 학습방법을 개발하고 그 교수 학습기법을 습득하는 데 온 힘을 기울여야 할 것이다.

# 참고문헌


강순원(2000). 『평화 · 인권 · 교육』, 서울: 한울.

강영진(2009), 『갈등해결의 지혜』, 서울: 일빛.

경기도 학생인권조례 제정 자문위원회(2010), 「경기도 학생인권조례 제정 자문위원회 보고서」.

고문현(2005), 『환경권에 관한 연구』, 울산: 울산대학교출판부.

고병헌(1994), 「평화교육의 성격에 관한 연구」, 고려대학교 박사학위논문.

______(2006), 『평화교육사상』, 서울: 학지사.

고창택(2005), 『환경철학에서 생태정책까지』, 서울: 이학사.

광주광역시 북구청 문화정보실(2003), 『사이버민주 · 인권관한국관』, 광주: 새날출판사.

교육과학기술부(2008a), 『초등학교 교육과정 해설(III) 국어, 도덕, 사회』, 서울: 대한교과서주식회사.

______(2008b), 『중학교 교육과정해설(II) 국어, 도덕, 사회』, 서울: 대한교과서주식회사.

______(2009a), 『도덕 3-2』, 서울: 지학사.

______(2009b), 『생활의 길잡이 3-2』, 서울: 지학사.

______(2009c), 『도덕 4-2』, 서울: 지학사.

______(2010a), 『초등학교 교사용 지도서 도덕 4-1』, 서울: 지학사.

______(2010b), 『초등학교 도덕 3-2 교사용 지도서』, 서울: 지학사.

교육부(1997), 『고등학교 교육과정』, 서울: 대한교과서주식회사.

교육인적자원부(2002a), 『도덕 5』, 서울: 대한교과서주식회사.

_____(2002b), 『도덕』, 서울: 지학사.
_____(2003), 『시민윤리』, 서울: 지학사.
_____(2004a), 『윤리와 사상』, 서울: 지학사.
_____(2004b), 『전통윤리』, 서울: 지학사.
_____(2007), 「초중등학교 교육과정」, 교육인적자원부 고시 제2007-79호 [별책 6], 서울: 대한교과서주식회사.
구정화 · 설규주 · 송현정(2004), 『교사를 위한 학교인권교육의 이해』, 서울: 도서출판 아침이슬.
구호진(2004), 「평화교육을 위한 갈등해결 프로그램 개발 연구」, 춘천교대 석사학위논문.
국가인권위원회(2002), 「인권감수성 지표 개발 연구」, 국가인권위원회.
_____(2003), 『인권, 누구에세나 소중해요』, 서울: 예감기획.
권재원(2008), 『학교에서의 청소년 인권』, 경기: 한국학술정보.
길은배, 이미리(2007), 「인구학적 특성에 따른 청소년기 가정에서의 인권 침해 경험 차이」, 『한국 청소년 시설 환경학회지』, 제5권 제4호, 한국청소년시설환경학회.
김도균(2006), 「인권의 개념과 원리」, 인권법교재발간위원회 편저, 『인권법』, 서울: 아카넷.
김민아(2010), 『우리가 꼭 알아야 할 청소년 인권이야기: 인권은 대학가서 누리라고요?』, 서울: 끌레마.
김상일(1986), 「과정신학의 발달과 전개」, 『기독교사상』 7.
김성재(2002), 『인권시대를 향하여』 서울: 나남출판.
김성준(2008), 「소크라테스 대화법에 나타난 대화의 구조 분석」, 『교과교육학연구』 제12권 1호, pp. 19-37, 이화여자대학교 교과교육연구소.
김영민 외 4인(2004), 『생태와 환경』, 서울: 교학사.
김용찬(2005), 『민주화 세계화 시대의 민주시민교육과 정치교육』, 서울: 교육과학사.
김정수(2007), 『평화도 배워야 합니다』, 경기: 녹색동화.
김종국 외(2008), 「도덕성 인격의 구성 요소 분석과 자연 · 초월적 존재와의 관계 영역 교육과정 상세화 및 교육 내용 탐구」, 한국초등도덕교육학회 춘계 세미나 논문집, 『초등교육과 교과용 도서 개발 방향과 과제』, 한국초등

도덕교육학회.

김타균 · 이근행(1999), 「쾌적한 환경에서 살 권리」, 인권운동사랑방 사회권위원회, 『인간답게 살 권리-IMF 이후의 사회권 실태 보고서』, 서울: 사람생각.

김항인(2002), 「자녀를 위한 학부모 도덕교육 방향 탐색」, 『초등도덕교육』 제8집, pp. 277-298, 한국초등도덕교육학회.

______(2003), 「감정이입 발문에 관한 연구」, 『도덕윤리과교육』 제17호, 한국도덕윤리과교육학회.

김헌규(1976), 「소크라테스적 방법과 탐구학습」, 『논문집』 16집, 춘천교육대학, pp. 109-126.

김현덕(2009), 「다문화 사회의 도래와 국제이해교육의 역할」, 『다문화 사회와 국제이해교육』, 서울: 동녘.

노희정(2002a), 「환경윤리학에서의 개체론과 총체론의 통합」, 한국교원대학교 대학원 박사학위논문.

______(2002b), 「생태학적 양식을 기르기 위한 도덕교육」, 『국민윤리연구』 제51호. pp. 219-238, 한국국민윤리학회.

______(2003), 「생태계의 본래적 가치와 환경 파시즘」, 한국환경철학회 엮음, 『환경철학의 이념』, 서울: 철학과현실사.

______(2004), 「지속 가능한 미래사회를 위한 환경윤리교육」, 『사회과학연구』 제5집, pp. 45-67, 한국교원대학교 사회과학연구소.

______(2007), 「심층 생태주의에서의 자기 실현」, 한국환경철학회 엮음, 『생태문화와 철학』, 부산: 금정.

______(2008), 「개념 분석 수업모형을 활용한 초등학교 인권교육」, 『초등도덕교육』 제28집, pp. 71-97, 한국초등도덕교육학회.

______(2009a), 「가치명료화 접근방식에 따른 초등학교 도덕 수업」, 『초등도덕교육』 제31집, 한국초등도덕교육학회.

______(2009b), 「생태학적 인권의 정립과 초등환경윤리교육」, 『환경철학』 제8집, 한국환경철학회.

______(2011), 「대화식 교수법을 활용한 가치 갈등 해결 능력의 신장」, 『한국초등교육』, 제21권 제3호, pp. 141-156, 한국초등도덕교육학회.

대통령자문 지속가능발전위원회(2006), 보도자료, 2006. 10. 24(화).

도홍찬(2002), 「도덕교육에서 이야기의 의미와 활용 유형에 관한 연구」, 『도덕윤리과교육』 제15호, 한국도덕윤리과교육학회.

문순홍(1995), 「생태위기와 세계 환경회의사: 그 특징과 한계」, 『교양환경론』, 서울: 따님.

_____(1999), 『생태학의 담론』, 서울: 솔.

문용린(2002), 「인권감수성 조사를 위한 지표 개발」, 국가인권위원회 인권실태조사사업 중간보고서.

_____ 외(2003), 「유 · 초 · 중 · 고 인권교육과정 개발 연구」, 국가인권위원회 연구 용역 보고서.

문창옥(2002), 「체계로서의 철학 실험」, 『철학과 현실』 54호, 서울: 철학과 현실사.

_____(2006), 「환경윤리와 과성철학」, 『철학연구』 제75집, 철학연구회.

박병도(2006), 「연대의 권리, 제3세대 인권」, 인권법 교재발간위원회 편저, 『인권법』, 서울: 아카넷.

박상준(2007), 『사회과교육의 이론과 실제』, 서울: 교육과학사.

박상흠(1998), 「가치갈등해결을 위한 사회과 의사결정모형의 탐색」, 『사회과교육연구』 5호, pp.133-168, 한국사회교과교육학회.

박천응(2009), 『다문화교육의 탄생』, 경기: 국경없는 마을.

박효정 외(2005), 「학교 폭력 실태의 이해와 진단」, 한국교육개발원.

_____ 외(2006), 「중등학생인권 실태 분석」, 한국교육개발원연구보고서, RR2006-9.

배경내(2005), 『인권은 교문 앞에서 멈춘다』, 서울: 우리교육.

서강식(2003), 『도덕 · 윤리과 교수-학습과정』, 서울: 양서원.

석인선(2007), 『환경권론』, 서울: 한영문화사.

손동현(2005), 「도덕과 교육과정 내용 체계 및 지도방법 개선」, 차우규, 『도덕과 교육과정 내용 체계와 지도방법 개선』, 한국교육과정평가원 연구자료 OMR 2005-38 .

송현정(2004), 「현대 시민교육의 목표로서 인권에 관한 연구」, 서울대학교대학원 박사학위논문.

심성보(2008), 『도덕교육의 새로운 지평』, 서울: 서현사.

_____(2011), 『인간과 사회의 진보를 위한 민주시민교육』, 서울: 살림터.

안옥선(2002), 『불교윤리의 현대적 이해』, 서울: 불교시대사.

_____(2008), 『불교와 인권』, 서울: 불교시대사.

오기성(2003), 「초등 도덕과 교수학습 과정의 개선 방향 연구」, 『교육과정평가연구』 제6집 1호, 한국교육과정평가원.

오인탁(1998), 『평화교육의 이념과 내용』, 서울: 기독교사상.

우한용 외 8인(2001), 『서사교육』, 동아시아.

유병열(2003), 『도덕과교육론』, 서울: 양서원.

유병열 외(2004), 『생명사상과 윤리』, 성남: 한국정신문화연구원.

윤영해(2007), 「자아개념의 해체와 불교의 생태윤리」, 한국환경철학회 엮음, 『환경철학-환경철학과 생태문학』, 대구: 송운문화.

이미식(2004), 「인권교육을 통한 도덕과 교육의 개선방향」, 『교육과정평가연구』 제7권 제1호, 한국교육과정평가원.

이선경 외(2005), 「유엔 지속가능발전교육 10년을 위한 국가 추진 전략 개발 연구」, 『대통령자문 지속가능발전위원회 용역 최종 보고서』, 서울: 한솔기획.

이언주(2006), 「초등학교 도덕과 권리교육 내용 분석」, 『교육과정평가연구』 제9권 제1호, 한국교육과정평가원.

이왕주(2002), 「거대 서사에 대한 저항 전략으로서의 작은 이야기들」, 새한철학회 학술발표회 논문집.

이인재(1997), 「도덕교육이론의 최근 동향과 학생의 도덕성 발달」, 광주교육대학교 논문집 제38집.

_____(1998), 「초등학교 통합적 인격교육을 위한 교사의 역할」, 『초등도덕교육』 제4호, 한국초등도덕교육학회.

이효선(2003), 『사회복지윤리와 철학의 이해』, 학지사.

이효선 · 이명기(2005), 「A. N. Whitehead의 리듬의 성격에 대한 고찰; 교육과정에 대한 함의를 중심으로」, 『교육과정연구』 제23집, 한국교육과정평가원.

전병기(2003), 『물레지학』, 경기: 동과서.

전숙자(2006), 『고등사고력 함양을 위한 사회과교육의 새로운 이해』, 서울: 교육과학사.

정영근(2002), 『영화로 만나는 교육학』, 서울: 문음사.

______(2004), 「디지털 영상 문화와 교육학적 사유」, 『교육철학』 제31집, 교육철학회.

______이준(2003), 「지속가능발전지표의 지수화 연구」, 한국 환경 정책 평가 연구원.

정완호 외 3인(2004), 『생태와 환경』, 서울: 중앙교육진흥연구소.

정윤경(2004), 「지속 가능한 개발"을 위한 환경교육은 지속 가능한가?」, 『교육철학」 제32집, pp. 181-198, 한국교육철학회.

정종호(2000), 『팽팽한 밧줄 위에서 느린 춤을: 생태학적 탈근대론과 21세기 문화윤리학』, 서울: 동인.

정호범(1997), 「초등 사회과에서의 가치교육-가치명료화 이론을 중심으로」, 한국교원대학교대학원 박사학위논문.

조난심 외(2005), 「도덕과 교육과정 개정(시안) 연구 개발」, 한국교육과정평가원 연구보고 CRC2005-8.

조기제(2005), 「인권교육의 요청과 교사의 의식전환」, 『초등도덕교육」 제18집, 한국초등도덕교육학회, pp. 349-380.

______(2006), 「아동인권과 학교 폭력」, 『초등도덕교육』 제20집, 한국초등도덕교육학회, pp. 163-189.

조성민(2007), 「도덕 판단의 준거와 정당화 과정」, 『윤리철학교육』 제8집, pp. 109-140, 윤리철학교육학회.

조용개(2002), 「생태주의적 환경윤리교육의 방향 설정을 위한 논의」, 『교육철학』 제27집, pp. 109-128, 한국교육철학회.

주은옥(2001), 「논쟁수업을 위한 '찬반 협상 모형'의 개발과 효과 연구」, 서울대학교 박사학위논문.

초등도덕과 교과용도서 편찬위원회(2008), 「초등도덕과 교과용 도서 개발」, 전국 집필진 회의자료.

최석진 외 3인(2004), 『생태와 환경』, 서울: 대한교과서주식회사.

최용규 외(2005), 『사회과, 교육과정에서 수업까지』, 서울: 교육과학사.

추병완(1999), 『도덕교육의 이해』, 백의.

______(2003), 「통일교육에서 평화교육적 접근의 타당성」, 『통일문제연구』, 통권 39호, 평화문제연구소.

하승수(2008), 「청소년 권리의 개념과 발전과정」, 이혜원 외, 『청소년 권리와 청소년 복지』, 서울: 한울.

하일권(2008), 『삼봉 이발소 1』, 서울: 소담출판사.

한국청소년개발원(1997), 『청소년인권보고서』, 서울: 인간과복지.

한국초등 도덕교육학회(2008), 『초등 도덕과 교과용 도서 개발의 방향과 과제』, 2008년도 춘계 세미나 논문집 .

한면희(2004), 『초록문명론』, 파주: 도서출판 동녘.

한영숙(2006), 「초등학생을 위한 인권교육 지도자료 개발 연구」, 제주대학교 석사학위논문.

한혜숙(1995), 「아동의 평화교육 프로그램 개발을 위한 기초 연구」, 서울여대 석사학위논문.

환경교과서 평가팀(2001), 「환경교과서의 환경적 건전성 평가」, 환경정의시민연대 주최 환경교과서 심포지엄 자료집, pp. 11-71.

환경부(2002), 「생태적 합리성 및 감수성 제고 관점에서 본 고등학교 환경교과서 평가에 관한 연구-체험학습 강화를 통한 자연 친화적 실천으로의 인도」, (사) 환경정의시민연대 환경정의연구소 용역보고서.

황인표(2009), 「평화 지향적 학교 통일교육과 2007 도덕과 교육과정의 분석」, 『도덕윤리과교육』 제28호, 한국도덕윤리과교육학회.

Barsky, Allan, 한인영 · 이용하 역(2005), 『갈등 해결의 기법』, 서울: 시그마프레스.

Bausch, W.(1984) *Storytelling: Imagination and Faith, Connecticut*: Twenty Third Publications.

Bettelheim, B., 김옥순 · 김주옥 역(1998), 『옛이야기의 매력1』, 서울: 교육과학사.

Descartes, R. 최명관 역(1983), 『방법서설 · 성찰 · 데카르트 연구』, 서울: 서광사.

Capra. F.(1994), 『생태학적 세계관의 기본원리』, 『과학사상』, 서울: 범양사 가을호.

DesJardins, J. R., 김명식 역(1999). 『환경윤리의 이론과 전망』, 서울: 자작아카데미.

Freeman, M., 김철효 역(2005), 『인권: 이론과 실천』, 서울: 아르케.

Galtung, J., 강종일 외 역(2000), 『평화적 수단에 의한 평화』, 서울: 들녘.

Gilligan, C., 허란주 역(1997), 『다른 목소리로』, 동녘.

Griffin, David R., 장왕식 · 이경호 역(2004), 『화이트헤드의 철학과 자연주의적 종교론』, 경기: 동과서.

Hargrove, Eugene C., 김형철 역(1994), 『환경윤리학』, 서울: 철학과 현실사.

Harris, I. M. & Morrison, M. L., 박정원 역(2011), 『평화교육: 미래를 위한 교육, 세계를 위한 버전』, 서울: 오름.

Hersh, R. H., Miller, J. P. & Fielding, G. D., 이석호 외 역(1996), 『도덕 · 가치 교육의 교수모형』, 서울: 교육과학사.

Hicks, D.(ed.), 고병헌 역(1994), 『평화 교육의 이론과 실천』, 서울: 서원.

Ife, J., 김형식 · 여지영 역(2000), 『인권과 사회복지 실천』, 서울: 인간과 복지.

Kim, Min-Sun, 범기수 · 박기순 · 우지수 역(2008), 『인간커뮤니케이션, 비서구적 관점』, 서울: 커뮤니케이션북스.

Kohlberg, L., 김민남 외 역(2004), 『도덕발달의 철학』, 서울: 교육과학사.

Lester, M. W., 이태건 외 역(2001), 『지속 가능한 사회: 새로운 환경 패러다임의 이해』, 서울: 인간사랑.

Lickona, T., 유병열 외 역(2004), 『인격 교육의 실제』, 경기: 양서원.

Lipman, M., 박진환 외 역(2005), 『고차적 사고력 교육』, 경기: 인간사랑.

MacIntyre, A., 이진우 역(1997), 『덕의 상실』, 서울: 문예출판사.

Metcalf, L. E.(ed.), 정선심 · 조성민 공역(1992), 『가치교육』, 서울: 철학과 현실사.

Miller, J. P., 김현재 외 역(2000), 『홀리스틱 교육과정』, 서울: 책사랑.

Noddings, N., 추병완 외(역)(2002), 『배려교육론』, 서울: 다른 우리.

Raths, L. E., Harmin M. & Simon, S. B., 정선심 · 조성민 역(1994), 『가치를 어떻게 가르칠 것인가』, 서울: 철학과 현실사.

Schumacher, K., 김진욱 역(1995), 『작은 것이 아름답다』, 서울: 범우사.

Spinoza, B., 강영계 역(1990), 『에티카』, 서울: 서광사.

Sprod, T., 박재주 외 역 (2007), 『윤리탐구공동체교육론』, 서울: 철학과 현실사.

Stone, C., 허범 역(2003), 『법정에 선 서울』, 서울: 아르케.

Wenz, P., 최병두 외 역(2007), 『환경정의』, 파주: 한울.

Whitehead, A. N., 오영환 역(1991), 『과정과 실재』. 서울: 민음사.

_____, 오영환 역(2000), 『관념의 모험』. 서울: 한길사.

_____, 오영환 역(2004), 『교육의 목적』, 서울: 궁리.

_____, 오영환 역(2008), 『과학과 근대세계』. 서울: 서광사.

Wilson, J., 윤희원 역(2006), 『논리내공』. 서울: EjB.

日本ホリスティック教育研究會, 송민영 · 김현재 공역(1999), 『홀리스틱 교육의 이해』. 서울: 책사랑.

Banks, J. A.(1990), *Teaching Strategies for the Social Studies*, 4th ed, New York: Longman.

Barry, B.(1980), "Intergenerational Justice in Energy Policy" in D. MacLean and R. I. Brown, eds., *Energy and the Future*, Buffalo, NY: Promethe us Books.

Berryman, J. W.(1991), *Godly Play: An Imaginative Approach to Religious Education*, Minneapolis: Augsburg.

Bowers, C. A.(1995), *Educating for an Ecologically Sustainable Culture: Rethinking Moral Education, Creativity, Intelligence, and Other Modern Orthodoxies*, Albany: State University of New York Press.

Bouchard, N.(2002), *A Narrative Approach to Moral Experience Using Dramatic Play and Writing*, Journal of Moral Education, Vol. 31, No. 4.

Brabeck, M. & Misgeld, D.(2004), "Human Rights Education: an issue form oral education", *Journal of Moral Education*, 23(3), pp.235–238.

Brelsford, T.(2001), "Educating for formative Participation in Communities of Faith", *Religious Education*, Summer.

Brumbaugh, R. S.(1982), *Whitehead, Process philosophy, and education*, Albany: SUNY Press.

Bruner, J.(1986), *Actual Minds, Possible Worlds*, Cambridge, Massachusetts: Harvard University Press.

Claude R. P.(2009), "Right to Education and Human Rights Education", in David P. Forsythe(ed.), *Encyclopedia of Human Rights*, 2. pp.97–107.

Coles, R.(1997), *The Moral Intelligence of Children*, New York: Randomhouse.

DesJardins, J. R.(1997), *Environmental Ethics: An Introduction to Environmental Philosophy*. 2nd. ed., Belmont, C. A.: Wads worth Publishing Company.

Fetchenhauer. D.(eds)(2006), *Solidarity and Prosocial Behavior: An Integration of Sociological and Psychological Perspectives*, Ontario: Springer.

Fisher, R.(2000), *Teaching Thinking*. London and New York: Continuum.

______(2003), 2nd edition, *Teaching Thinking: Philosophical Enquiry in the Classroom*, Continuum.

______(2005), *Teaching Child to Learn*, Cheltenham: Nelson Thornes.

______(2008), *Teaching Thinking: Philosophical Enquiry in the Classroom*, New York: Continuum.

Fox, W.(1990), *Toward a Transpersonal Ecology: Developing New Foundations for Environmentalism*, Boston: Shambhala Publications.

Fraenkel, J. R.(1977), *How To Teach About Values: An Analytic Approach, Englewood Cliffs*, New Jersey: Prentice-Hall, Inc.

Gorman, M.(1983), "Moral Education, Peace, and Social Justice", in Padraic O' Hare(ed.), *Education for Peace and Justice*, NewYork: Harper and Row.

Griffin, D. R., "Whitehead's Deeply Ecological Worldview", in Mary Evelyn Tucker & John A. Grim(1994), *Worldview and Ecology: Religion, Philosophy, and the Environment*, New York: Associated University Press.

Habermas, J.(1990), *Moral Consciousness and Communicative Action*, Cambridge, MA: MIT Press.

Haydon, G.(1997), *Teaching about Values: a New Approach*, London: Cassell Wellington House.

Heater, D.(2002), *World Citizenship*, London · New York: Curriculum.

Hoffman, M.(1982), "The development of prosocial motivation: Empathy and guilt", in N. Eisenberg(Ed.), *The Development of Prosocial Behavior*, New York: Academic Press, pp. 281-313.

Jackson, P.(1995), "On the Place of Narrative in Teaching" in H. McEwan & K. Egan (eds.), *Narrative in Teaching, Learning, and Research*, Teachers College Press.

Jennings, T. E.(1994), "Self-in-connection as a Component of Human Rights Advocacy and Education", *Journal of Moral Education*, 23(3), pp. 285-295.

Kekes, J.(2000), "Pluralism, Moral Imagination and Moral Education", pp. 167-184 in Halstead, J. M. & T. H. Mc Laughlin, eds., *Education in Morality*, Routledge.

Kilpatrick, W. K.(1993), *Why Johnny can't Tell Right form Wrong*, New York: Touchstone.

_____ & S. M. Wolfe(1994), *Books that Build Character*, New York: The Lin Institute.

Kirschenbaum, H., "Beyond values clarification", in H. Kirschenbaumand S. B. Simon, (eds.)(1974), *Readings in Values Clarification*, Minneapolis: WinstonPress.

Levine, D. A.(2000), *Teaching Empathy*, Ontario, Canada: Blue Heron Press.

Lipman, M.(2003), *Thinking in Education*(2nd Ed.), Cambridge: Cambridge University Press.

_____ (ed.)(1993), *Thinking Children and Education*, Dubuque, lowa: Kendall/Hunt Publishing Co.

Magendzo, A.(1992), "Tensions and difficulties in education for human rights in democracy", *Journal of Moral Education*, 23(3), pp.51-260.

Misgeld, D.(1994), "Human Rights and Education: conclusions from some Latin American experiences", *Journal of Moral Education*, 23(3), pp.239-250.

Naess, A.(1973). "The Shallow and the Deep, Long-range Ecology Movement: A Summary", Inquiry, vol. 16.

_____ (1989), *Ecology, Community and Lifestyle: Outline of an Ecosophy*, Cambridge: Cambridge University Press.

_____(1993), "The Deep Ecological Movement: Some Philosophical Aspects.", in M. E. Zimmerman, ed., *Environmental Philosophy: from animal rights to radical ecology*, New Jersey: Prentice-Hall, Inc.

_____(1995), "Self-realization: an Ecological Approach to Being in the World", in George Sessions, ed., *Deep Ecology for the 21st Century*. Boston: Shambhala Publications.

Noddings, N.(1984), *Caring: A Feminie Approach to Ethics and Moral Education*, Berkely: University of California Press.

_____(1996), "An ethic of caring and its implications for instructional arrangements", *American Journal of Education*, 96(2), pp.215-230.

_____(2002), *Educating Moral People*, NY: Teachers College Press.

Oliver, D. W.(1989), *Education, Modernity, and Fractured Meaning: Toward a Process Theory of Teaching and Learning*, NY: State University of New York Press.

_____& J. P. Shaver(1966), *Teaching Public Issues in the High School*, Boston: Houghton Mifflin Co..

Orr, D.(1992), *Ecological Literature: Education and the Transition to a Postmodern World*, Albany, NY: SUNY Press.

Osler, A. & H. Starkey(1994), "Fundamental Issue in Teacher Education for Human Rights: a European perspective." *Journal of Moral Education*, 23(3), pp.349-359.

Pahl, Ronald H.(1999), "Social studies in the twenty-first century", *The Social Studies*, 90(5).

Palmer, C.(1998), *Environmental Ethics and Process Thinking*. Oxford: Oxford University Press.

Parker, W. C.(1999), "Educating world citizens: Toward multinational curriculum development", *American Educational Research Journal*, 36(2), Summer.

Paul, R.(1993), *Critical Thinking: How to Prepare Students for a Rapidly Changing World*, Santa Rosa, CA: Foundation for Critical Thinking.

Plattner, M. F.(2002), "Globalization and Self-Government", *Journal of*

*Democracy*, 13(3).

Power, F. C. et als(eds.)(2008), *Moral Education: a Hand book*, Westport: Praeger Publisher.

Print, M., Ugarte, C., Navaland C. & Mihr, A.(2008), "Moral and human rightse ducation: the contribution of the United Nations", *Journal of Moral Education*, Vol.37, No.1.

Quinn, V.(1997), *Critical Thinking and Young Minds*, London: David Fulton.

Rasinski, T. & Padak, N.(1990), "Multi cultural learning through children's literature", *Language Arts*, 67. pp. 576-580.

Raths, L. E., Harmin, M. & Simon S. B.(1978), 2th ed., *Value and Teaching*, Columbus: Charles E. Merrill.

Reardon, B.(1997). "Human Right as Education for Reace" in G. J. Andreapoulos and R. P. Claude, eds., *Human Right Education for the Twenty-First Century*, Philadelphia, PA: University of Pennsylrania Press.

Regan, T.(1983). *The Case for Animal Rights*, Berkeley: University of California Press.

Ross, G. M.(1993), *Socrates versus Plato: the origins and development of Socratic teaching*, Aspects of Education. 49, pp. 9-22.

Ryan, K. & Karen. E. Bohlin(1999), *Building Character in Schools*, San Francisco: Jossey-Bass Publishers.

Sampson, E.(1988), The debate on individualism, *American Psychologist*, 43(1), pp. 15-22.

Scholes, R. & Kellogg, R.(1966), *The Nature of Narrative*, Oxford: Oxford University Press.

Sessions, G.(1995), *Deep Ecology for the 21st Century*. Boston: Shambhala Publications.

Sharp, A. M. & Splitter, L.(1995), *Teaching for Better Thinking: The Classroom Community of Enquiry*, ACER.

Shrader-Frechette, K.(1996), "Individualism, Holism, and Environmental

Ethics," in *Ethics and the Environment* 1.

Starkey, H.(ed)(1991), *The Challenge of Human Rights Education*, London: Cassell.

Sterling, S.(1992). "Towards an ecological world view", in Engel, J. R. and Engel, J. G.(ed.). *Ethics of Environment and Development*, Arizona: The University of Arizona Press.

Tappan, M. & Brown, L.(1989), "Stories told and Lessons Learned: Toward a Narrative Approach to Moral Development and Moral Education," *Harvard Educational Review*, 59.

Tappan, M.(1991), "Narrative, Authorship and the Development of Moral Authority" in M. Tappan & M. Packer (eds.), *Narrative and Storytelling: Implications for Understanding Moral Development*, Jossey-Bass.

Taylor, P. W.(1986), *Respect for Nature: A Theory of Environmental Ethics*, Princeton, NJ: Princeton University Press.

Thomashow, M.(1995). *Ecological Identity: Becoming a Reflective Environmentalist*, Cambridge: The MIT Press.

Vergara, A. C. & Estévez, J. V.(2004), "Justice, Impunity and Transition to Democracy: a challenge for human rights education", *Journal of Moral Education*, 23(3), pp. 273-284.

Warnock, M. (1988), *A Company Policy for Education*, Oxford: OUP.

White, H.(1981), "The Value of Narrativity in the Representation of Reality," in Mitchell (ed.), *On Narrative*, Chicago: University of Chicago Press.

White, L.(1967), "The Historical Roots of Our Ecological Crisis", *Science* 155, pp. 1203-1207.

Woolever, R. M. & K. P. Scott(1988), *Active Learning in Social Studies Promoting Cognitive and Social Growth*, Glenview, Ⅲ.: Scott, Foresmanand Co.

Wragg, E. R. and G. Brown(2001), *Questioning in the Primary School and Questioning in the Secondary School*, London: Routledge.

Wynne E. A. & K. Ryan(1993), *Reclaiming Our School*, New York: Macmillan Publishing Company.

諸富祥彦(2005), 『道徳授業の革新−「價値の明確化』で生きる力を育てる」, 東京: 明治圖書.
諸富祥彦 編著(2005), 『道徳授業の 新しい アプローチ 10』, 東京: 明治圖書.

# 찾아보기